구불구불 빙빙 팡 터지며 전진하는 서사

MEANDER, SPIRAL, EXPLODE by Jane Alison
Text Copyright ⓒ 2019 by Jane Alison
Illustrations ⓒ Ethan J. Feuer
All rights reserved.

Korean translation copyright ⓒ 2025 by ETRE
Korean translation rights arranged with Brandt & Hochman Literary Agents, Inc.
through EYA Co.,Ltd

이 책의 한국어판 저작권은 EYA Co.,Ltd를 통해 Brandt & Hochman Literary Agents, Inc.와
독점 계약한 에트르가 소유합니다. 저작권법에 의하여 한국 내에서 보호를 받는 저작물이므로
무단 전재 및 복제를 금합니다.

구불구불 빙빙 팡 터지며 전진하는 서사

비선형
이야기의
디자인과 패턴

Meander
Explode
Spiral

체인 윌리슨
서체인 옮김

진심으로 사랑한 ARK를 추억하며

일러두기
- 원서에서 이탤릭체로 강조된 부분은 고딕체로 표기했다.
- 본문의 주석은 내용의 이해를 돕기 위해 옮긴이와 편집자가 작성했고, 저자의 주석인 경우 '저자'라고 꼬리표를 달았다.
- 본문에 인용된 작품은 옮긴이가 원서에 실린 그대로 옮겼다.

서문　　　　　　　　　비선형 이야기의 디자인과 패턴

　　1926년, 기이하면서도 멋진 가구를 여럿 만들었지만 주택 디자인은 거의 해본 적 없는 아일린 그레이Eileen Gray라는 아일랜드 디자이너가 배 모양의 빌라 한 채를 디자인하기 시작했다. 프랑스 남부 해안에 지어질 이 빌라는 훗날 유명 건축가 르코르뷔지에를 몹시 화나게 만든다. 당시 르코르뷔지에는 집이란 "거주를 위한 기계"라고 막 선언한 참이었다. 하지만 그레이의 생각은 달랐다. 그에게 집은 한 사람의 껍질이자 피부였고, 그 사람이 살아가는 방식에 반응해야 했다. 그레이는 디자인을 시작하기 위해 자신과 가정부가 하루 종일 어떻게 움직이는지 면밀히 관찰했다. 그런 다음 자신들과 태양의 움직임을 도표로 그려 자연에서 온 패턴들을 드러냈다. 주방에 생겨난 고리 모양의 동선들, 창가에 깊이 눌러 그어진 직선들, 거실 전체에 생겨난 구불구불한 궤적들. 그건 하나의 유기적인 안무였다. 그렇게 해서 그레이가 해안 바위 위에 지은 집은 그 안무를 형상화한 것이었다. 입처럼 생긴 현관은 사람을 빨아들이듯 안으로 끌어들였고, 벽에서는 스크린과 거울이 날개처럼 펼쳐졌으며, 창문과 덧문은 딱 맞는 통풍, 채광, 전망을 이루도록 하루의 어느 시간에나 모든 방향으로 열렸다. 그레이는 이 집 안에서 움직이고, 바라보고, 살아갈 수 있는 방식을 보여주는 선들을 평면도에 그려 넣었고, 그 경로들은 곧 디자인으로 변했다.

나는 아일린 그레이가 그 집을 디자인한 방식이 몹시 마음에 든다. 그 방식이 허세 가득한 르코르뷔지에를 너무나 화나게 했다는 사실 또한 더할 나위 없이 유쾌하다. 나는 삶을 예술로 옮기는 그레이의 작업 방식이 글쓰기를 설명하는 데도 어울린다고 생각한다. 우리 작가들은 관찰하며 일상을 살아가고, 사람들의 삶을 상상하며 하루하루 앞으로 나아가지만, 언제나 패턴에 예민하게 반응한다. 패턴이란 경험이 형태를 갖추는 방식이자, 우리가 언어를 통해 그 경험의 형태를 복제할 수 있는 방식이다. 우리는 독자가 지나가게 될 통로를 만들어낸다. 독자는 그 통로를 지나며 우리가 고안해낸 것들을 보고 느낀다. 그리고 독서가 끝났을 때는 마치 공중에 떠오르는 것 같은 순간이 온다! 독자는 아래를 내려다보고 자신이 걸어온 여정을, 전체의 패턴을 보게 된다.

    나는 방금 보다라는 동사를 여러 번 사용했다. 우리는 이야기narrative를 음악처럼 시간 속에서 경험하는 시간 예술이라고 여기지만, 이야기는 당연히 흥미로운 방식으로 시각적이기도 하기 때문이다. 이야기는 노래와 비슷하지만, 그만큼 집이나 정원과도 닮아 있다. 문학비평가 노스럽 프라이Northrop Frye는 이 점을 이렇게 표현한다. "우리는 이야기를 듣거나 귀 기울여 듣지만, 작가가 만들어낸 전체적인 패턴을 파악할 때면 비로소 작가의 의도를 '보게' 된다." 존 버거는 더 나아가 '본다'는 행위를 별개의 항목으로 떼어놓는다. "언어보다 먼저 보는 행위가 있다." 책의 한 페이지를 바라볼 때, 우리는 우선 질감texture으로서의 텍스트를 보게 된다. 하얀 여백에 표시된 글자들은 여유 있게 놓이면 공기처럼 가볍게 느껴지고, 빽빽하게 모이면 덩어리들처럼 보이고, 주석이 질척하게 매달려 있으면 무겁게 느껴지기도 한다. 텍스트를 자세히 들여다보면 각각의 단어는 하나의 그림처럼 다가온다. 우리 뇌에서 단어를 인식하는 부위는 얼굴을 인식하는 부위와 쌍둥이처럼 연결되어 있다. 만약 우리가 읽는 법을 배우지 않았다면 이 두 부위 모두 얼굴에 초점을 맞추게 되었을 것이다. 우리가 단어들의 외형을 지나 그 의미로 들어가면서 우리의 '보는' 방식은 변화하고, 이제 언어가 불러낸 일련의 시각적 이미지들을 흡수하게 된다. 거기서 더 나아가 우리는 이야기에 구조를 부여하는 요소들을 의식하게 되면서 또 하나의 시각적 층위를 발전시키기도 한다. 후반부에 나오는 한 장면이 앞서 나왔던 장면과 똑같을 때면 대칭의 감각이 생겨날 수 있고, 색채가 미묘한 방식으로 사용될 때면 전반적인 색조를 느끼게 될 수 있다. 이야기를 계속 읽어나가면서 우리는 단지 이야기 속에 만들어진 장소들 사이로만 이동하는 게 아니라, 서사 자체를 통과해 이동한다. 그건 마치 늪으로 미끄러지거나 미로 안을 왔다갔다하거나 이 돌에서 저 돌로 점프하는 듯한 느낌일 수 있다. 신경과학자들은 독서를 통해 얻어지는 내적 감각을 "정지한 채 느껴지는 공간 속의 움직임"이라고 기록한 바 있다. 독서가 끝나면 그 움직임 없는 움직임은 우리가 지나온 경로를 머릿속에 신비로운 형태로 남겨놓는다. 강, 롤러코스터, 혹은 파도 같은 형태로.

 이 모든 것을 생각하며 작가로서 나는 두 가지를 떠올린다. 첫째, 질감, 색채, 대칭 같은 시각적 요소들을 인식하게 되면 그 세계로 통하는 창이 열리고, 우리는 글을 쓰듯 디자인 역시 할 수 있게 된다. 텍스트text는 결국 '엮다'를 뜻하는 라틴어 텍세레texere에서 온 단어 아닌가. 둘째, 우리는 단어들 사이로 의식적이고 의도적이며 혁신적인 경로를 조각해낼 수 있다.

괴테는 텍스트에 난 길을 우리를 앞으로 이끄는 "빨간 실"이라고 했다. 헨리 제임스는 그것을 "카펫 속의 형상"이라고 했다. 문학비평가 이보 비단Ivo Vidan은 머릿속에 남는 건 책이 아니라 "압축된 형태gestalt"라고 했다. 내가 가장 좋아하는 건 작가 로널드 수케닉Ronald Sukenick의 표현이다. "형식이란 뒤돌아보았을 때 모래 위에 남아 있는 발자국이다."

수 세기 동안 소설 속에는 우리가 가장 자주 따라가는—따라가라고 실제로 배우는—한 가지 경로가 존재했다. 극적 호dramatic arc 구조가 그것이다. 상황이 발생하고, 긴장이 고조되고, 절정에 이르렀다 가라앉는다. 선생들은 젊은 작가들에게 호 모양의 그 곡선을(혹은 삼각형이나 피라미드 구조를) 따라가라고 가르친다. '이야기 구조 만드는 법'을 구글 검색하면 호 모양의 그림이 수없이 뜰 것이다. 그리고 그건 우아한 형태이기도 하다. 호를 그것의 자연적 형태인 파도로 옮겨놓을 때면 더욱 그렇다. 호가 올라갔다 내려가는 모양은 우리가 심장박동이나 부서지는 파도, 머리 위를 지나가는 태양을 통해 이미 알고 있는 움직임을 따라간다. 파도에는, 시작과 중간과 끝으로 이어지는 그 감각에는 힘이 있다. 우리가 이야기 속에서 그런 형식에 빠져드는 것도 이상한 일은 아니다. 하지만 부풀어 오르고 팽팽해졌다가 절정에 오른 다음 무너져 내린다고? 좀, 남성의 섹스같지 않은가? 자연에는 호 말고도 수많은 다른 패턴들이, 삶의 또 다른 깊은 움직임들을 따라가는 패턴들이 널리 퍼져 있다. 그것들 역시 끌어와 활용해보면 어떨까?

●

내가 패턴에 매혹되었던 건 어쩌면 어떤 기이한 패턴 하나가 내 삶의 구조를 만들어버렸기 때문일 수도 있다. 내가 네 살 때, 우리 부모님과 또 다른 부부가 서로 배우자를 맞바꾸면서 나방의 날개처럼 대칭적인 두 가족을 만들어냈다. 양쪽 가족에 모두 외교관인 아버지가 있었고, 어머니와 두 명의 어린 딸이 있었다. 그리고 오래지 않아 양쪽 부부에게서 아들이 한 명씩 태어났다. 두 아버지 모두 외교관이었던 터라(우리 아버지는 오스트레일리아인, 그쪽 가족의 아버지는 미국인이었다), 여러 해에 걸쳐 한 가족이 동반구를 돌며 여행하면 다른 가족은 서반구를 돌았다. 남쪽과 북쪽도 마찬가지였다. 우리가 여름을 보낼 때 그쪽 가족은 겨울을 맞았다. 우리가 낮일 때 그들은 밤이었다. 말 그대로 지리적인 거울 구조였다.

잎사귀나 곤충의 날개는 대칭 구조로 배열된다. 우리 가족이라고 안 될 이유가 뭐가 있겠는가? 코리올리 힘°에 관해 배우고 나자 그 대칭 구조는 내게 좀 더 정교한 형상으로 다가왔다. 바닷물과 바람은 북반구와 남반구에서 서로 반대 방향으로 회전한다. 허리케인과 해류의 소용돌이를 떠올려보라. 내게는 나와 내 의붓자매가 각자의 삶을 서로 반대 방향으로 돌고 있는 것처럼 보였다. 그래서 나는 코리올리 힘을 가져다 나만의 패턴으로 삼았고, 그 명료함과 질서는 내게 도움이 되었다.

어떤 사람들은 혼돈을 사랑하고, 또 어떤 사람들은 질서를 갈망한다. 나는 질서가 품고 있는 차가움을 좋아하진 않지만, 내게 그것이 필요하다는 건 알고 있다. 우리 가족은 내가 열두 살이 되기 전에 너무도 여러 번 이사를 다녔기에 내게는 유동적인 상태 자체가 오히려 변하지 않는 일상처럼 느껴졌다. 풍경도 언어도 사람들도 바뀌었고, 심지어는 내 이름도 국적도 억양도 계속 달라졌다. 나는 그렇게 내 곁을 스쳐가고 나를 통과해간 것들을 고정된 무언가로 옮겨 놓을 방식이 필요했다. 그건 마치 거미의 본능 같은 것이었다. 이미지와 언어의 그물로 삶을 포획하려는 본능. 나는 늘 바닥에 엎드려 그림을 그리거나 글을 쓰거나 디자인을 하면서 윙윙 흘러가는 삶을 여러 가지 형태로 붙잡으려 애쓰고 있었다. 나중에는 사물들을 분류하는 구조를 사랑하게 되었다. 라틴어 문장의 문법과 그 문장을 이루는 각 부분이 서로

○ 회전하는 계에서 느껴지는 관성력.

맞물려 돌아가는 방식, 나뭇가지처럼 갈라지는 린네의 생물 분류학 계통도, 신화에 나오는 계보 같은 것들을. 패턴이란 곧 의미였다.

외교관 가족으로 살면서 자주 보게 되는 장면이 있다. 그건 마치 삶을 그물로 포착하려는 본능과 비슷하고, 내가 서사를 바라보는 방식과도 닮아 있다. 비행기가 활주로를 따라 굴러가는 동안 나는 이마를 유리창에 댄 채 바깥을 내다본다. 그동안 내 주위를 흐릿하게 스쳐 지나가던, 내가 몇 년간 살아온 장소는 비행기가 떠오르면서 점차 아래로 가라앉는다. 그러다 결국 멀리에 정지한, 내가 볼 수 있는 하나의 형태가 된다. 거기에는 (트럭에 치인 개를 보았던) 중앙대로가 있고, 그 대로는 광장과 블록들로 이루어진 격자무늬 구조를 둘로 가르고 있으며, 그 모든 것은 산으로 둘러싸여 있다. 그동안 사방을 흐릿하게 맴돌던 삶은 어느새 전체로서 볼 수 있는 것, 곰곰이 생각할 수 있는 것이 되어 있다. 예술을 향해 나아가는 첫걸음이라고 할까?

신경과학자들의 언어를 빌리자면, 이건 "자기중심적" 공간 지식으로부터 "환경중심적" 공간 지식으로의 전환이다. 즉, 주변 세계를 주관적으로 이해하는 방식에서 벗어나 좀 더 원거리에서, 심지어는 공중에서 전체적인 형태를 조망하고 자신을 넘어선 관계들까지 바라볼 수 있게 되는 것이다.

이제 글쓰기로, 삶에서 패턴을 찾아내고 그것을 언어로 재창조하는 일로 돌아와보자. 회고록 작가들은 삶에 질서를 부여하는 패턴을 찾아내기 위해서는 삶을 돌아'보아야' 한다는 걸 알고 있다. '돌아본다'라는 표현처럼 우리는 시각적이고 공간적인 용어를 아주 쉽게 사용한다. 하지만 이건 어떤 종류의 이야기를 쓰는 사람에게나 적용된다. 그렇다. 이야기의 터널을 통과하기 위해서는 단어 하나하나를 읽어나가는 움직임이 필요하지만, 궁극적으로 그 움직임은 더 커다란 형태를 취하게 된다. 카펫 속의 형상, 모래 위의 발자국처럼 말이다. 그리고 하나의 형태가 오랜 세월에 걸쳐 우리의 이야기들을 지배해왔다는 사실은 얼마나 이상한 일인가.

●

유명한 호 구조는 희곡에서 그 유래를 찾을 수 있다. 2,500년 전, 아리스토텔레스는 소포클레스의《오이디푸스 왕》같은 비극을 세밀히 분석해 공통된 특징을 찾아냈다. 마치 뱀들을 해부해 그 각각의 등뼈가 서로 비슷한지 보는 것처럼 말이다. 그는 뛰어난 희곡 작품에는 특정한 하나의 경로를 비롯해 몇 가지 공통점이 있다는 사실을 알아냈다. 그가《시학》에 쓴 내용의 일부를 다음에 옮겨본다.

비극은 시작, 중간, 끝을 갖추고 그 자체로 완성되어 있는 하나의 행동을 모방한 것이다. 시작이란 그 자체로 반드시 다른 무언가의 뒤에 올 필요는 없는 것, 그러면서 자연스레 다른 무언가가 뒤에 딸려 있는 것을 말한다. 끝이란 그 자체로 자연스럽게 다른 무언가의 뒤에, 그 무언가의 필연적이거나 통상적인 결과로 따라붙는 것, 그리고 그 뒤에는 아무것도 딸려 있지 않은 것을 말한다. 그리고 중간이란 본래 그 앞에도 무언가가 있고 뒤에도 무언가가 있는 것을 말한다. 그러므로 잘 짜인 플롯이란 내키는 대로 아무 데서나 시작하고 끝낼 수 없는 것이다… 생명체는, 그리고 여러 부분으로 구성된 모든 전체는 아름다워지기 위해 각 부분의 배열에서 특정한 질서를 드러내야 할 뿐 아니라, 어느 정도 뚜렷한 규모도 갖추고 있어야 한다… 마치… 아름다운 생명체가 한눈에 들어오는 크기여야 하듯, 이야기나 플롯도 기억에 담을 수 있는 정도의 길이를 갖추고 있어야 한다.

그는 이렇게도 설명한다.

모든 비극은 부분적으로는 전개이며, 또 부분적으로는 대단원이다. 첫 장면 이전의 사건들, 그리고 종종 극 중에서 일어나는 어떤 사건들은 전개를 이룬다. 그리고 나머지 사건들은 대단원을 이룬다. '전개'란 이야기의 시작부터 주인공의 운명이 바뀌기 직전까지를 뜻한다. '대단원'이란 그 변화에서부터 끝까지를 뜻한다.

시작과 중간과 끝. 전개와 변화와 대단원. 그로부터 2,000년 뒤, 구스타프 프라이타크Gustav Freytag는 《드라마의 기법The Technique of the Drama》에서 그리스 비극과 셰익스피어 비극을 검토해 아리스토텔레스가 설명했던 패턴과 비슷한 그림을 그려냈다. 그 그림은 도입부, 상승, 절정, 하강 혹은 하락, 그리고 파국으로 이루어져 있었다. 이것이 프라이타크의 유명한 삼각형 혹은 피라미드 구조다. 존 가드너의 《소설의 기술》은 다음과 같이 비극과 소설 사이를 연결하는 다리 역할을 했다.

장편소설의 가장 흔한 형태는 에네르게이아적 소설이다… 아리스토텔레스가 만들어낸 에네르게이아라는 용어는… '인물과 상황 속에 존재하는 가능성의 실현'이라는 뜻이었다. (아리스토텔레스가 말하는 것이 그리스 비극이었다고 해서 멈칫할 필요는 없다. 만약 장편소설에 관해 알고 있었더라면 그는 거의 동일한 이야기를 했을 것이다.) 이론적으로 에네르게이아적 소설은 세 부분으로 나뉘며, 이는 아리스토텔레스가 말한 "시작, 중간, 끝"

과 일치한다. 우리는 이 세 부분이 대략 비슷한 길이로 되어 있으며, 각각 패턴의 제시, 전개, 대단원에 해당한다고 볼 수 있다…

하지만 아리스토텔레스가 말하는 것이 장편소설이 아니라 그리스 비극이었다고 해서 왜 멈칫할 필요가 없다는 걸까? 장편소설은 아리스토텔레스의 시대에는 존재하지 않았고, 프라이타크가 다룬 주제도 아니었다. 가드너는 소설을 이루는 다른 구조들에 관해 말하기는 하지만, 분명히 호 구조의 인과관계를 선호하며 아리스토텔레스 역시 그랬을 거라고 말한다.

하지만 나는 그 말에 의문이 든다. 아리스토텔레스는 구조를 이해하기 위해 실제 사례들을 분석했다. 장편소설이 있었더라면 그는 그 실제 사례 역시 분석하지 않았을까? 하지만 그는 이야기의 초점을 비극에서 서사적인 시로 옮기면서 다음처럼 가드너의 생각과 거의 비슷한 이야기를 한다.

단순히 이야기를 하는 시에 관해 말하자면… 그것은 비극과 몇 가지 면에서 공통점이 있다. 1) 그것이 전하는 이야기 구조는 희곡에서의 이야기 구조와 명백히 비슷해야 한다. 그 이야기는 그 자체로 완결된 전체인 하나의 행동에 기반해 있어야 하고, 시작과 중간과 끝이 있어야 한다. 그래야만 작품은 생물이 지닌 그 모든 유기적인 통일성을 갖추고 그 작품만의 제대로 된 즐거움을 만들어낼 수 있게 된다.

하지만 소설은 "단순히 이야기를 하는" 것에 그치지 않는다. 바로 이 점이 소설이 지닌 탁월한 능력 중 하나다. 소설은 서양에 출현한 이후로 수 세기에 걸쳐 다양한 기능을 수행하도록 진화했는데, 특히 '동족을 잡아먹는 형식'에 가장 가까운 장편소설일 때 그랬다. 테리 이글턴은 이를 《영국 소설: 입문The English Novel: An Introduction》에서 다음과 같이 요약한다.

장편소설의 핵심은… 그것이 쉽게 규정할 수 없을 뿐 아니라 규정들을 적극적으로 약화하기도 한다는 데 있다. 장편소설은 장르라기보다는 반反장르에 가깝다. 그것은 다른 문학 양식들을 해체하고 그 조각들을 문란하게 뒤섞는다. 장편소설 속에서는 시와 희곡의 대사뿐 아니라 서사시, 전원시, 풍자, 역사, 애가, 비극, 그리고 다른 수많은 문학적 양식들도 찾아볼 수 있다. 버지니아 울프는 장편소설을 "모든 형식 가운데 가장 융통성 있는 형식"이라고 설명했다. 장편소설은 다른 장르를 인용하고 패러디하고 변형하면서 자신의 문학적 조상들을 단순한 요소들로 바꿔 자기 몸을 구성하는 데 쓰는데, 이는 일종의 오이디푸스적 복수라고 할 수 있다.

희곡은 소설의 피와 살이 된 많은 예술 가운데 하나에 불과하다. 호 구조는 아리스토텔레스가 본 대로 비극의 진행을 완벽하게 표현한 것이 맞으며, 지금까지 수많은 우아한 이야기들을 탄생시켰다. 하지만 이야기가 비극에서처럼 고정되어 있지 않은 소설들을 떠올려보자. 왜 그 소설들이 반드시 호 구조로 만들어졌다고 주장해야만 하는 걸까?

그리고 호 구조의 지루한 측면, 다시 말해 성적인 측면도 있다. 비평가 로버트 숄스Robert Scholes는 《허구적 서사와 메타픽션Fabulation and Metafiction》에서 다음과 같이 말한다.

모든 소설의 원형은 성적인 행위다… 소설을—그리고 음악을—섹스와 연결하는 것은 발기와 이완, 긴장과 해소, 절정의 순간까지 격해지는 과정과 그 완결로 이루어진 기본적인 오르가슴의 리듬이기 때문이다. 세련된 섹스를 할 때와 마찬가지로, 세련된 형태의 소설 속에서도 기술의 대부분은 욕망의 틀 안에서 절정을 지연시키는 것으로 이루어져 있다. 이는 쾌락을 주는 행위 자체를 연장하기 위한 것이다.

글쎄. 이게 내가 섹스를 경험하는 방식일까? 그렇지 않다. 비평가 수전 위닛Susan Winnett은 이렇게 말한다. "전통적인 서사와 서사학에서 시작, 중간, 끝이라는 동적인 관계를 통해 생성되는 의미들은 결코 여성을 설명하는 데 직접적으로 도움이 되는 것 같지 않다." 당신이 어떤 방식으로 섹스를 경험하든, 왜 그것이 소설의 원형이 되어야 할까?

하지만 가드너로 인해 아리스토텔레스가 소설에 관해 뭐라고 말했을지 상상하게 된 김에, 그 철학자가 예술의 형식 전반에 관해 세운 핵심 개념 중 하나를 살펴보고 싶다. 나는 아리스토텔레스가 문학 예술의 실제 사례들을 유기적인 통일성을 지닌—실은 영혼을 지닌—생명체들에 비유한다는 점이 몹시 마음에 든다. "비극의 첫 번째 필수 요소, 말하자면 생명과 영혼에 해당하는 것은 플롯이다." 여기서 영혼이라는 용어는 아리스토텔레스가 사용하는 개념의 틀인 '질료형상론hylomorphism'의 일부다. hylo 혹은 hule는 질료를, morphe는 형상을 뜻한다. 질료형상론은 인공물과 생명체 양쪽 모두에 존재하는 질료와 형상의 결합을 가리키는 말이다. 질료는 가능성을 지니고 있으며, 그 가능성은 형상에 의해 실현된다. 누군가가 새 모양으로 빚어내고 싶어 하는 찰흙 덩어리가 있다고 상상해보자. 그 덩어리는 새의 모습을 취할 가능성을 지니고 있지만, 그 가능성은 오직 찰흙과 함께 '새'라는 추상적인 개념 혹은 형상이(그리고 그것을 빚어낼 예술가가) 존재할 때만 실현될 수 있다. 새 모형으로 만들어진 찰흙은 질료와 형상의 결합물, 한 점의 예술 작품이 된다. 그것이 취할 수 있었던 형상이 그 질료 안에 존재하고 있던 가능성을 실현한 것이다. 생명체에서 질료에 해당하는 것은 육체, 형상에 해당하는 것은 영혼이다. 형상이 질료에 생명을 불어넣어 예술 작품을 만들어내듯, 영혼은 육체에 생명을 불어넣어 생명체가 되게 한다. 그러므로 '플롯'이 비극의 '영혼'이라고 말할 때, 아리스토텔레스는 플롯이 가능성을 하나의 실현된 전체로 바꿔놓게 될 이상적인 형태라고 말하고 있는 것이다.

소설의 '영혼', 혹은 소설에 생명을 불어넣는 형태가 호 모양의 곡선이라고 생각하는 대신 다른 형태들을 상상해보면 어떨까? 호 구조는 비극에서는 말이 되지만, 소설은 그와는 전혀 다른 것일 수도 있다. 특히 오늘날에는 그렇다. 오늘날 소설은 하나의 종으로 살아남기 위해서라도 극적인 구조 이외의 모든 것을 활용하는 편이 바람직하다. 수케닉은 이렇게 말한다. "기존 소설의 형식을 재생산하는 대신, 장편소설의 형식은 우리의 경험에 가까워지려고 노력해야 한다." 아리스토텔레스는 예술 형식이 유기체라고 이해했다. 그렇다면 우리 경험의 형태 역시 유기적이어야 말이 되지 않을까? 유기적이되 반드시 오르가슴을 닮을 필요는 없는 그런 형태 말이다.

●

 내가 처음으로 호 구조와 플롯에 대해 고분고분 받아들이지 못하게 되고 다른 무언가를 원하게 된 건 2001년의 일이다. 그때 나는 독일에 살고 있었고, 독일어를 배우기 위해 한 달에 한 번씩 세 명의 여성(건축가)들과 만나 독서 토론을 했다. 한번은 그중 한 명이 W. G. 제발트의 《이민자들》을 골랐다. 제발트는 비범한 서사로 대서양 양쪽에서 독자들을 열광시키고 있었고, 막 장편소설 한 권을 내고 강의를 시작한 참이었던 나는 더 많은 것을 배우고 싶어 안달하고 있었다. 독일어는 쉽지 않았고, 제발트의 독일어는 확실히 그랬다. 하지만 천천히 읽으며 그의 문장 흐름을 따라가다 보니 마침내 의미가 감지되었다. 그건 약간은 헨리 제임스와 비슷하지만 독일어로 된 책을 읽는 것 같은 경험이었다. 문장에서의 병렬 구조와 종속 구조가 어떻게 다른지 생각해보면 내 말이 무슨 뜻인지 알 수 있을 것이다. 병렬 구조는 선형적이고 순차적이다. 그는 일어났고, 창문으로 걸어갔고, 아래를 내려다보았고, 밖으로 나가기로 마음먹었다, 기타 등등. 반면 종속 구조는 문장의 일부를 전면에 내세우고 다른 부분은 배경으로 물러나게 한다는 점에서 좀 더 공간적이며, 일직선 형태로 된 시간의 흐름보다는 각 요소들 사이의 상대적인 관계에 좀 더 관심을 가진다. 그는 잠에서 깨어 한동안 침대에 누운 채, 창문 밖을 내다볼지, 아니면 바깥세상을 무시하고 벽장 속으로 걸어 들어갈지 고민하고 난 끝에 마침내 일어나기로 마음먹었다. 이 문장에서 인물이 다음에 무슨 행동을 하는지 보려면 마지막까지 기다려야 한다. 문장의 나머지 부분은 정신적인 보류로, 다음에 무슨 일이 일어날지 지켜보기만 하는 것이 아니라 가능성들을 곰곰이 생각하는 부분이다. 독일어 문장은 이런 식으로 주요 동사를 마지막까지 보류한다. 《이민자들》 역시 이런 식의 서사였다. 다음에 일어날 일을 곧바로 보여주는 것이 아니라, 무늬를 넣어 그물을 짜내는데, 독서를 끝낸 뒤에야 그 무늬가 눈에 들어오는 서사.

그 책에 담긴 네 편의 이야기를 각각 읽는 것은 어두운 강물 위를 꿈결처럼 거슬러 떠가는 것과 비슷한 경험이었다. 하지만 내가 가장 몰두하게 된 건, 그 각각의 부분이 모여 어떻게 더 커다란 무늬를 만들어내는지 알아내려 애쓰는 과정이었다. 각 부분에 등장하지만 '플롯'에는 그저 희미하게만 연결된 '나비 잡는 남자'라는 인물이 하나의 실마리처럼 느껴졌다. 그는 처음에는 나비채를 든 나보코프의 사진으로 등장해 한 인물이 어떤 모습인지 보여준다. 그는 다른 곳에서는 나비를 쫓아다니는 소년, 산에서 어떤 인물에게 뛰어내리지 말라고 설득하는 남자, 그리고 난데없이 나비채를 들고 나타난 남자의 모습으로 등장한다. 그는 조금씩 변형되며 반복해 나타나는 상징처럼, 막 드러나기 시작한 어떤 개념의 환영처럼, 혹은 뱃머리의 장대에 붙어 있는, 나를 어디론가 이끌고 가는 사람 모양의 조각상처럼 보인다. 하지만 어디로 이끌고 가는 걸까?

책을 다 읽어갈 무렵, 나는 하나의 가설을 품은 채 그게 맞는지 보려고 최대한 빨리 번역하며 읽고 있었다. 하지만 도서관 반납 기한이 다 되어 내가 그 책을 건네며 연장해달라고 부탁하자, 사서는 건조한 독일어로 안 된다고 대답했고, 책은 컨베이어벨트에 실려갔다. 나는 카를스루에, 두를라흐, 하이델베르크에 있는 서점이란 서점은 다 찾아가봤지만, 어디에도 제발트의 책은 없었다. 그가 막 비극적인 충돌 사고로 세상을 떠났기 때문이었다.

몇 주가 지난 뒤에야 그 책을 다시 손에 넣었다. 이번에는 영어판이었다. 식료품점 계산대에 줄을 서서 책을 펼쳤는데, 마지막 이야기의 주인공 이름이 바뀌어 있는 게 눈에 들어왔다. 알고 보니 영어판에서 법적으로 요구된 변경 사항이었지만, 나는 너무 놀란 나머지 그 책을 상추 밑에 밀어 넣고는 잊어버리고 말았다. 내게는 원래의 이름이 열쇠였는데. 다음날 가게가 문을 열고 나서야 나는 그 책을 다시 손에 넣었고, 가설도 다시 떠올릴 수 있었다.

이에 대해서는 '그물망과 세포' 장에서 다시 이야기할 것이다. 지금 중요한 건 제발트의 《이민자들》이 내게 다음과 같은 사실을 처음으로 알려준 소설이었다는 점이다. 인과관계로 이루어진 호 구조 말고도 서사 속에서 강력하게 앞으로 나아가는 움직임을 만드는 다른 방법이 있다는 사실 말이다. 그 소설 속에서 움직임은 이야기 속이 아니라 의미를 구성해가는 독자의 머릿속에서 일어났다. 그 움직임에는 패턴이 포함되어 있었는데, 이 패턴은 (내가 나중에 알게 되었듯) "서사적 사건이 일어나는 어떤 시간 순서와도 관계없이 공간적으로 서로 얽혀 있는 이미지와 구절들로부터"(조지프 프랭크, 〈공간적 형식의 개념〉) 생겨나는 것이었다. 나비 잡는 남자가 바로 그런 이미지였다.

인과관계에 따라 전개되는 플롯과 끊임없이 반복되는 호 구조에 흥미를 잃은 사람이 제발트만은 아니었다. 하지만 20년간 강의를 해오면서 내가 몇 번이고 반복해서 당혹감을 느낀 건, 젊고 똑똑한 작가들 상당수가 호 구조를 따라야 한다는 의무감을 느낀다는 점이었다. 호 구조는 서양 소설이 더디게 태동하던 시기에는 당연한 것이 아니었지만 점차 하나의 관습으로 굳어졌고, 작가들은 종종 그 구조에 저항해왔다. 다른 문화권에서는 소설이 애초부터 전혀 다른 방식으로 진화했다. 비교문학 연구자 밍동구Ming Dong Gu는 중국 소설이 "시학을 모방과 이야기에 국한했던 플라톤-아리스토텔레스식 제약들"에 얽매이지 않고 서정성을 강조하며 발전해왔다고 설명한다. 패턴, 반복, 리듬에 바탕을 두는 중국 소설은 "시간에 기반해 있고 방향성을 따르며 논리적 일관성을 중시하는 서양 서사의 원칙과는 구별되는 구조적 원칙에 따라 조직된다."

소설가 나이절 크라우스Nigel Krauth가 말하듯, "[서구] 문학에서 급진적인 것의 본질을 빠르게 이해하고 싶다면, 우선 단일성, 선형성, 시작과 중간과 끝이 있는 구조와 관련된 개념들을 떠올려볼 수 있다. 그다음엔 작가가 그것들을 어떻게 다중성, 콜라주 혹은 파편들로 이루어진 리좀 구조로 대체할 수 있을지 생각해볼 수 있다." 예컨대, 모더니스트들이 "전지적" 화자를 떠나 인간 감각의 복잡한 뒤얽힘을 따라가는 서술자의 의식 쪽으로 옮겨간 것을 떠올려보라. 혹은 20세기 초에 등장한 수많은 다중 서사 소설들, 놀라운 제약을 활용해 그로부터 새로운 가능성을 열어 보인 울리포° 작가들, 누보로망°° 작가들과 그들이 객관성을 가지고 한 실험 같은 사례들을 떠올려보라.

작가들은 서사를 구성하는 데 있어 다른 패턴들을 제

° OuLiPo(Ouvroir de littérature potentielle). 작품을 창작하려는, 주로 프랑스어를 사용하는 작가와 수학자들의 느슨한 모임이다. 제한된 글쓰기 기술을 사용한다. 1960년 레몽 크노와 프랑수아 르 리오네에 의해 설립되었다. 다른 주목할 만한 회원으로는 소설가 조르주 페렉과 이탈로 칼비노, 시인 오스카 파스티오르와 장 레슈르, 시인이자 수학자 자크 루보가 있다.

°° Nouveau roman, '새로운 소설'을 뜻하는 누보로망은 제2차 세계대전 이후 프랑스에서 출간된 전위적인 소설 작품군을 형용하는 호칭으로, 반反소설이라고도 불린다.

안하기도 했다. 이탈로 칼비노는 《보이지 않는 도시들》에서 수정의 형태를 떠올리며 "여러 개의 면이 있는 구조물을 세웠다"고 말한다. "그 구조물 속에서 각각의 짧은 텍스트는 서로 가까이 놓여 있지만, 논리적 순서나 위계에 따라 배열되어 있지는 않다. 대신 그것들은 그물망처럼 배열되어 있어서 독자는 다양한 경로를 따라가며 각기 다른 방향으로 나아가는 여러 결론에 도달할 수 있게 된다." 어떤 사람들은 이를 그물망 패턴이라고 부르기도 한다. 시인 고트프리트 벤은 오렌지 모양의 서사 구조에 관해 이야기하기도 했다. 그 구조에서는 모든 부분이 가운데에 있는 섬유 기둥에서부터 사방으로 퍼져나가거나 그 기둥을 향해 기울어져 있다. 문학 연구자 로스 챔버스Ross Chambers는 "빈둥문학loiterature"이라는 (엄청난) 신조어를 만들어냈는데, 이는 옆길로 빠지는 정도가 과도해서 종종 미로처럼 변해버리는 서사를 가리키는 말이다. 크라우스는 파편적 구성의 작품들을 제대로 이해하기 위해서는 방사형으로 읽는 방식이 필요하다고 말하며, 이를 다음과 같이 설명한다.

> 그건 마치 증거 한 조각을 집어 드는 것과 같다. 그 조각 주위를 하나의 온전한 이야기가 둥그렇게 감싸고 있다는 걸 알기에 당신은 더 많은 증거를 모으기 위해 계속 나아간다. 어쩌면 선형적으로 읽으려는 우리의 '본능'은 점점

당연한 것이 아니게 되어가고 있는지도 모르겠다. 내가 설명하는 읽기 방식이 **급진적**이라는 건 알지만, 사실 나는 그것을 **방사형** 읽기라고 부르고 싶다. 그것은 궁극적으로는 소용돌이처럼 흩뿌려져 있는 이야기의 다양한 요소들 속에서 의미 있는 중심을 찾아내는 데 몰두하는 독서법이다. 하지만 동시에 그것은 그 중심을 드나드는 경로들이 모습을 드러내기를 (때로는 150쪽에 이를 때까지) 기꺼이 기다리는 방식이기도 하다.

그리고 문학가 조지프 프랭크Joseph Frank는 획기적인 에세이 〈공간적 형식의 개념The Idea of Spatial Form〉에서 이와 같은 여러 논의들의 물꼬를 텄다. 그는 시간 순서를 따라가는 대신 나열이나 연상으로 구성되는 소설의 한 유형을 설명했다. 그런 소설에서는 각각의 부분이 퍼즐의 한 조각이 되거나 전체가 의미의 그물망을 이루게 된다.

제발트를 처음 읽은 뒤로 10년 동안 나는 호 구조 이외의 다른 구조가 내부에 어렴풋이 비쳐 보이는 강렬한 서사들을 찾아다녔다. 그런 구조들은 무언가를 향해 나아가는 내면의 감각을 만들어내고, 이야기가 끝난 뒤에도 하나의 형태를 인상으로 남긴다. 그래서 그런 이야기들은 그저 삶의 단면들을 보여주는 것이 아니라 조직된 것처럼 느껴진다. 최근 나는 그런 서사 몇 편을 분석해 공통점을 살펴보았다. 내가 발견한 건 그런 텍스트들에 반복해 등장하는 많은 구조가 자연에 존재하는 기본적인 패턴들과 겹친다는 것이었다.

●

물질은 수많은 자연법칙에 따라 공간을 채우고, 그 법칙들은 몇 번이고 반복해 동일한 패턴들을 만들어낸다. 나는 이 사실을 최근에야 알게 되었다. 뉴욕행 암트랙 열차 안에서 건축가이자 디자이너 피터 스티븐스Peter Stevens가 1974년에 출간한 탁월한 책《자연의 패턴들Patterns in Nature》을 읽고 있을 때였다. 사실 책을 읽는 동안 깨달음의 순간들이 폭포처럼 쏟아지는 바람에 나는 몇 번이고 창밖으로 고개를 돌렸다. 그러고는 방금 스티븐스가 완전히 새로이 보이게 만든 그 세상을 내다보았다. 과학저술가 필립 볼은《모양》이라는 책에서 그 주제를 좀 더 확장해 원자에서 은하에 이르기까지 우리 세계의 모든 차원에서 일군의 패턴들이 어떻게 반복적으로 등장하는지 아름답게 보여준다. 그런 패턴 가운데 하나가 바로 파도다. 긴장감이 부풀어 올랐다가 꺼지는 드라마를 보든, 해안에서 잇따라 부서지는 파도를 황홀하게 바라보든, 우리가 그 형태에 끌리는 데는 분명한 이유가 있다. 파도는 정적인 물질에 에너지가 충전되었다가 그 에너지가 방출되며 평형 상태로 돌아가는 과정을 명쾌하게 보여주는 한 예다. 호나 파도 모양의 구조는 빛과 소리의 파동 형태로 우리 주위 어디에나 존재한다. 그 구조는 강력한 서사를 만들어낼 수 있다. 하지만 작가로서 우리가 '이야기는 언제나 호 구조를 따라야 한다'고 생각하는 게 아니라, '이야기를 받아들이는 독자의 경험이 호 구조를 따르는 것'이라고 생각할 수 있다면 좀 더 해방감이 느껴질지도 모른다. 독자는 도입부에서는 머뭇거리다가 이내 점점 더 몰입하게 되고, 마침내 언어가 멈추면 어느새 자신의 세계로 돌아와 있게 된다.

하지만 호 구조 이외의 패턴들은 어디에나 존재한다. 스티븐스가 "자연이 사랑하는 패턴"이라 부르는 몇 가지를 여기에 소개하겠다. **나선형**: 고사리의 돌돌 말린 새순, 소용돌이, 허리케인, 숫양의 머리에서 비틀리며 뻗어 나온 뿔, 혹은 앵무조개를 떠올려보라. **구불구불한 선형**: 굽이치고 뒤틀리며 흐르는 강, 기어가는 뱀, 달팽이가 남겨놓은 은빛 흔적, 혹은 가장 여린 풀잎들만 골라 뜯으며 지나간 염소가 남겨놓은 길을 그려보라. **방사형** 혹은 **파열형**: 떨어진 물방울이 튀면서 만들어낸 모양, 데이지꽃 한가운데에서 바깥으로 자라나는 꽃잎들, 태양에서 뻗어 나오는 빛, 진드기가 문 자리에 동그란 고리 모양으로 남은 자국. **분기형** 및 기타 **프랙탈형**: 더 작은 규모로 가면서 자신을 복제하는 패턴으로, 나무와 해안선, 구름에서 볼 수 있다. **세포형**: 벌집, 촘촘히 붙은 거품들, 갈라진 호수 바닥, 그리고 수영장 수면 위로 퍼져 나가는 잔잔한 빛에서 볼 수 있는 반복되는 형태로, 세포처럼 보이기도 하고 그물망처럼 보이기도 한다.

    이런 패턴들은 단지 우리 주변에만 있는 게 아니라 우리 몸에도 퍼져 있다. 우리의 머리칼, 뇌, 창자에는 구불구불한 곡선들이 있다. 분기형은 모세혈관과 뉴런과 폐에서 찾아볼 수 있고, 파열형은 유륜과 홍채에서, 그리고 재채기를 할 때도 볼 수 있다. 나선형은 귀와 손가락 끝, DNA, 주먹에서 볼 수 있다. 우리의 뇌는 패턴을 알아볼 뿐 아니라 원하기도 한다. 우리는 별다른 생각을 하지 않고도 자연의 패턴들을 따라간다. 정원 호스를 돌돌 감을 때도, 상자를 차곡차곡 쌓을 때도, 해안을 따라 걸으며 비틀거리는 발자국을 남길 때도 그렇다. 우리는 마음속 움직임을 묘사할 때조차 이런 패턴들을 불러낸다. 누군가는 절망의 나선 속으로 빠져들기도 하고, 감정을 구획으로 나누어 정리하기도 하며, 생각은 이리저리 떠돌고, 상심이 너무 클 때면 우리 몸은 정말로 터져버릴 듯한 기분이 들기도 한다. 다시 말해, 우리에겐 사물에 질서를 부여하고 무언가를 만들어내는 데 반복해 사용하는 방식들이 있다. 그런 자연의 패턴들은 수 세기 동안 시각 예술가와 건축가들에게 영감을 선사했다. 그렇다면 그 패턴들이 우리의 서사를 만들어내는 데 쓰이지 못할 이유가 있을까?

"빈둥문학"에 나타나는 옆길로 빠지는 이야기 구조, 공간성이 강한 소설에 전형적으로 드러나는 세포 모양의 구성, 나뭇가지처럼 여러 갈래로 뻗어나가는 텍스트, 오렌지처럼 방사형으로 배열된 서사. 어쩌면 서로 다른 이 모든 접근법은 자연의 패턴이라는 더 큰 체계 안에서 찾아볼 수 있을지도 모른다. 이야기를 만들어내는 충동이나 시작점은 무엇처럼 보이는가? 그 이야기는 시간의 흐름에 따라 어떻게 움직이는가? 이야기 속에서 반복은 어떻게 배치되는가? 옆길로 빠지는 서사는 구불거리며 나아간다. 때로는 빠르게 흐르고, 때로는 거의 정지하다시피 하며, 종종 한 바퀴 돌아 제자리로 돌아오고, 그럼에도 결국에는 앞으로 나아간다. 나선형 서사는 리드미컬한 반복 속에서 빙글빙글 돌지 모르지만, 그러면서도 앞으로 나아가며, 과거로 깊이 침잠해 들어가거나 미래를 향해 솟아오를 수도 있다. 에세이 작가들은 자신의 삶을 되돌아보는 글이 지닌 나선형 형식에 관해 종종 이야기한다. 사색적이고 서정적인 장편소설 역시 똑같은 구조를 지닐 수 있다. 방사형 서사는 중심에 있는 구멍─어떤 사건, 고통, 부재 혹은 공포─에서 뻗어 나오기도 한다. 그 이야기는 그 구멍 주위를 계속 돌거나 그로부터 방향을 바꿔 나아가지만, 시간의 흐름에 따라 앞으로 나아가는 일은 거의 없다. 프랙탈형 서사는 하나의 중심이나 씨앗에서 가지를 쳐 나아가면서 중심이 되는 형태나 역학을 다양한 규모로 반복할 수 있고, 가지치기를 무한히 계속할 수도 있다. 그리고 세포형 서사는 부분부분 나뉜 형태를 하고 있으며, 한 부분에서 다른 부분으로 시간의 흐름에 따라 나아가는 게 아니라 의미의 그물망을 만들어낸다.

구불구불한 선, 나선, 방사형, 프랙탈, 세포. 어쩌면 이야기의 종류와 특정한 패턴 사이에는 어떤 상관관계가 있을지 모른다. 비극 작가들이 호 구조를 따르는 것처럼 말이다.

이런 식으로 구조를 바라보는 일이 이야기를 단순한 것으로 환원하는 것처럼 보일 수도 있다. 나 역시 어느 정도는 그렇게 생각한다. 그리고 내가 앞으로 살펴볼 서사들 속에서 발견하게 될 패턴은 당신이 보게 될 패턴과는 약간 다를지도 모른다. 하지만 나는 호 구조 이외의 패턴들을 떠올리는 일이 자연스러워지기를, 점점 진화하고 있는 작가들이 호 구조에 억눌리는 기분을 느끼지 않기를, 그들이 이야기의 시간적인 측면만큼이나 시각적인 측면 역시 상상하고, 다양한 가능성을 의식하거나 가지고 놀면서 이야기를 디자인하는 방법들을 발견하기를 바란다. 이야기 속에서 색채는 어떻게 펼쳐 보일 수 있을까? 서로 다른 종류의 단어나 문장이나 여백을 통해 이야기의 질감을 만들어내는 방법은? 반복이나 대칭을 통해 움직임의 감각을 강화하는 (혹은 흐릿하게 만드는) 방법은? 심지어 호 구조를 따르는 소설도 디자인의 대상이 될 수 있다. 그 디자인은 질감과 색채와 대칭,

또는 파도를 닮은 줄무늬로 시각화할 수 있는 반복을 통해 이루어지며, 이런 요소들은 이야기된 사건들을 넘어선 곳에서, 혹은 그 사건들과 함께 작용해 더 많은 움직임과 의미를 만들어낸다.

이 책에서 나는 작가들이 그동안 이야기 속에서 어떻게 시각적인 것을 활용하고 호 구조 이외의 패턴들을 찾아내면서 이 모든 작업을 해왔는지 살펴볼 것이다. 이 책은 표본들로 가득한 박물관이 될 것이다.

차례

7   서문·비선형 이야기의 디자인과 패턴

기본 요소

41   점, 선, 질감
61   움직임과 흐름
81   색깔

패턴

97   파도
123   잔물결
149   구불구불한 선
181   나선
207   방사형 혹은 파열
235   그물망과 세포
277   프랙탈
295   해일?

309   에필로그·진실한 서사를 짓는 새로운 방법
313   옮긴이의 말·생각의 방향과 속도를 바꾸는 서사들
320   다루는 작품
322   참고 문헌

기본 요소

점
POINT

LINE
선

질감
TEXTURE

　머리 위로 날아올라 이야기 속의 나선과 구불구불한 선, 혹은 분기형 패턴들을 내려다보기 전에, 나는 먼저 텍스트를 가까이에서 들여다보고 싶다. 단어 하나하나를 따라가며 그 주위로 이야기가 펼쳐지는 감각을 느껴보고 싶은 것이다. 이것이 우리가 이야기를 헤쳐나가는 첫 번째 방식이다. 한 방향으로, 단어에서 단어로, 끝까지 읽어가는 것. 서사학자들은 이를 담화 혹은 텍스트 차원에서의 움직임이라고 부른다. (담화discourse의 어원은 discurro, 즉 '이리저리 뛰어다니다'라는 뜻의 라틴어다. 이 페이지의 행들을 따라 움직이는 당신의 두 눈을 떠올려보라.) 이와는 다른 또 하나의 움직임은 이야기의 내용 속에서 일어난다. 어떤 일이 벌어지는지, 사건이 시간 순서대로 일어나는지, 아니면 얽혀 있어서 풀어내야 하는지, 사건보다는 생각의 흐름을 통해 움직이게 되는지, 뭐 그런 것들이다. 이야기 세계에서 일어나는 이런 움직임은 단어에서 단어로의 이동보다 복잡할 수 있으며, 우리가 곧 살펴보게 될 커다란 패턴들을 형성하기도 한다. 우선 그 일방향의 여정부터 살펴보자.°

이 여정을 신체적으로 상상해볼 수 있는 방법이 있다. 강을 따라 헤엄쳐간다고 생각해보라. 당신은 팔을 젓고, 발을 차고, 물 위에 떠 있으면서, 물이 조약돌 위로 졸졸 흐르거나 고요해질 때, 풀잎들과 얽힐 때, 반짝이거나 그늘을 통과해 흐를 때, 그 물이 전해주는 한기와 따스한 물기둥을, 탁함과 맑음을 느끼게 될 것이다. 단어에서 단어로 이야기를 따라 나아가는 움직임도 비슷하다. 우리는 한 줄 한 줄 앞으로 흘러가면서 우리가 읽는 것을 '보고' '듣고' '느낀다'.

이런 설명은 비유로서는 괜찮다. 그런데 작가들은 독

○ 여기서는 변형된 타이포그래피나 사진, 텍스트에 삽입된 기타 시각 이미지처럼 명시적인 시각 장치들의 사용은 다루지 않을 것이다. 이 모든 요소가 언어를 받아들이고 이해하는 방식에 도움이 되기도 하고 혼란을 주기도 하는 건 사실이지만 말이다. 이에 관해서는 사이먼 바튼, 글린 화이트, 나이절 크라우스의 인용된 문헌들을 참조하라. 공간과 여백의 사용에 대한 몇 가지 생각은 앞으로 얘기하겠지만, 나는 주로 시각 요소 차원이 아니라 텍스트 내용 차원에서의 패턴 만들기에 관심이 있다. ─저자

자가 우리의 매체 속에서 만나게 되는 그런 기본적인 감각들—흐름이 빠르거나 느릿하다든지, 투명하거나 흐릿하다든지—을 어떻게 만들어내는 것일까? 우리가 다루는 매체의 진짜 기본 요소란 무엇일까? 작법서 대부분은 '소설의 기본 요소'로 인물, 플롯, 배경 등을 꼽는다. 하지만 나는 좀 더 근본적인 요소들로, 독자가 접하게 되는 가장 작은 입자들로 내려가보고 싶다. 바로 글자와 음소들이다. 이것들은 한데 모여 단어를 이루고, 단어들은 한 줄로 늘어서서 문장이 되며, 문장들은 다시 무리를 지어 단락이나 크롯°(산문에서의 연stanza을 말하며, stanza는 이탈리아어로 '방'을 뜻한다)을 이룬다. 이 모든 것이 하얀 여백 위로 흘러간다. 이 모든 것을 가지고 우리는 독자가 통과해갈 매체를 혹은 질감을 만들어낸다.

텍스트text와 질감texture은 둘 다 텍세레texere에서 온 뿌리가 같은 말이다.

우리는 인쇄된 글자나 단어를 처음에는 하나의 그림으로 받아들이지만, 동시에 그것을 '듣기도' 한다. 어떤 단어를 속으로 읽든 소리 내어 읽든 뇌에서 소리를 인식하는 신경 활동은 거의 동일하게 일어난다. 우리 뇌에 있는 브로카 영

° crot. 짧고 단편적인 글쓰기 단위를 말한다. 이는 문단보다 짧고, 때로는 단어 하나나 문장 하나로 구성되기도 한다. 이 책에서 크롯에 대한 이해를 돕는 글로 메리 로비슨의 《내가 왜 그랬을까》가 제시된다.(217쪽 참조)

역이라는 부위가 머릿속에 울리는 단어의 '소리'를 만들어 내는 것이다. 그래서 단어를 읽는 동안 우리는 그림을 보고 소리를 '들으며' 두 방식 모두를 통해 시간 속에서 그 단어를 경험한다. (단어의 의미, 그것의 명료함, 연쇄적으로 떠오르는 함축적 의미들 역시 그 단어가 얼마나 길게 느껴지는지를 자연스레 좌우한다.) 영어에서 글자와 음절의 소리는 매우 다양해서 그것들의 길이를 음악의 음표처럼 명확히 측정하기는 어렵지만, 그럼에도 우리는 그 각각의 차이를 느낀다. 글자 t는 m보다 빠르게 발음되고, bit(비트)는 bite(바이트)보다 짧게 발음된다. 우리는 tot(토트)와 tomb(툼), tot(토트)와 tomatillo(토마티요)의 길이가 어떻게 다른지 보고 듣는다. 또한 쉼표, 세미콜론, 물음표, 마침표 같은 문장부호와 그 부호들 사이의 여백 역시 보고 듣는다. 그러므로 글자의 종류, 단어의 길이, 그 사이에서 생기는 마찰이나 유려함, 반복, 그리고 쉼표나 물음표로 우리의 내적인 귓속에서 일어나는 휴지나 경쾌한 리듬, 이 모든 것은 우리의 기본 요소가 되는 입자들이자 시각, 청각, 시간의 단위들이며, 우리의 디자인에 처음으로 쓰이는 재료들이다.

    이제 문장으로 넘어가보자. 심지어는 한 단어로 이루어진 문장 조각도, 그 단어나 소리가 길기만 하다면 우리의 머릿속에서 놀랍도록 많은 시간을 차지하고 공간을 열어젖힐 수 있다. 물론 아주 긴 문장도 그렇지만 말이다. 문장에 대해 매혹적인 점이 하나 있다면 이런 것이다. 나는 어떤 문장에 사로잡혀 있는 동안 그 문장이 만들어내는 시간적 공간적 궤도에 붙들리게 된다. 문장은 그래야만 하는 순간에 시작되고 끝나며, 나를 붙들고 이끌어가다가 준비가 되었을 때 놓아준다. 나는 복잡한 구문을 헤쳐나가느라 천천히 움직이기도 하고, 화려한 언어에 이끌려 꾸물거리기도 하며, 문장 전체를 탁 끊어 의미가 통하게 해줄 마지막 단어가 나오기를 신중하게 기다리기도 한다.

소리와 문장 구조에 대해 더 알고 싶다면 엘런 브라이언트 보이트Ellen Bryant Voigt의 아름다운 책《문장의 기술Art of Syntax》을 참조하기 바란다. 하지만 지금은 실제 사례 몇 가지를 살펴보도록 하자. 다음은 데이비드 포스터 월리스의 〈영원히 머리 위에Forever Overhead〉에 나오는 단락이며 두 부분으로 이루어졌다. 이 단편소설은 열세 번째 생일을 맞은 한 소년이 자기 안에서 새로운 감각들을 느끼고, 시간에 대해 놀라운 진실을 깨닫게 되는 과정을 그려낸다.

> 그리고 꿈들. 지난 몇 달 동안 전에는 꾼 적 없던 꿈들이 찾아왔는데, 그것들은 축축하고 분주하고 아득한 꿈, 유연한 곡선들과 미친 듯한 피스톤 운동, 포근한 따스함과 까마득한 추락으로 가득한 꿈이었고, 그런 꿈에서 깨어날 때면 너는 파르르 떨리는 눈꺼풀 사이로 몰아치고 쏟

아지는, 발가락이 오므라들고 두피가 확 당겨지는 듯한 감각의 충격을 느끼곤 했는데, 그것은 있는 줄도 몰랐던 너 자신의 깊숙한 내면에서 솟구쳐 올라오는 충격, 깊고 달콤한 상처에서 일어나는 경련이었으며, 그럴 때면 창문 블라인드 틈새로 들어온 가로등 불빛이 침실의 까만 천장에 뾰족한 별 모양으로 부서졌고, 네 떨리는 두 다리 사이 피부 위로는 질고 하얀 잼 같은 것이 주르르 흘러나와 똑똑 떨어지다가 달라붙어 식었는데, 그것은 딱딱해졌다가 아침에 샤워할 때 떨어져나갔고, 그러면 그 자리에는 이리저리 뒤틀린, 연한 색의 튼튼한 짐승 털 같은 덩어리만 남았고, 그 축축하게 얽힌 덩어리에서는 깨끗하고 달콤한 냄새가, 네 몸속에서 만들어진 것이라고는 도저히 믿을 수 없는 냄새가 났다.

처음에 나오는 두 단어는 문장이 아니라 문장 조각이다.('이 있었다'가 생략되어 있다.) 하지만 꿈들이라는 한 단어는 내 입안에 그리고 머릿속에 오랫동안 머무른다. 그 뒤를 잇는 133어절짜리 문장은 어슬렁거리다 흐르고, 달려가다 폭발하고, 마침내는 멈춰 고여서 사유의 웅덩이가 된다. 이 두 문장은 서로 다른 동물이다. 개미와 대왕오징어처럼 움직임도 수명도 전혀 다르다. 그러니 서사를 디자인하는 기본적인 방법 중 하나는 우리가 가진 가장 작은 단위—

음절에서부터 단어, 다시 구와 절을 거쳐 문장에 이르기까지—안에서 작업하는 것이다. 마치 정원에 알갱이 같은 안개꽃, 뾰족뾰족한 알로에, 넓은 야자 잎처럼 서로 다른 식물을 심는 것처럼.

    이 차원에서 디자인을 하는 또 다른 방법은 문장의 패턴을 가지고 노는 것이다. 비슷한 표현의 문장들이 계속 이어지면 보기에도 듣기에도 지루해진다. 모든 문장이 주어-동사로 된 하나의 절이라는 똑같은 구조를 따를 때도 마찬가지다. 그런 지루함과 미묘하게 대조를 이루는 문장들을 여기 옮겨본다. 레이먼드 카버의 단편소설 〈춤 좀 추지 그래?Why Don't You Dance?〉의 서두다.

> 주방에서 그는 술 한 잔을 더 따르고는 앞마당의 침실 가구 세트를 바라보았다. 매트리스는 벗겨져 있었고, 사탕처럼 가느다란 줄무늬의 침대 시트는 서랍장 위 두 개의 베개 옆에 놓여 있었다. 그 밖에는 모든 것이 침실에 있을 때와 거의 다르지 않았다. 그가 쓰던 쪽 침대맡에는 협탁과 독서등이 있었고, 그녀가 쓰던 쪽에도 협탁과 독서등이 있었다.
> 그의 쪽, 그녀의 쪽.
> 그는 위스키를 홀짝이는 동안 그 점을 곱씹었다.

첫 문장은 문법적으로 단순해서, 동사는 두 개지만 주어는 하나다. 그는… 따르고는… 바라보았다. 또 이 문장은 주어가 아니라 전치사구로 시작한다. 두 번째 문장은 두 개의 독립절로 이루어진 중문으로, 한 단계 더 복잡하다. 매트리스는 벗겨져 있었고… 침대 시트는… 두 개의 베개 옆에 놓여 있었다. 세 번째 문장은 첫 문장처럼 구로 시작하지만 주절과 종속절로 이루어진 복문으로 한 단계 더 나아간다. 모든 것이 침실에 있을 때와 거의 다르지 않았다. 그다음에 오는 건 문장이 아니라 앞에 나온 문장에 나오는 두 개의 구를 반복하는 문장 조각이다. 그의 쪽, 그녀의 쪽. 이 구조는 둘로 나뉜 침대를 그대로 닮아 있다. 그런 다음 우리는 단문-중문-복문-파편이라는 단계의 사다리를, 또 하나의 복문을 읽으며 다시금 되짚어 내려가기 시작하게 된다. 그는 위스키를 홀짝이는 동안 그 점을 곱씹었다. 카버의 간결한 산문에서조차 이런 식으로 문장에 변화를 주면 또렷한 질감을 만들어 낼 수 있다. 이제 이 문장들 각각을 분해해 단순한(그리고 완결된) 주어-동사 구조로 만든 다음 얼마나 재미없어지는지 느껴보자.

그는 주방에서 술 한 잔을 더 따랐다. 그는 앞마당에 놓인 침실 가구 세트를 바라보았다. 매트리스는 벗겨져 있었다. 사탕처럼 가느다란 줄무늬의 침대 시트는 서랍장

위 두 개의 베개 옆에 놓여 있었다. 그것들은 침실에서도 이것과 거의 달라 보이지 않았다. 그가 쓰던 쪽 침대맡에는 협탁과 독서등이 있었다. 그녀가 쓰던 쪽 침대맡에도 협탁과 독서등이 있었다.

그의 쪽이 있었다. 그녀의 쪽이 있었다.

그는 그 점을 곱씹었다. 그는 위스키를 홀짝였다.

복문을 피하면 많은 것이 사라져버린다. 복문에 담긴 깊이도, 하나의 시간대나 생각이 조명되고 다른 시간대나 생각이 뒤로 물러나는 방식도. <u>모든 것이 침실에 있을 때와 거의 다르지 않았다</u>. 그 침실, 그 결혼생활, 그 사랑. 그 모두가 사라져버렸다. 지금 여기 있는 거라곤 잔디 위에 남은 잔해와 창밖을 내다보는 이 남자뿐이다.

복문은 읽는 데 시간이 더 걸릴 뿐 아니라 거의 하나의 짧은 이야기가 되기도 한다. 다음 문장은 니컬슨 베이커의 《구두끈은, 왜?Mezzanine》에서 가져온 것이다.

남자화장실에서 소변기 물이 내려가는 요란한 소리가 들려왔고, 곧이어 〈나는 양키 두들 댄디〉라는 노래를 전염성 강한 쾌활함과 여러 화려한 기교가 가미된 휘파람으로 부는 소리가 들려왔는데, 특히 '댄디'의 '디이' 부분에 쓰인 요들송의 난이도 높은 트릴 기법은 휘파람 부는 사람이 입술 모양을 조정해 원래 음과 그보다 높은음을 빠르게 번갈아 내는 기법으로, 그 높은음이란 원래 음으로부터 장3도에서 완전4도 사이쯤 위쪽에 있는 것처럼 들렸고(그것이 정확한 배음을 이룬다기보다는 인지할 수 있을 정도로 불협화음처럼 느껴진다는 사실이 나는 종종 혼란스럽게 느껴졌다—오므린 입술의 물리적 구조와 관계가 있는 걸까?), 이는 오직 남자화장실에서만 용서받을 수 있는 기교의 과시일 뿐 비교적 조용한 사무 공간에서는 허용되지 않는 것으로, 몇몇 영업 사원은 거기서도 괜찮다고 여기는 듯했지만, 그 휘파람 부는 남자가 지나가자 사람들은 얼어붙었고, 그들 손에 들린 채 멈춘 레이저포인트에서는 증오가 뿜어져 나왔다.

이 문장은 그 자체로 하나의 우주다! 진정으로 디자인된 문장이고, 게다가 저 다양한 문장부호들을 보라. (모든 문장부호를 다 사용해 한 쪽짜리 문장을 써보자. 모든 자음과 모음을 다 사용해보는 것도 좋겠다.) 주요 동작은 첫 줄에서 끝나지만—남자화장실에서… 요란한 소리가 들려왔고—계속 읽지 않으면 이 문장 속에서 펼쳐지는 놀이공원 같은 즐거움을 놓치게 될 것이다. 문장에서 또 다른 효과를 내는 방법이 있다면, 마찬가지로 주요 동작을 맨 앞에 배치한 다음, '-와' '-과'로 병렬 연결된 일련의 구들이 앞으로 굴러가듯 계속 이어지게 하는 것이다. 여기 저메이카 킨케이드의 《미스터 포터》에 나오는 문장도 그렇다.

> 그리고 이른 아침 해가 떠오르자 이슬은 빠르게 모습을 감췄고, 그 이슬은 다시 솟아올라 얇고 낡고 닳아빠진 커튼 같은 모습으로 하나의 풍경을 감쌌는데, 그 풍경 속에는 바다와 하늘과 돛단배들과 노 젓는 배들과 카누들과, 갑판 밖으로 떨어져 다시는 소식을 듣지 못하게 될 남자들과, 머리에 과일 쟁반을 이고 시장으로 가는 여자들과, 무력함과 고통과 얼마 안 되는 즐거움으로 이루어진 자신들만의 세계에 완전히 빠져 있는 아이들과, 빨랫줄에 걸린 젖은 옷들과, 젖을 짜거나 도살하기 직전에 매애매애 울어대는 염소들과 음머 우는 소들과, 총독 관저의 근무지로 행진해가는 경찰들과, 막 침대에서 나오는 총독과, 달걀을 낳는 암탉과, 스크램블드에그로 변한 다음 빵 두 조각 사이에 끼워져 입으로 들어가는 달걀이 있었고, 그 빵은 빵집 주인 대니얼 씨가 만든 것인데, 대니얼 씨는 오래전 아프리카에서 끌려와 노예가 된 남자들과 여자들의 후손이었고, 아무것도 모르는 채 지극히 행복한 상태로 제칠일안식일예수재림교회의 신도가 되어 있었다.

그리고 다음은 채퍼퀴딕 사건°을 바탕으로 한 조이스

캐럴 오츠의 소설 《블랙 워터》의 첫 문장이다.

> 상원의원이 너무도 참을성 없이 현란하게 몰아대던 임대한 도요타는 이름도 없고 포장도 되지 않은 길을 따라 속도를 내고 있었고, 여러 번 아찔하게 미끄러지며 굽이를 돌다가 어째선지 아무런 예고도 없이 도로를 벗어나 검고 세차게 흐르는 물속으로 뒤집힌 채 빠져버렸고, 조수석 쪽으로 기울어지며 빠르게 가라앉았다.
> **내가 죽는 걸까? 이런 식으로?**

오츠의 문장들은—빠르게 병렬로 이어지는 절들, 정보를 한 덩어리씩 차곡차곡 덧붙이는 수식어구들, 그리고 쉼표 없이 나열된 형용사(와 부사) 역할을 하는 어구들은—상원의원의 차만큼이나 숨 가쁘게 내달린다.

그렇다면 주저하고 멈춰 서며 스스로를 바로잡기도 하는 인간의 생각을 반영하려 애쓰는 문장들은 어떤가? B. S. 존슨의 《불운한 사람들 The Unfortunates》에 나오는 다음 문장을 살펴보자. 이 문장에서 화자는 자신의 친구 토니가 살던 마을로 돌아오는데, 화자가 마을 곳곳을 걸어 다니는 동안

○ 1969년 7월 18일 미국 매사추세츠주의 채퍼퀴딕섬에서 발생한 사고. 당시 상원의원이었던 테드 케네디가 타고 있던 차가 다리 아래로 추락했고, 케네디는 구조되었지만 함께 타고 있던 젊은 여성 메리 조 코페크니는 익사했다.

그의 생각은 이리저리 헤매 다닌다.

어쩌면 그 사람들이 내게 진찰을 받게 했던 게 토요일 아침이었는지도 모르겠는데, 그게 그다음 날이었지, 그래, 기억나는데 그때 난 내 맥박수를 세고 있었고, 평소에는 얼마쯤 됐는지 알고 있었고, 그런 다음에,　　모르겠다, 지금은, 아냐… 준은 토요일에 나가 있었지, 하루 종일이었던 것 같기도 하고, 점심 먹으러 나가 있었던 건 확실한데, 점심때 토니가 와서 자기가 기다란 생선튀김을 만들 거라고 했으니까, 튀기면 먹을 만하다고 했는데, 이런 게 기억나다니 신기하지만, 그런 점에서는 기억이라는 게 다 신기하지, 마음이.　　이미지를 생각해내는 방식 자체가　　…

그리고 그다음에는 텍스트 주변의 여백이 있다. (혹은 이 단락에서는 텍스트를 중간에 끊어 말없는 공백 방울들을 만들어내는 일이라고 할 수 있겠다.) 뗏목처럼 떠 있는 말들을 둘러싼 하얀 웅덩이는 눈을 쉬게 해주고, 독자가 연관을 짓거나 곰곰이 생각할 수 있는 시공간을 만들어낸다. 마르그리트 뒤라스는《연인》에서 이런 여백을 특별하게 디자인된 방식으로 활용하는데, 이에 대해서는 뒤에서 다룰 것이다. 에세이 작가 딘티 무어Dinty Moore는 여백의 사용과 오용에 대한 훌륭한 에세이 〈긍정적인 음의 공간Positively Negative〉을 썼고, 소설가 나이절 크라우스와 사이먼 바튼 또한 여백의 동적이고 의미론적인 특성에 대해 많은 이야기를 했다.

아주 짧은 단락과 줄바꿈은 산문에 숨을 틔워주고, 조밀한 텍스트 속으로 빛이 들어오게 해주며, 독자에게 생각할 여지를 줄 수 있다. 또한 시선을 좀 더 자주 왼쪽으로 향하게 만들어서 시선이 움직일 때마다 사고도 전환되게 하며, 문장에 역동성을 만들어낸다. 다음은 데이비드 마크슨David Markson의 《비트겐슈타인의 연인Wittgenstein's Mistress》의 서두다. 이 소설은 지구상의 마지막 인간일지도 모르는 한 여성을 그려내고 있다.

> 처음에는 가끔씩 길거리에 메시지를 남겼다.
> 누군가 루브르 박물관에 살고 있어요, 어떤 메시지에는 그렇게 적었다. 아니면 내셔널 갤러리라고 적기도 했다.
> 당연하게도 그런 메시지들은 내가 파리나 런던에 있을 때만 적을 수 있었다. 내가 아직 뉴욕에 있었을 때는 누군가 메트로폴리탄 박물관에 살고 있어요, 가 메시지 내용이 되곤 했다.
> 물론 아무도 오지 않았다. 결국 나는 메시지 남기는 일을 그만두었다.

사실을 말하자면, 내가 남긴 메시지는 전부 해서 서너 개 밖에 되지 않았는지도 모르겠다.

내가 그러고 있었던 게 얼마나 오래전이었는지도 모르겠다. 굳이 짐작해보라면 한 십 년쯤 전이었다고 대답할 것 같다.

하지만 그것보다는 몇 년쯤 더 전이었을 수도 있다.

그리고 물론 그 무렵 나는 한동안 꽤나 제정신이 아니기도 했다.

마크슨의 화자는 몇몇은 한 줄로 이루어진 이 짧은 단락들을 타자로 치면서 자신이 세상에 대해 알고 있는 바를 조합하고, 세상과 자신 사이에 언어로 된 연결고리를 만들어보려고 애를 쓴다. 이 화자는 대화 같은 혼잣말을 하면서 생각을 필사적으로 끝까지 밀고 나가려 한다. 하지만 자신의 생각 중 어떤 것도 '사실'인지 확인할 방법이 없기에, 이 여성은 어쩔 수 없이 점점 더 허약해지는 실로 새로운 '앎'의 그물을 짜기 시작한다. 혼자 남은 그는 마지막 페넬로페가 되어 타자를 치면서 의미를 짜냈다가 풀어내고, 우리는 각각이 허약한 날실 혹은 씨실인 매 행의 첫 부분에서 이 과정을 느끼게 된다.

도르테 노르스Dorthe Nors는 중편소설 《나날들Days》에서 마찬가지로 고독한 개인적 기록을 써 내려가는 여성 화자를 상상해낸다. 그 여성은 뼈처럼 앙상한 매일의 목록으로 이루어진 암호 같은 일기를 쓴다. 하지만 그 목록은 점차 쓰인 것과 쓰이지 않은 것(즉, 각 행을 둘러싼 불안한 공백) 양쪽 모두를 통해 화자의 내부와 외부에 있는 세계를 드러내기 시작한다. 여기 그 첫날의 일기가 있다.

1. 그해 겨울은 그걸로 끝났다.
2. 나는 봄의 마지막 크로커스를 보며 그렇게 생각했고,
3. 그 꽃들은 땅에 드러누워 있었고
4. 나는 확신이 서지 않았다.
5. 어떤 한 문장이 거슬려서 학교를 통째로 씹어댔고
6. **달콤/쌉싸름한** 핫초클릿을 마셨다.
7. 일을 했고,
8. 한번도 가보게 될 거라 상상해본 적 없는 어딘가로 여행을 떠날까 했지만
9. 결국 그냥 있었고
10. 이웃집 벽을 쾅쾅 두드렸고,
11. 확신이 없었지만, 있기도 했고,
12. 불안했고,
13. 창가에 가만히 서 있었고,
14. 운동화에서 털양말로 시선을 옮겼고
15. 침대에 누웠다.

이 앙상하고 외로운 구절들을 제발트나 크나우스고르의 유사처럼 흐르는 구절들, 약간의 여백도 없이 며칠씩 이어지는 구절들과 비교해보자. 텍스트의 이런 말 그대로의 **빽빽함**—우리가 페이지에서 보게 되는 것, 그로 인해 느끼게 되는 안도감의 정도—과 비슷한 것이 있다면 실제로 말해지는 내용의 해상도, 즉 세부나 연상 작용의 밀도다. 그런 스펙트럼의 한쪽 끝에 자리잡은 작품으로 타오 린의 《아메리칸 어패럴에서 슬쩍하기Shoplifting from American Apparel》를 들 수 있다. 그 서두를 여기 옮겨본다.

샘은 오후 3시 30분쯤 잠에서 깼고, 실라에게서 이메일이 오지 않았다는 걸 확인했다. 스무디 한잔을 만들었다. 그러고는 침대에 누워 컴퓨터 화면을 빤히 바라보았다. 샤워를 하고 옷을 입은 뒤, 자신의 시가 담긴 마이크로소프트 워드 파일을 열었다. 이메일을 다시 확인했다. 한 시간쯤 지나자 밖은 어두워져 있었다. 샘은 시리얼에 두유를 부어 먹었다.

여기서는 문장들이 짧고 단순하며 대부분 주어-동사 구조로 되어 있을 뿐 아니라, 시야 역시 저해상도로 설정되어 있다. 상표 이름 외에는 어떤 입자감도 세부 묘사도 없는 이 글은 (의도적으로) 만화나 이모티콘의 질감을 띠고 있다. 이 글은 샘이 빤히 바라보는 화면만큼이나 밋밋하다.

이제 니컬슨 베이커의 《구두끈은, 왜?》에 나오는 또 다른 단락을 살펴보자. 여기서 화자는 넥타이를 묘사하고 있다. 타오 린의 글에 나오는 물건들처럼 이것 역시 일상적인 사물이다.

> 그것은 거의 크레이프에 가까운 실크로 만들어져 있었고, 거기 들어간 무늬는 아주 작은 타원형들로 구성되어 있었는데, 각 타원 안에는 물이 똑똑 떨어지는 수도꼭지가 등장하는 롤레이즈°의 그 유명한 광고에 나와 과도한 위산을 흡수하는, 굶주린 채 펄떡거리는 아메바들에게서 영감을 얻은 것처럼 보이는 매혹적인 물방울 모티프가 들어가 있었고, 자세히 보면 각 타원의 윤곽선은 교외의 획일적인 주택 단지를 연상시키는 놀랄 만큼 화려한 색깔의 직사각형들로 이루어져 있다는 걸 알 수 있었지만, 그 배열은 너무도 미세해서 그런 밝은 부분들은 그저 전체적인 어두움에, 거장들의 그림을 떠올리게 하는 그 디자인의 색감에 비밀스러운 깊이와 광채를 더해줄 뿐이었다.

° 미국 제산제 상표.

이 한 문장은 린의 짧은 일곱 문장보다 훨씬 더 길고 복잡하게 굽이치며 나아간다. 그러면서 문장에 서로 다른 깊이를 부여하는 복잡한 구와 절들을 드러낸다. 원문에서 베이커가 쓴 단어 중 몇몇은 네 음절이나 다섯 음절로 되어 있는 반면, 린이 사용한 단어 중에는 세 음절 이상인 것이 하나도 없다. 베이커는 아메바를 들여다보는 미시적인 시선에서부터 교외 주택가를 내려다보는 부감까지, 교양과는 다소 거리가 있는 롤레이즈 광고에서부터 거장들의 그림에 이르기까지, 세부 묘사를 하고 시야의 폭을 바꿔가며 훨씬 더 많은 질감을 만들어낸다. 이 두 가지 대조적인 참조쌍에는 그 자체만으로도 서로 다른 이미지와 어조가 담겨 있는데, 베이커는 그것들을 한 문장 안에 나란히 배치함으로써 마치 딱딱한 플라스틱 표면에서 벨벳으로 넘어가듯 훨씬 더 풍성한 질감을 부여한다. 린과 베이커의 단락은 둘 다 중요하지 않은 내용을 다루고 있다. 그럼에도 거기에 사용된 단어의 종류, 문장 구조, 연상 방식—이를 문체와 감수성이라 해도 좋을 것이다—은 서로 놀랄 만큼 다른 질감을 만들어낸다. 더 나아가 린의 단락은 서술을 통해 이야기의 세계를 시간의 흐름에 따라 나아가게 하는 반면, 베이커의 단락은 묘사를 통해 이야기를 초상화처럼 보여준다. 여기까지 살펴봤으니, 이제 '시간의 흐름에 따른 움직임'이라는 주제로 자연스레 넘어가보자.

움직임과

MOVEMENT

AND FLOW

흐름

몇 년 전, 어머니가 석 달이나 넉 달에 한 번씩 심장이나 뇌 어딘가에 일종의 합선이 일어나 바닥에 쓰러지곤 했던 시기가 있었다. 왜 그런 일이 일어나는지 원인은 찾을 수가 없었고, 우리는 일종의 발작이 아닐까 짐작했다. 내가 응급실로 찾아가보면, 어머니는 앙상한 두 팔에 테이프가 붙고 선들이 잔뜩 연결된 채 누워 있었지만, 정신을 되찾고는 고개를 홱 쳐들며 이렇게 말하곤 했다. 얘, 신경 쓰지 마라. 난 괜찮아. 마지막으로 그 일이 일어났을 때, 어머니가 또다시 선들이 연결된 채 병원 침대에 누워 있을 때였다. 우리는 검사가 진행되는 동안 지루한 시간을 견디기 위해 알파벳 게임을 했다. (a부터 z까지 각 글자로 시작하는 꽃 이름, 새 이름, 도시나 칵테일 이름을 대는 게임이었다.) 그런데 어머니가 단어 사이에 보이는 침묵이 점점 길어지기 시작했다. 어머니는 우리가 어떤 글자까지 갔는지 잊어버리거나 주제를 더듬거렸고, 내가 잡고 있던 어머니의 손은 움직임이 멎었다. 나는 어머니가 몹시 지쳐서 곯아떨어진 거라고 생각했는데, 그때 갑자기 어머니 몸에 연결된 기계들이 번쩍거리며 윙윙거리기 시작했고, 어머니의 얼굴에서 생기가 사라졌고, 내가 막 소리를 지르는 순간 의사들이 달려 들어왔다. 그들은 나를 밀어내고 어머니를 둘러쌌고, 가슴을 압박하고 제세동기를 대고 주사를 놓았고, 그러자 어머니의 여윈 몸이 침대 위에서 활처럼 휘었다. 어머니는 살아 있었다.

나중에 돌아온 심장 전문의는 기분이 좋아 보였다. 의료진은 지속적으로 문제를 일으킨 원인이 뭐였는지 알아냈고, 거기에는 쉬운 해결책이 있었다. 심박 조율기였다.

그때부터 일 년에 두 번씩 나는 어머니를 '기기 클리닉'에 모시고 간다. 그러면 기술자가 어머니의 쇄골 부위 얇은 피부 아래로 볼록하게 솟아 있는 작은 상자 모양의 기기를 점검한다. 우리는 해독하기 어려운 화면들이 늘어선 작은 방에 앉는다. 어머니는 휠체어에, 나는 걸상에. 기술자는 코드를 입력하고 무언가에 접속하더니 어머니를 향해 몸을 돌린다. 몇 초 동안만 어머님 속도를 올려드릴게요, 그는 말한다. 어머니는 나를 향해 눈썹을 치켜올리지만, 남자가 키를 눌러 심장을 빨리 뛰게 만들자 얼굴이 차분해진다. 그럼에도 내 눈에는 어머니의 눈빛이 달라지는 게, 어머니가 몸 안쪽을 응시하는 게 보인다. 잠시 후 기술자가 화면에서 다시 몸을 돌린다. 어떠셨어요? 그가 묻는다. 글쎄요, 짜릿하네요. 어머니가 말한다. 그리고 나는 기술자의 손안에 깃든 힘에 놀란다.

●

작가 벤 마커스Ben Marcus는 가장 훌륭한 이야기들을 "전기충격기"라고 부른다. 그것들은 우리를 "겉으로는 마비시키지만, 동시에 우리 안에서 경련에 아주 가까운 것이 일어나게 만든다". 그렇다. 우리가 할 수 있는 일을 떠올려보라. 우리의 두 손은(지금 타자를 치며 깨달은 건데, 전에는 그냥 손이라고 했지만 이제 대부분의 글쓰기에는 두 손이 필요하다, 신기하게도.) 독자를 움직이지 못하게 붙잡아둘 수 있고, 독자가 자신의 시간이 아니라 우리가 만들어낸 시간을 느끼게 만들 수도 있다. 수천 년의 시간을 다루는 이야기도 6분 만에 휙휙 지나갈 수 있다. 반대로, 이야기 세계에서는 1분에 불과한 시간이 현실에서는 네 시간을 훌쩍 날려버릴 수도 있다. 이건 일종의 마법이지만, 계획하고 배치할 수 있는 마법이고, 내 생각엔 그래서 하나의 기술이기도 한 것 같다. 서사에는 여러 가지 속도가 있고, 그것들 사이를 오가는 건—독자를 진정시키거나 전속력으로 달리게 만드는 건—우리의 두 손에 달려 있다. 기술과 주의력만 있다면 말이다.

속도

그것을 속도라 부르든 흐름이라 부르든, 심지어 서사의 유압 시스템이라 부르든 상관없다. 헨리 제임스는 장면의 중요성을 알고 있었다. '장면scene'은 소설이 극에서 훔쳐온 요소 중 하나로, 작가가 하나의 사건을 묘사해 독자가 그것을 거의 눈앞에서 보는 듯하게 만드는 것이다. 제임스는 이렇게 말했다. 각 장면이 끝난 뒤에는 막을 내리고 요약을 통해 무대에 올릴 가치가 없는 순간들을 빠르게 건너뛸 수 있다고. 장면과 요약은 각각 걷기와 달리기와 비슷하며, 장편소설을 끝까지 밀고 나가는 영리한 방법이다.

헨리 제임스 이후로 제라르 즈네트Gérard Genette와 세이무어 채트먼Seymour Chatman 같은 서사학자들은 이야기 시간story time(이야기 세계에서 하나의 사건이 지속되는 시간)과 텍스트 시간text time(그것이 지면 위에서 서술되는 데 걸리는 시간)의 차이를 연구해왔다. 그러고는 그 두 시간의 비율에 따라 서사 속도에 여러 가지 이름을 붙였다. 그 뒤로 더욱 정교한 연구들이 이루어지기도 했다. (브라이언 리처드슨의 《서사의 역학Narrative Dynamics》에는 이 주제에 대한 에세이가 여러 편 실려 있다. 혹은 아네즈카 쿠즈미초바Anežka Kuzmičová의 연구를 참조해도 좋겠다.) 하지만 여기서는 즈네트와 채트먼의 논의에서 도출된 서사 속도의 기본 목록을 살펴보자.

간극	가장 빠름	텍스트 없음 / 이야기 시간 많음
요약	빠름	텍스트 적음 / 이야기 시간 많음
장면	'실시간'	텍스트 시간 = 이야기 시간
확장	느림	텍스트 많음 / 이야기 시간 적음
휴지	가장 느림	텍스트 많음 / 이야기 시간 없음

한가운데에서부터 시작해보자. 만약 이야기 속 사건이 일어나는 데 걸리는 시간과 그 사건이 페이지 위에 서술되는 데 걸리는 시간이 거의 같다면, 우리는 그 사건을 '실시간'으로 보고 있는 것이다. 보통 이 실시간에 가장 가까운 것이 장면인데, 여기에는 대사, 인물의 움직임, 짧은 묘사들이 들어 있어 사건이 펼쳐지는 걸 '지켜보는' 우리의 주의를 붙잡는다. 사실 실시간의 가장 순수한 형태는 인물의 일기나

편지 혹은 어떤 다른 인쇄물일 것이다. 그 경우, 이야기가 펼쳐지는 페이지에 적힌 말들은 이야기 속에서 '일어나고 있는' 것(인쇄물의 페이지에 적힌 말들)과 동일해진다. 그러니 텍스트 시간=이야기 시간이 되는 것이다.

만약 이야기 속 사건이 일어나는 데 걸리는 시간이 독자가 그 사건에 대한 서술을 읽는 데 걸리는 시간보다 훨씬 길다면, 서사의 속도는 빠르다고 할 수 있고, 이를 요약 summary이라 부른다. 다음은 오스트레일리아 작가 머레이 베일Murray Bail이 장편소설 《유칼립투스》에서 수년간의 시간을 빠르게 압축하며 지나가는 부분이다.

초기에 [홀랜드는] 딸을 시드니에 있는 수녀들에게 보냈다. 그랬다가 — 겉으로 보기엔 아무런 이유도 없이 — 갑작스레 다시 데려왔다. 딸은 시드니에 있는 동안 적어도 바느질하고 수영하고 장갑을 끼는 법은 배웠다. 기숙사에서는 또래 여자 친구들 사이에서 열성적으로 이야기하는 법과 침묵을 활용하는 방식을 익혔다. 엘런은 주말이면 먼 친척의 집에서 채소 껍질을 벗기며 남자들이 나누는 이야기를 엿듣는 걸 좋아했고, 사람들이 조심스레 립스틱 바르는 모습을 지켜보기도 했다. 그 집 땅에서 엘런은 여기저기 마구 돌아다녔다. 홀랜드는 그걸 그냥 놔두는 듯했다. 그러다가 엘런은 조용해졌다. 사춘기에 접어

든 것이었다.

여기서는 시간이 7, 8년쯤 흘렀을까? 요약은 자칫 지독하게 지루해질 수 있지만, 베일은 그 속에 장갑, 채소 껍질 벗기기, 립스틱 같은 반짝이는 감각의 파편을 끼워 넣어 독자를 끌어들인다.

이제 베일의 글에 나오는 '침묵을 활용하는 방식'을 통해 간극gap으로 옮겨 가보자. 간극은 서사에서 가장 빠른 속도다. 간극에서는 텍스트가 침묵하고, 우리는 수백억 년이나 되는 이야기 시간을 뛰어넘게 된다. 여백! 그건 종종 남용되지만 그만큼 유용한 장치이기도 하다. 여백 속에서는 어떤 일이든 '일어날' 수 있다. 몇 분, 한 달, 몇 세기가 걸리는 사건도 가능하며, 그 공백은 독자에게 곰곰이 생각하거나 추측할 여지를 남긴다. 그리고 그 간극의 반대편에 있는 말들의 흐름 속으로 돌아왔을 때, 독자는 자신이 그동안 놓친 것이 무엇인지 스스로 파악해야 할 수도 있다. 엘살바도르 작가 살라루에Salarrué의 초단편 〈우리 나쁨We Bad〉에서는 이야기를 양분하는 한 조각의 여백이 하룻밤의 몇 시간에 해당한다. 그런데 이 여백 속에서 한 남자와 그의 아들이 살해된다. 우리는 그 사실을 몇 단락 뒤에서 간접적으로 알게 된다. "근처 협곡에서 고요와 그의 아이는 한 조각 한 조각 독수리들의 부리 속으로 사라졌다." 작가는 그 살해의 광경을 굳이 자세히 묘사할 필요가 없다. 그는 우리가 그 일을 상상하게 함으로써 우리를 연루시킨다.

그러니 정리하면, 장면은 실시간, 요약은 빠른 속도, 생략이나 간극은 가장 빠른 속도에 해당한다. 이제 실시간보다 느린 속도로 가보자. 만약 이야기 속 사건이 일어나는 데 걸리는 시간보다 그 사건을 보여주는 인쇄된 말들을 읽는 데 걸리는 시간이 더 길다면, 그건 확장dilation이 된다. 은행 강도 사건에 휘말린 앤더스라는 도서평론가의 이야기를 그린 토바이어스 울프의 단편소설 〈뇌 속의 총알Bullet in the Brain〉은 내가 아는 한 서사의 모든 속도, 특히 확장을 보여주는 가장 탁월한 예다. (이 이야기를 한 줄씩 읽으며 각 행의 속도에 주목하려고 노력해보라.) 다음은 이 작품에 등장하는 확장의 두 가지 사례 중 하나다. 지금은 이야기 중간쯤, 강도가 앤더스에게 짜증을 느끼기 시작한 시점이다. 아래에 인용된 행들에서 우리는 대사와 서술이 섞인 실시간/장면 중심의 서술로 시작해 절묘한 전환을 맞이하게 될 것이다. 앤더스는 강도의 주의를 끌게 되었고, 시선을 다른 곳으로 향하라는 말을 들은 상태다.

앤더스는 남자의 반들거리는 윙팁 구두에 시선을 고정했다.
"그 밑에 말고. 저 위에." 남자는 앤더스의 턱 밑에 권총을

들이밀고 위로 올려 앤더스의 눈이 천장을 향하게 했다. 앤더스는 은행의 그 부분에 큰 관심을 기울여본 적이 한 번도 없었다… 돔형 천장은 신화에 나오는 인물들로 장식되어 있었는데, 앤더스는 뚱뚱한 몸에 토가를 걸친 그들의 추한 모습을 수년 전에 얼핏 보고 그 뒤로는 눈길도 주지 않고 지내왔다. 이제 그는 그 화가의 작품을 빤히 쳐다보는 것밖에 선택지가 없었다… 천장에는 여러 가지 극적인 사건들이 잔뜩 그려져 있었지만, 앤더스의 시선을 사로잡은 건 제우스와 에우로파였다. 그들은 이 그림에서 건초 더미 뒤에서 추파를 던지는 황소와 그 시선을 받는 암소로 묘사되어 있었다. 화가는 섹시함을 가미하기 위해 암소의 엉덩이를 도발적으로 기울이고, 암소가 길게 늘어진 속눈썹 사이로 음탕하게 반기는 시선을 황소에게 마주 쏘아 보내게 해놓았다. 황소는 활처럼 휜 눈썹을 하고 싱글싱글 웃고 있었다. 만약 황소의 입에서 빠져나온 말풍선이 있었다면, 거기에는 "죽여주는데?"라는 말이 적혀 있었을 것이다.

"뭐가 그렇게 웃겨, 잘난 척하는 놈아?"

이야기 시간이 흘러가는 동안 우리는 앤더스와 함께 그 우스꽝스러운 천장을 응시한다. 천장이 우스꽝스럽다는 사실을 우리가 알 수 있는 건, 티 나게 낄낄거리고 있는 앤더스에게 강도가 이렇게 반응하기 때문이다. "뭐가 그렇게 웃겨, 잘난 척하는 놈아?" 나는 이 단락에서 몇 줄을 지웠는데, 그럼에도 천장에 관한 묘사를 읽는 데 걸리는 시간은 앤더스가 천장을 자세히 들여다보는 데 걸리는 시간보다 조금 더 길다. 이것이 바로 확장이다. 다시 말해 텍스트 시간이 이야기 시간을 초과하는 상태다. 울프는 몇 줄 뒤, (스포일러 주의) 강도가 앤더스의 머리에 총을 쏘는 장면에서 다음과 같이 이 확장을 극단적으로 밀어붙인다.

> 총알은 앤더스의 두개골을 박살내고 뇌를 뚫고 들어가 오른쪽 귀 뒤로 빠져나왔고, 그러면서 대뇌피질, 뇌량, 다시 기저핵과 그 아래쪽의 시상 속에 뼛조각들이 흩어졌다. 하지만 이 모든 일이 벌어지기 전, 총알이 대뇌에 처음으로 박혔을 때, 탁탁거리는 이온 수송과 신경 전달의 연쇄반응이 촉발되었다. 특이하게 일어난 까닭에 이 반응은 특이한 경로를 따라 이어졌고, 그 과정에서 한 40년 전쯤의 어느 여름날 오후, 사라진 지 오래인 그 오후의 기억이 불현듯 되살아났다.

그 뒤를 잇는 건 통념을 멋지게 뒤엎는 휴지pause다. 이야기 속의 모든 사건은 중단되고, 그 대신 우리가 듣게 되는 건 일어나고 있지 않은 일들, 앤더스가 기억하지 못하는 것들이다. 앤더스는 자신의 첫 연인과 "그 여자가 그의 물건을 다루던 다정한 방식"도, 아내도, 딸도, 자신이 문학을 사랑한다는 걸 깨달았던 행복한 순간들도 기억하지 못한다. 앤더스가 기억하지 못하는 것들에 대한 서술은 한 페이지에 걸쳐 이어지고, 우리가 그것을 읽는 동안 이야기는 꼼짝 않고 얼어붙어 있다. 이렇게 텍스트는 많지만 사건은 없는, 가장 느린 서사 속도를 가리켜 휴지라 한다. 하지만 우리에겐 기다리는 것—앤더스의 기억에 그래도 남아 있는 게 뭔지 보게 되는 것, 그리고 총알이 "자기 할 일을 마치고 망가진 두개골을 뒤로한 채 사라지는 것"—이 있기에 나는 기꺼이 멈춰 앉아 있을 수 있다.

휴지가 끝나면 우리는 다시 장면 중심의 서술로 돌아가고, 마침내 앤더스가 기억하는 것이 무엇인지 알게 된다. 하지만 그것은 말하자면 기억 속에 존재하는 장면으로, 앤더스의 뇌에 남은 변형된 시간 속 어딘가에서 마법이 깃든 공간을 차지하고 있다. "그는 이런 것들을 <u>기억했다</u>. <u>열기</u>. 야구장. 노란 풀, 곤충들이 윙윙거리는 소리…" Heat(열기)라는 단어의 소리가 들리는가? 이 한 단어는 아주 작다. 하지만 이 단어에 들어 있는 긴 이중모음을 읽는 데는 시간이 걸린다. 내 내면의 입술은 remembered(기억했다)에서 첫 자음 H로 옮겨가며 모양을 바꾸고, 단어 끝의 t에서 그다음으로 옮겨가며 또 한번 모양을 바꾼다. Heat(열기). 이 한 단어는 내 속도를 늦추고, 기억하는 행위와 기억되는 것들 사이에 잠잠한 틈을 만들어낸다. 이 단어는 머릿속에 빈터 하나를 틔워주고, 강렬하고 오래 남는 장면, 앤더스의 마지막 기억이자 그의 이야기의 끝이 될 장면이 들어갈 자리를 마련해준다.

이렇게 다양한 속도가 필요한 이유는 뭘까? 물론 환상과 경제성과 다양성을 위해서다. 또한 마법과 힘을 위해서이기도 하다. 작은 그림들이 들어간 하얀 페이지 앞에 마비되어 있는 독자를 보라. 움직이는 건 오직 독자의 시선뿐이고, 그 시선은 글자들의 무더기에서 무더기로, 한두 개의 점으로, 다시 곡선으로 움직일 뿐이다. 하지만 그의 머릿속에서는 시냅스의 번개가 치고, 윙윙거리는 빈터가 열리고, 열기가 덮쳐오는 것이다.

속도나 흐름으로 패턴 만들기

단어와 문장의 종류나 길이 그리고 속도를 달리해가며 선택하면, 정원처럼 다채로운 서사를 디자인할 수 있다. 하지만 속도로 패턴을 만들어내고, 이야기의 흐름을 조절해 반복과 리듬이 표면 바로 밑에서 은근히 드러나게 할 수도 있다. 서술된 사건, 생각에 잠기게 하는 휴지, **빠른 요약**, 더 많은 사건, 궁금증을 유발하는 간극, 논평을 위한 휴지 등등을 넘나들며 흐름과 정지 지점이 어우러진 패턴을 만들어낼 수도 있다. 비크람 찬드라Vikram Chandra의 단편소설 〈샥티Shakti〉는 이를 훌륭하게 보여주는 예다.

강물 같은 서사의 에너지
비크람 찬드라 〈샥티〉

《봄베이에서의 사랑과 갈망Love and Longing in Bombay》에 수록된 이 긴 단편소설은 주인공 실라 비즐라니와 사회적으로 성공하겠다는, 다시 말해 구세계의 명사 돌리 보트왈라와 싸우겠다는 그의 유쾌한 야망에 대한 이야기다. 이 소설은 작은 의사擬似 서사시로, 소문을 좋아하는 남자들의 입을 통해 전개되는 형식을 취하고 있다.

실라 비즐라니에 대해 반드시 알아두어야 할 건, 그가 언제나 화려한 사람이었다는 점이다. 심지어 요즘도 파티 한쪽 구석에 서 있다 보면 시기심 가득한 험담이 흘러나오는 걸 듣게 된다. 사람들은 말한다. 실라가 그저 물약과 약들에 둘러싸여 자라나는 평범한 약국집 딸내미에 불과했던 시절이 있었다고. 하지만 그런 이야기를 들을 때도 그 약국이 켐프스 코너 바로 아래쪽에 있었다는 사실을 잊어서는 안 된다… 실라는 가게를 드나들며 때로는 아스피린을, 때로는 립스틱을 찾는 화려한 외모의 여자들을 지켜보았고, 그들로부터 한두 가지를 배웠다.

그리고 두 페이지에 걸친 수다스러운 요약이 이어지며 실라를 따라간다. 실라는 에어프랑스의 승무원이 되고, 장래성 없어 보이고 땀을 많이 흘리는 비즐라니와 결혼한다. 비즐라니는 "믹시"(믹서기) 제조업자이고, 실라는 말라바르 힐에 있는 대형 아파트에서 살게 된다. "그래서 이제 실라는 언덕에, 꼭대기는 아니지만 밑바닥도 아닌 곳에 있었고, 그곳을 근거지로 삼아 꾸준히 위로 올라가기 시작했다… 언덕 꼭대기에는 무너져가는 벽들에 둘러싸인 보트왈라 가족의 대저택이 능선 위에 서 있었다."

여기서 뚜렷한 선들이 그려진다. 실라는 믹시와 비행기의 세계, 즉 새로움과 유동성과 상승의 세계에 속해 있다. 반면 언덕 꼭대기의 돌리는 무너져가는 벽들과 낡은 화물선(돌리는 "일종의 장엄한 한 척의 배"다)의 세계에 속해 있다. 여성들 사이, 그리고 사회계층 사이에 격심한 싸움이 벌어질 것이고, 그 싸움은 수년간 지속될 것이다. 그것은 사람을 냉대하는 일에서 제명하는 일로, 배제하는 모임을 만들어내는 일로, 청혼으로, 인수하려는 시도로, 그리고 마침내 결혼-합병으로 이어지는 싸움이다. 찬드라는 이 모든 사건을 몇 문장으로 요약하거나 각 사건을 온전히 장면 중심으로 서술할 수도 있었다. 그러나 그 두 가지 모두 영리한 선택은 아니었을 것이다. 대신, 그는 각 요소에 적절하게 어울리는 시간을 페이지 위에 배분한다. 진정으로 극적인 장면들, 우리가 반드시 봐야만 하는 일이 벌어지는 장면들은 보여주고, 그 사이사이에 요약, 간극, 기타 기법들을 섞어 넣는 것이다. 훌륭한 속도 조절이다. 그런데 40쪽에 걸쳐 등장하는 이런 다양한 속도들은 또 다른 것을 드러내기도 한다. 바로 이야기에 움직임과 형식을 부여하는 패턴 만들기의 두 가지 체계다.

그 첫 번째 체계는 장면들의 내용에서 드러난다. 각각의 (모욕적인) 사건에는 거기 대응하는 반작용이 따른다. 공격 A, 반격 A′, 공격 B, 반격 B′. 이런 보복의 체계는 이야기 전반에 걸쳐 진행되는 사회 구조의 재정비 속에서 더 크고 유사한 형태로 나타난다. 인도 사회의 실라들은 성공하게 된다. 실라가 그럴 수 있는 건 올라갈 뿐 아니라 '내려갈' 수도 있는 능력 덕분이다. 돌리와는 달리, 실라는 자신을 위해 일하는 여성인 강가에게 공감할 줄 아는 인물이다. 강가는 훨씬 낮은 계층에 속해 있지만, 실라가 베푼 호의에 훨씬 더 큰 호의로 보답하게 된다. 실라가 여신이나 성자로 그려진다면 아마도 그 상징물은 비행기가 되었을 것이다. 비행기처럼 실라는 날아서 올라갈 수도 내려갈 수도 있다. 반면 돌리는 오직 수평으로 활공할 수 있을 뿐이다. 그렇게 보면, 이 첫 번째 패턴은 균형의 체계가 된다.

그런데 이 소설의 내용 대신 서사 속도의 변화를 따라가며 도표로 그려보면, 또 다른 종류의 패턴을 발견하게 된다. 이야기의 핵심이 되는 순간마다 극적인 장면 뒤에는 거의 정지 지점에 가까운 순간이 찾아온다. 예를 들어, 한 생생한 장면에서 돌리는 실라를 모욕한다. 그 뒤, 실라는 "사무실의 책들 사이에 앉아 자신이 그 순간에 느낀 것이 무엇이 있는지 생각해보려고 했다. 그건 분노가 아니라 차라리 일종의 인정에 가까운 감정이었다." 실라는 한 단락에 걸쳐 그 감정을 분석한다. 독자는 실라가 생각하는 모습을 지켜보고, 그동안 시간이 흘러가지만, 시간의 흐름이 느려지면서 이 부분은 확장되고, 서사가 활력을 얻기 위해 필요한 부분이 된다. 하나의 사건이 벌어지고, 그런 다음 그것이 곱씹어지며 더 깊은 의미가 드러나는 것이다. 이와 비슷한 정지 지점은 몇 페이지 뒤에, 실라가 돌리에게 교묘한 모욕을 되돌려주는 또 하나의 실시간 장면 이후에도 나온다. 이런 충돌 뒤에는 이야기에도 독자에게도 회복할 시간이 필요하고, 우리는 안전한 거리에서 느긋하게 이어지는 묘사를 통해 그런 시간을 얻게 된다. 이처럼 극적인 사건과 고요함이 짝을 이루는 구도는 곧 다시 한번 반복되는데, 이번에는 이야기의 흐름이 사유 중심이라기보다는 압축된 흐름, 겉으로는 움직임이 없어 보이는 내면의 분노에 가깝다. 실라는 보트왈라 집안을 무너뜨리고 싶어 한다. 실라가 생각하고 있는 건 돈이지만, 그 이미지는 실라의 분노를 정확하게 포착하고 있다. "실라는 돈이 물줄기처럼 예측할 수 없는 방향으로, 지하로 흘러갈 수 있다는 걸 알게 되었다. 실라는 그 흐름을 급류로 바꿔놓을 생각이었다. 언덕 아래로 흘러내리는 게 아니라 언덕 위로 치솟아 저 빌어먹을 보트왈라 저택의 대문을 종잇장처럼 허물어뜨릴 수 있는 급류로. 그 급류는 대저택 아래 산비탈에서 터져 나올 것이었다. 마치 깊은 땅속에 있는 바위에서 솟구쳐 나오는 샘물처럼." 그 뒤, 잠들지 못한 실라의 눈에는

> 그들이 소유한 회사들의 윤곽이, 그 회사들이 어떻게 맞물려 있는지가 보이는 듯했고, 실라는 마치 체스판 위의 말들처럼 그 조각들을 서로에게 맞서 움직이게 하면서 자신들에게 우위를 가져다줄 미묘한 지점을 찾아 헤맸다… 실라는 다시금 잠들려고 애를 썼지만, 이제 눈앞에서 빙글빙글 도는 건 오직 변함없이 대칭을 이루는 O들뿐이었다. 슈냐 슈냐 슈냐, 그 말들은 어린 시절, 지금은 잊어버린 어떤 교훈을 가르쳐주던 아버지의 높은 목소리에 실려 다가왔다. 슈냐는 O이고, O은 슈냐란다. 실라는

몹시 피곤했다.

마지막으로 등장하는 가장 중요한 정지 지점은 이야기의 끝에 나온다. 실라는 강가에게 못되게 군다. 꼭 돌리처럼 행동한다. 하지만 실라는 사과를 하고, 그러자 강가는 실라를 용서해줄 뿐 아니라 보트왈라 가문을 무너뜨릴 수 있는 비밀 하나를 말해주기까지 한다. 그 뒤, 실라는 새벽까지 옥상에 앉아 아버지에 대한 강렬한 기억 하나를, 그리고 인도 분할 당시 아버지가 겪었던 참담한 상실을 곱씹는다. 여기가 이야기의 전환점이다. 사건이 아니라 사유가 변화를 이끄는 지점이며, 싸움은 이제 화해로 나아간다. 비열하던 싸움에 인간성과 깊이가 생기는 것이다.

찬드라는 서사의 에너지를 마치 강물처럼 느껴지도록 조절한다. 그 강물은 여울에서는 급하게 흘러가고, 사유의 웅덩이에서는 멈춰 고이며, 깊은 수로에서는 느리게 흐르다가 다시금 급하게 흘러가고, 그런 식으로 계속된다. 이 흐름을 선과 점의 배열로 그려볼 수 있다. 그렇게 한 페이지 한 페이지 그려본 그림을 다음에 옮겨본다. 이 그림 안에서 각각의 기호가 뜻하는 건 다음과 같다.

─── = 요약 / -- = 장면 / • = 정지 지점

아래 대괄호에 들어 있는 단락은 강가에 관한 곁가지 이야기인데, 조금 다른 역학으로 작동하는 부분이라 따로 떼어두었다.

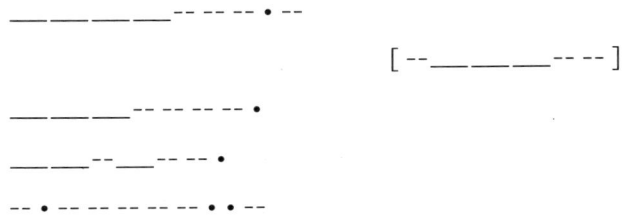

이 이야기의 흐름은 마치 강물처럼 느껴지지만 동시에 하나의 디자인처럼 보인다.

COLOR

색깔

    운 좋게도 작곡가 토머스 슬리퍼Thomas Sleeper와 협업할 기회가 두 번 있었다. 슬리퍼는 내 글에 음악을 입혀주었는데, 10분짜리 오페라 한 곡과 연작 가곡 하나였다. 우리가 공동 작업을 할 때마다(그러니까 내가 단어들로 가득한 종이 여러 장을 그에게 건네주고, 그가 몇 주 동안 자신의 세계로 사라졌다가, 나로서는 해독하기 어렵지만 곧 소리가 되어 빛을 낼 기호들로 뒤덮인 종이 여러 장을 들고 나타날 때마다), 그는 단어들과 소리가 찬란하게 만나게 될 몇몇 단락을 묘사하면서 색조라는 단어를 사용했다. 색조coloration, 콜로라투라coloratura.° 단어들, 소리들, 일련의 색들. 공감각이다! 나는 콜로라투라에 대해서는 잘 모르지만, 그럼에도 그 단어를 끌어와 서사를 설명하는 데 써볼 생각이다. 또 하나의 이탈리아어이자 미술 용어인 키아로스쿠로chiaroscuro°°도 마찬가지다. 밝음-어두움. 그런 뜻을 지닌 이 단어를 발음할 때는 심지어 목청도 공중으로부터 어둠의 세계로, 희망에 차 반쯤 짓는 미소로부터 목구멍에서 나는 으르렁거리는 소리로 떨어져 내린다. 햇빛과 어스름을 나란히 배치해 효과를 내는 방법은 참으로 많다. 문장은 그럼에도나 하지만 같은 접속사를 통해 사랑에서 야만으로 바뀔 수 있고, 장면은 낮과 밤, 달콤함과 쓰디쓴 파멸 사이를 오가며 깜빡일 수도 있다.

어떤 사람들은 자신은 색깔이 있는 꿈은 꾸지 않는다고 말한다. 그 말을 들으면 우리 모두가 내면에 저마다의 색채 풍경(혹은 회색 풍경?)을 지니고 있는 건 아닐까 하는 생각이 든다. 내가 머릿속에 떠올리는 색들은 대개 르네상스 시대 화가인 벨리니의 맑고 투명한 색감에 가깝다. 때로는 마니에리스모°°° 화가들이 쓰는 장밋빛과 연둣빛이 뒤섞인 색조, 혹은 짙은 푸름이 더 짙은 푸름 위를 부유하는 마크 로

° 성악의 화려하고 기교적인 선율, 혹은 그런 특색이 있는 악곡이라는 뜻의 이탈리아어.
°° 명암의 배분.
°°° 16세기 후반 이탈리아와 프랑스를 중심으로 대두된 미술 사조. 변형된 신체, 원색의 색채 등을 통해 불균형과 불안정을 표현한 것이 특징이다.

스코의 풍부한 색채에 가까워질 때도 있다. 하지만 틴토레토나 렘브란트의 탁하고 얼룩진 색채에 끌린 적은 없다. 내가 머릿속에 품고 있는 색깔들은 글을 쓸 때 보이는 풍경에도 자연히 나타나고, 그래서 나만의 내밀한 색깔들은 페이지 위로 옮겨진다. 하지만 나는 좀 더 의도를 가지고 색깔들로 디자인을 시작해보고 싶다. 색깔은 이야기 속에서 단지 그럴듯한 세계를 만들어내는 것 말고도 많은 일을 할 수 있다. 분위기를, 변화를, 혹은 대조를 나타낼 수 있고, 그림을 밑칠하거나 캔버스 전체를 묽은 색으로 칠하는 것처럼 전체적인 어조를 만들어낼 수 있으며, 시선을 끌 수도 있다. 내가 처음으로 색깔에—그리고 색깔의 부재에—주의를 기울이게 된 건 《막사 도둑 The Barracks Thief》을 읽으면서였다.

순수하게 시각적 차원에서 작동하는 색
토바이어스 울프 《막사 도둑》

처음 읽었을 때 이 중편소설은 압도적일 만큼 황량한 느낌으로 다가왔다. 그 속에서 드물게 번뜩이는 붉은색만이 예외였다. 하지만 좀 더 집요하게 다시 읽고 나니, 그 판단이 아주 정확하지는 않았음을 깨달았다. 드물게나마 다른 색깔도 등장하고, 색깔의 대부분이 실제로 붉은색이었다. 토바

이어스 울프는 색깔을 하나의 장치로 활용한 걸까? 그는 뒤틀린 사실주의에 가까운 이 소설에 다른 시각적 요소들 역시 배치하고 있는 것처럼 보인다. 이 소설은 삼인칭 관찰자 시점으로 시작해 10여 년의 세월을 훑다가 일인칭 시점으로 전환해 몇 주 동안의 시간을 가까이에서 그려낸다. 그런 다음 가까이 따라붙되 모든 것을 알지는 못하는 삼인칭 시점으로 이동해 또 다른 인물을 며칠 동안 따라가고, 다시 일인칭 시점으로 돌아와 몇 년의 시간을 다루며 끝을 맺는다. 그러니 이는 시간의 흐름에 따라 텍스트의 행에 돋보기를 대고 움직이며 단어들이 부풀어 오르고 왜곡되는 걸 지켜보는 경험과 비슷하다. 시점에 변화가 많은 까닭에 《막사 도둑》은 내게 입체파 화가의 그림을 연상시킨다. 현실에서는 불가능한 삼차원 시점들이 하나의 평면에 억지로 겹쳐진 그림 말이다. 하지만 이 소설의 어조에서 드러나는 난폭하고 그로테스크한 분위기는 프랜시스 베이컨의 그림 쪽에 더 가깝다. 색깔이 그만큼 많지 않다는 점만 빼면 말이다.

줄거리는 이렇다. 필립과 그의 가족은 아버지에게 버림받는다. 필립은 분노를 품은 채 성장해 군에 입대하고, 인간에 대한 말로 표현할 수 없는 분노와 똑같이 말로 표현할 수 없는, 그들과 하나가 되고픈 갈망 사이에서 힘겨워한다. 이야기의 중심 무대는 포트 브래그 육군기지 내부로, 필립은 이곳의 막사에서 동료들과 함께, 구체적으로는 동료 신병 허바드와 루이스와 함께 긴장 가득한 생활을 한다. 사색적인 성향의 허바드는 가족과 친구들을 그리워하지만, 분노와 불안에 부풀어 있는 루이스는 흉포한 행동을 한다. 이 두 사람은 양극단을 대변하는 존재이고, 필립은 그 사이를 오가며 동요한다. 이야기의 핵심 사건은 7월 4일에 벌어진다. 이 날 그들 세 명은 탄약고에서 보초 근무를 서다가 분노와 결속감, 무모함이 뒤섞인 감정 속에서 폭발 사고를 일으키기 직전까지 간다. 그 순간 세 사람은 동지처럼 보이지만, 곧 그 결속은 깨진다. 필립은 허바드를 끌어들여 루이스를 압박하고, 그 결과 폭력적인 사건이 벌어지는데, 이것이 이 소설의 핵심에 있는 극적인 사건이 된다.

《막사 도둑》의 핵심에는 다음과 같은 질문이 있다. 자신의 동류에게 등을 돌리는 인간은 어떤 인간인가? 이는 바로 필립의 아버지가 저지른 일이기도 하다. 소설의 첫 단락에서 아버지는 잠들어 있는 어린 아들들을 바라보며 언젠가 그 애들을 덮칠지도 모르는 사악함을 상상한다. 그리고 그로부터 채 한 페이지도 지나지 않아 그는 아이들을 떠남으로써, 자신의 동류에게 등을 돌림으로써 스스로 그 사악함을 풀어놓는다. 그리고 이는 필립이 루이스에게 하는 행동이며, 루이스가 자신의 동지들, 특히 '친구'인 허바드에게 하는 행동이기도 하다.

《막사 도둑》의 전체적인 패턴은 나중에 살펴볼 것이

다. 지금은 이 소설에서 색깔이 사용되는 방식을 살펴보기로 하자. 90페이지 분량의 이 소설에서 색깔을 드러내는 단어는 단 47회 등장한다. 두 페이지에 한 번꼴로 나오는 셈이다. 내가 그런 단어들을 일일이 헤아릴 마음을 먹었다는 사실 자체가(내가 만성 헤아림병 환자이긴 하다) 이 소설 속 세계에 얼마나 색깔이 부족한지를 보여준다. 그리고 색깔을 드러내는 단어는 등장할 때도 빨강, 노랑, 파랑, 보라, 녹색, 갈색처럼 밋밋한 단어로 등장한다. 처음과 마지막에 나오는 색은 빨강이다. 빨강은 (분홍을 3회 포함해) 20회 등장하고, 빨강과 비슷한 붉은보라는 2회 등장한다. 그러니 다른 색깔 거의 전부를 합친 것보다 붉은 계열이 많다. 한편 다른 색깔들은 이렇다. 흰색(11회), 검정(6회), 회색과 노랑(각 3회), 녹색과 파랑(각 2회), 갈색(1회). 울프는 이 소설에 나오는 그 어떤 사물 묘사에나 색깔을 덧붙일 수 있었지만 그러지 않았다. 사실 색깔은 거의 등장하지 않는 것이나 다름없는 방식으로 등장한다. 등장할 때도 (한 학생이 지적했듯) 빨간 입술, 빨간 불꽃, 파란 하늘처럼 우리가 뻔히 예상할 법한 방식으로 등장할 뿐이다. 그렇다면 왜일까?

《막사 도둑》에 등장하는 빨강은 발톱, 얼굴, 손, 눈, 흉터, 머리칼, 여드름, 코, 입술을, 두건과 건물과 셔츠를, 방향지시등과 땅과 타오르는 담배 끝부분을, 타오르는 하늘을 묘사하는 데 쓰인다. 이 붉은색들은 좋은 것을 암시하는 일이 거의 없지만, 분명 무언가를 암시하는 것 같기는 하다. (중요한 예외가 있다면 분홍색 칼라민 로션이다.) 우리가 빨간색을 처음 보게 되는 건 필립 어머니의 발톱에서인데, 이때 분노에 찬 십 대인 필립은 하기 싫은 일을 하라는 요구를 받고 있다. "어머니의 발톱은 빨간색으로 칠해져 있었다. 어머니는 필립이 발톱을 빤히 바라보는 걸 알아차리고 술잔을 내려다보았다. '내 인생은 어디로도 가지를 않네요.' 필립이 말했다." 그리고 그 순간 필립은 입대하겠다고 선언함으로써 어머니를, 독자를, 그리고 자기 자신을 놀라게 한다. 그 뒤에는 더위나 분노 때문에 붉어진 얼굴이 나오고, 흉터와 부풀어 오른 손은 거의 맥박 치듯 붉으며, 한 소녀의 충격적일 만큼 새빨간 입술—필립 어머니의 발톱처럼 빨간—이 등장해 섹스를 속삭이며 폭력을 부추긴다. 어둠 속에서 타오르는 담배 끝부분이 마지막으로 보이고, 누군가가 "가자"라고 말한다. 그리고 무리는 루이스를 공격한다.

 나는 이 텍스트에 사용된 색을 나타내는 단어들을 정리해 도표로 만들었고(검정과 흰색은 제외했다), 그 결과 붉은 계열이 다음과 같은 특정한 장들에 집중적으로 등장한다는 사실을 발견했다. 1장과 4장에서는 빨강이 유일한 색으로 등장하고, 3장에서는 필립, 허바드, 루이스가 탄약고 보초를 설 때 등장하며, 5장에서는 루이스가 한 여자를 뒤쫓고 도둑질을 시작할 때, 6장에서는 루이스가 도둑이라는 사실이 폭로될 때 등장한다. 이 부분들은 소설 전체에서 가장 긴장되고 극적이며, 이야기가 가장 뜨겁게 달아오르는 지점들이기도 하다.

그리고 그날 우연히 탄약고 쪽으로는 날아들지 않았지만 그 뒤로 이 남자들의 영혼을 끝까지 태우는 불씨 하나는 마침내 마지막 페이지, 필립의 상상 속에서 다음과 같이 날아간다.

> 소총을 든 세 남자. 나는 저 불꽃에서 불씨 하나가 떠오르는 걸 상상한다. 그것이 빛을 내며 산들바람에 실려 창고 쪽으로, 키 크고 바싹 마른 잡초 쪽으로, 울타리 안에 있는 세 명의 정신 나간 낙하산 부대원들 쪽으로 날아가는 걸 상상한다. 폭발이 일어났더라면 그 굉음은 포트 브래그까지 선명하게 들렸을 것이다. 하늘이 노랗고 빨갛게 물드는 게 보이고, 땅이 흔들리는 게 느껴졌을 것이다. 정말 대단한 일이 되었을 것이다.

하나의 색조를 상징적인 방식으로 해석하는 건 아마도 어리석은 일일 것이다. 그러니 그 대신, 대중문화 속에서 상징적인 위치를 차지하는 작품 한 편을 떠올려보자. 그 작품에는 빨강이 오직 몇 번, 그렇지 않았다면 흑백으로 남았을 세계에 스쳐가듯 등장한다. 영화 〈쉰들러 리스트〉에 나오는 어린 소녀의 코트. 그 빨강은 무엇을 암시했던가? 삶이었나? 아니면 빨간 모자? 그저 우리의 시선을 끌기 위한 것이었나? 빨강은 피, 폭력, 불, 분노, 열정을 불러낼 수 있으며, 《막사 도둑》에서는 이 모든 것을 뜻할 수도 있다. 하지만 그것은 순수하게 시각적 차원에서 작동하기도 한다. 한순간에 스포트라이트를 비춰 나머지 순간들을 눈에 띄게 만들고, 독자가 집중할 부분을 조절하면서 말이다. 마치 도시의 아주 높은 건물에 켜지는 붉은 불빛처럼, 밤이면 조종사들을 위해 지붕 풍경으로 이루어진 지형을 만들어내면서 말이다.

분위기가 만들어낸 하나의 색조
W. G. 제발트 《이민자들》

네 편의 이야기로 구성된 이 소설 전체가 무슨 '색'으로 느껴지냐고 사람들에게 (정말이지 여러 번) 물어본 결과, 모두가 회색이나 암갈색 혹은 갈색이라고 대답했다. 작가가 이렇게 복잡한 이야기를 쓰면서 단일한 인상을 남기는 것도 보기 드문 일이다. 이 작품에서 그런 인상을 만들어내는 건 회색이나 암갈색처럼 색깔을 나타내는 단어들의 사용이 아니라 제발트가 만들어내는 전체적인 분위기다. 마치 그가 이야기 전체에 탁한 강물을 붓거나 이야기를 재 속에 가라앉힌 것만 같다. 텍스트 곳곳에 삽입된 흐릿한 회색 사진들은 가는 모래, 재 혹은 먼지의 느낌을 더욱 깊어지게 한다. 이런 느낌을 한층 더 강화하는 것은 네 번째 이야기에 등장하는 화가 막스 페르버다. 그가 소묘와 채색화를 그리는 방식은 화자가 설명하는 자신의 글쓰기 방식과 거울처럼 닮아 있다.

먼지가 한 세기쯤 쌓인 듯한 높은 북쪽 창문에서 흘러드는 회색빛 속에 페르버가 이젤을 설치해놓은 곳을 향해. 그가 캔버스에 물감을 두껍게 칠한 뒤 그것을 다시 긁어내며 작업을 하는 까닭에, 바닥은 석탄 가루와 뒤섞인 물감 찌꺼기 덩어리로 덮여 있었는데, 거기에는 이미 굳어지고 껍질처럼 변해서 군데군데 용암처럼 보이는 부분이 있었고, 가운데 두께가 2.5센티미터쯤 됐고 가장자리 쪽으로 갈수록 얇아졌으며, 페르버는 그것이 자신의 모든 노고를 보여주는 진정한 산물이자 자신의 실패를 가장 명백하게 보여주는 증거라고 말한다. 그는 한번은 자신에게 가장 중요한 건 자신의 작업 공간에서 아무것도 달라져서는 안 된다는 거라고, 모든 것이 제자리에, 자신이 정돈해놓은 지금처럼 그대로 있어야 한다고, 그림 작업을 마칠 때마다 생겨나는 오물과 끊임없이 떨어지는 먼지 말고는 그 어떤 것도 더해져서는 안 된다고, 그리고 그 먼지야말로 세상에서 가장 소중한 것임을 시간이 흐르면서 서서히 알게 되었다고 말한 적이 있다. 그는 자신은 빛이나 공기, 물보다 먼지에 더 가까운 존재라고 했다. 그에게는 먼지를 깨끗이 털어낸 집보다 참을 수 없는 것이란 존재하지 않았고, 물질이 숨결을 겹겹이 받아내며 무無로 흩어져가면서 생겨나는 잔여물들, 그 잔여물들 속에 사물들이 소리를 죽인 채 방해받지 않고 놓여 있는 곳보다 그에게 더 기분 좋게 느껴지는 곳은 없었다…

먼지. 심지어 이 단락에서도 회색이 느껴지지 않는가? 제발트가—인용한 이 부분의 몇 행 앞에서처럼—색깔의 이름을 말할 때면, 진홍색이나 푸른색 같은 빛깔이 잠깐 반짝이다가 이내 먼지 아래 묻혀 사그라든다. 네 편의 이야기 모두에서 공통적으로 느껴지는 타고 남은 덩어리 같은, 가는 모래 같은, 먼지 같은 감각은 제발트가 이야기들을 연결하는 한 가지 방식이며, 그 이야기들이 이뤄내는 연금술적 융합의 한 형태다. 《이민자들》은 분위기가 만들어낸 하나의 색조를 지닌 텍스트로서 주목할 만한 것으로 느껴진다. 이 작품에 대해서는 뒤에서 다시 이야기하겠다.

나는 서사 속에서 패턴을 만들어내는 요소로서의 색깔을 면밀하게 연구한 더 많은 작업을 너무나도 보고 싶다. 피츠제럴드의 녹색이나 멜빌의 흰색처럼 상징으로서의 색깔이 아니라, 매기 넬슨의 푸른색처럼 서사의 초점을 맞추는 대상으로서의 색깔이 아니라, 이야기의 캔버스 전체에 칠해져 통일감을 주는 하나의 엷은 색, 비밀스러운 코드, 혹은 은밀한 별자리로서의 색깔을 다룬 연구를. 누군가 그런 연구를 해주었으면 한다.

패턴

나는 종종 단어의 어원을 파고든다. 파다 보면 그 밑바닥 어딘가에서 단어의 기원과 진실, 두 가지 모두를 배우게 되기라도 할 것처럼. 한 단어의 아주 오래된 씨앗을 발견하고, 그것이 얼마나 멀리까지 뻗어 자라났는지 혹은 흩어져 있는지 알게 될 때면 묘한 위안이 스며든다. 지금 여러 가지 패턴을 떠올리면서 나는 《옥스퍼드 영어 사전》을 펼쳐 pattern(패턴)이라는 단어를 찾아본다. 그러고는 그 단어가 patron(후원자)의 이중어°이며, 따라서 pater(아버지)에게서 유래한 단어라는 사실을 깨닫고 놀란다. 벽지나 가정생활 전문 잡지가 떠오르는 단어인 pattern이 patronize(후원하다)의 친척뻘이라는 사실이 기묘하게 느껴진다. 하지만 단어의 역사도, 《옥스퍼드 영어 사전》의 항목도 종종 길어지게 마련이다. 그리고 patron에 어떤 뜻이 있는지 쭉 읽어 내려가다 보면 matrix(행렬)이 나온다. 패턴이 아주 옛날에 지니고 있었던 의미다. matrix는 mater(어머니)에게서 유래한 단어다. 이 항목의 설명은 십자 표시 다음에 나오는데, 이 표시는 오래되어 더 이상 쓰이지 않는 의미들의 묘비처럼 쓰이는 기호다. 그럼에도 나는 패턴이라는 단어가 여성성과 남성성 모두를 경유해 진화해왔다는 사실을 알게 되어 기쁘다.

○ doublet. 같은 어원을 가졌지만 서로 다른 형태로 굳어진 단어의 쌍.

직물 연구자 샬럿 지루섹Charlotte Jirousek은 오늘날 패턴이 무엇을 뜻하는지 다음과 같이 설명한다. "표면이나 구조를 일관되고 규칙적인 방식으로 조직하는 하부구조. 패턴은 모양이나 형식의 반복 단위라고 설명할 수도 있지만, 하나의 구성을 이루는 각 부분을 조직하는 '뼈대'로 볼 수도 있다."(《예술, 디자인, 시각적 사고Art, Design, and Visual Thinking》) 이제 나는 서사의 바탕을 이루는 패턴들을, 특히 피터 스티븐스가 《자연의 패턴들》에서 말한 것처럼 "자연이 아끼는" 패턴들을 살펴보고 싶다. 그것들이 어떻게 장편소설과 단편소설의 구조를 이룰 수 있는지 알아보기 위해서.

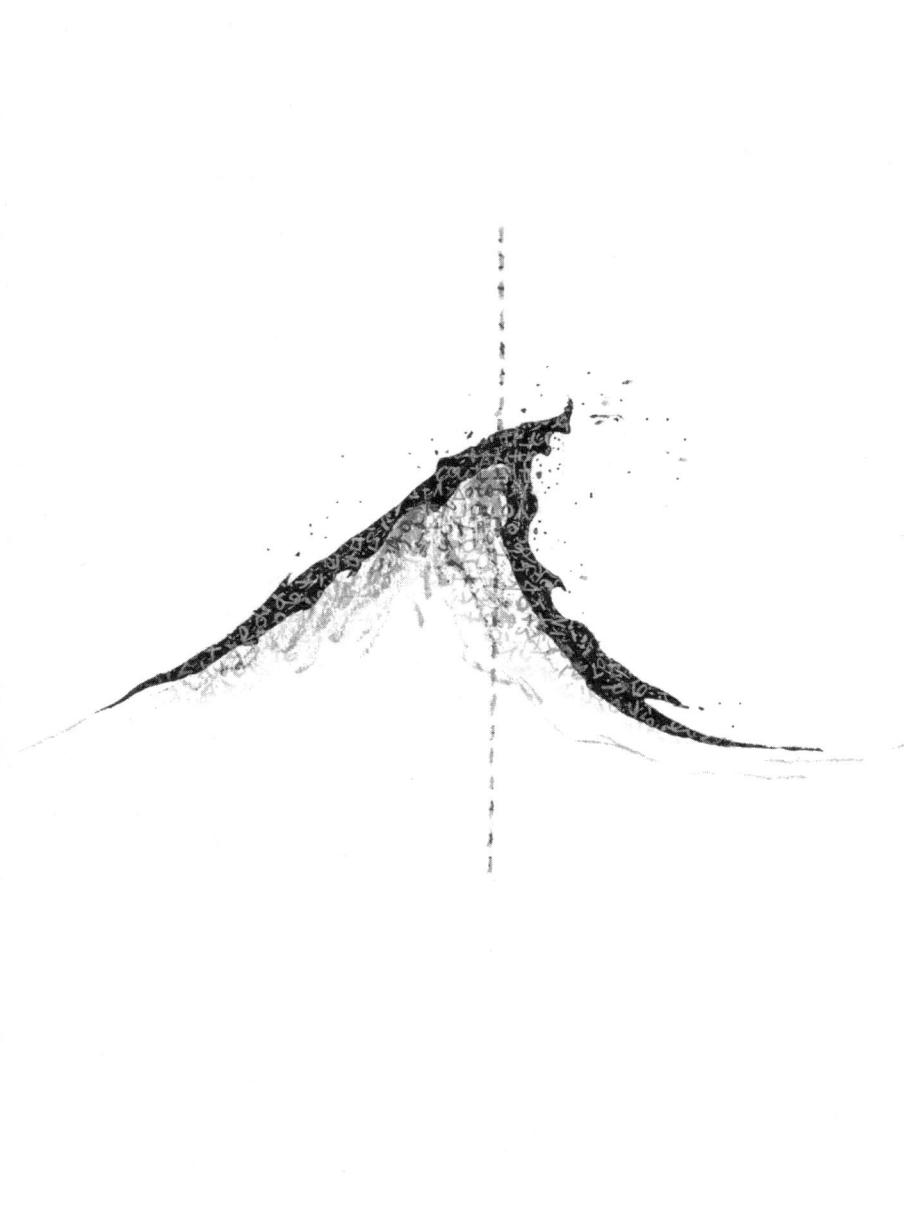

파도

WAVES

극적 호 구조, 다시 말해 파도에서는 동요가 하나의 매개체(바닷물, 인물들)를 타고 흘러가면서 모든 것을 흔들리는 봉우리 쪽으로 밀어붙이다가 결국 모든 것이 무너져 내리고 고요가 되돌아온다. 이야기 속에서 그 봉우리는 보통 일종의 절정(말도 안 되게 과한 단어지만)처럼 느껴진다. 하지만 해변에서 가슴까지 물에 잠겨본 사람이라면 누구나 알 것이다. 파도에는 그 봉우리 말고도 재미있는 것들이 많다는 것을. 부풀어 오르고, 솟구치고, 거품 이는 물이 반짝이는 모래 위로 밀려들었다가 다시 깊은 바다로 끌려가는 그 흐름이야말로 재미있는 것이다. 작가들은 봉우리 이외의 부분들—예를 들면 봉우리 양쪽에 대칭적으로 놓인 순간들—을 만들어냄으로써 서사의 파도를 표현하기도 한다. 나중에 나온 장면이 앞서 나온 장면을 반영하기도 하고, 비슷한 사물이나 장소가 다른 빛 속에서 등장해 그동안 무엇이 변했는지 명확히 보여주기도 한다. 다음에 소개할 멋지게 음울한 사랑 이야기 두 편은 내가 말하려는 바를 분명히 보여줄 것이다. 이 작품들에는 딱 그런 대칭이 드러날 만큼의 공간이 있다.

고도로 구조화된 대칭
필립 로스 《굿바이, 콜럼버스》

필립 로스의 데뷔작인 이 경장편소설에서는 다소 세월의 흔적이 느껴지지만, 이야기의 전개 방식 역시 아주 뚜렷하게 드러나 있기 때문에 나는 이 작품을 종종 수업에서 다룬다. 이 소설은 닐과 브렌다가 여름 동안 이어가는 연애 이야기다. 닐은 브렌다보다 몇 살쯤 많고, 뉴어크의 비좁은 아파트에서 숙모와 함께 살고 있으며, 공공 도서관에서 일한다. 반면 대학생인 브렌다는 부모님이 사는 교외의 저택에서 여름을 보내고 있다. 둘 다 유대인이지만 브렌다는 산들바람이 불어오는 쇼트 힐스에 사는 상류층이다. 그들의 연애에는 사랑과 욕망만큼이나 속물근성과 시기심도 섞여 있다.
소설의 서두는 이렇다.

처음 보았을 때, 브렌다는 내게 안경을 좀 들고 있어달라고 했다. 그러더니 다이빙보드의 끝으로 걸어가 흐릿한 눈으로 수영장 안쪽을 바라보았다. 그곳에는 물이 빠져 있을 수도 있었다. 그랬더라도 근시인 브렌다는 알아보지 못했을 것이다. 그 애는 근사하게 다이빙을 했고, 다음 순간 다시 수영장 가장자리로 헤엄쳐 오고 있었다. 적갈색 머리칼을 짧게 자른 머리를 마치 기다란 줄기 끝에 핀 장미꽃처럼 앞으로 곧게 들고서. 그 애는 미끄러지듯 가장자리로 오더니 내 곁에 섰다. "고마워." 그 애가 말했다. 두 눈이 촉촉했는데 물 때문은 아니었다. 브렌다는 한 손을 뻗어 안경을 받았지만 돌아서서 멀어질 때까지 그것을 쓰지 않았다. 나는 멀어져 가는 그 애를 지켜보았다. 갑자기 그 애의 두 손이 등 뒤로 나타났다. 그 애는 엄지와 검지로 수영복 아랫단을 들어 올렸다가 탁 하고 놓아 드러나 있던 살을 제자리로 밀어 넣었다. 내 몸속에서 피가 훅 솟았다.

여기서 에너지가 정적인 물질에 충전되는 미세한 방식들을, 이 단락이 서사적 가능성을 응축해내는 방식을 보라!

이때가 닐이 브렌다를 처음 본 순간이니 두 번째 보게 되는 순간도 있을 것이다. 브렌다는 닐에게 부탁을 하고, 닐은 거기에 반응한다. 새로운 서사적 움직임이 생겨나는 것이다. 닐이 브렌다의 부탁을 들어주고 브렌다가 고맙다는 말을 하고 나면 에너지는 소모되었을 수도 있지만, 브렌다는 무언가 새로운 행동을 한다. 수영복을 탁 하고 들었다 놓는 것이다. 그래서 닐의 피는 훅 솟고, 이는 분명 더 많은 이야기로 이어질 것이다. 이 모든 것은 서사의 미세한 추진력(앞으로 밀고 나아가는 힘), 즉 작용과 반작용의 아주 작은 연쇄다. 이제 닐이 다이빙보드 위의 브렌다를 어떻게 바라보고 있는지 살펴보자. 닐은 브렌다가 근시라고 말하는데, 이는 그가 나중에야 알 수 있었을 정보다. 그래서 우리는 닐의 시점 안에 더 깊은 시간이―더 많은 이야기가―담겨 있다는 걸 직감한다. 그리고 닐의 어조는 약간 짓궂다. 수영장은 물이 빠져 있을 수도 있는데, 그랬더라도 브렌다는 모를 거라고 말하며 닐은 반쯤은 브렌다의 박살 난 두개골을 상상한다. 이런 짓궂음이 일으키는 동요는 이야기에 에너지를 더해준다. 특히 브렌다의 머리를 장미꽃으로 바라보는 낭만적인 시선과 균형을 이루기 때문에 그렇다. 닐이 브렌다를 바라보는 시선에는 이렇게 자잘한 대비들이 숨어 있고, 그 부분들이 아주 작은 마찰을 만들어내며 각 행을 계속 앞으로 나아가게 한다. 그리고 중간 문장들에는 또 다른 대조되는 요소들이 짝지어져 있다. 이번에는 문장 구조와 어휘 선택 차원에서 그렇다. 브렌다의 두 눈은 촉촉하지만 물 때문은 아니다. 브렌다는 안경을 받지만 쓰지 않는다. 의식적이든 아니든, 나는 이렇게 스쳐가는 미세한 마찰과 가능성을 인식하고, 그것들이 더 큰 무언가를 예고하고 있다는 걸 감지하게 된다.

그다음에 이어지는 페이지들은 끝까지 고전적인 선형 서사로 펼쳐진다. 인과관계로 연결된 사건들이 익숙한 호 구조를 따라 상승했다가 하강한다. 닐의 몸속에는 복잡한 정신이 깃들어 있고, 그 몸은 장소와 시간 그리고 상황 속에 놓인 채 변화, 발견 혹은 소진을 향해 나아간다. 브렌다와 닐 사이의 에너지, 그리고 닐 안에 있는 에너지가 모두 사라지고 평형 상태가 되면 이야기는 끝날 것이다. 닐은 성냥의 머리 부분이고, 브렌다(와 브렌다의 세계)는 그가 그어대는 표면이다. 이 소설은 그 불꽃이 꺼질 때까지 타오른다.

사랑 이야기(서사의 가장 오래된 형태 중 하나)로 시작된 이 경로는 보통은 욕망에서 그것의 실현으로 나아가고, 그런 다음 끝날 것이다. 욕망의 실현은 빠르게 찾아온다. 닐이 브렌다에게 전화를 걸고, 그들은 서로를 만나 흠뻑 빠진다. 브렌다는 닐에게 자기 집에서 여름을 함께 보내자고 제안하고, 둘은 이른바 사랑에 빠진다. 하지만 필립 로스의 작품에 로맨스를 위한 나라란 없으니, 이 이야기가 사랑으로 끝나지는 않을 것이다. 열정과 불안, 성마름이 뒤범벅된 영리한 청년 닐은 브렌다의 세계를 경멸하고, 갈망하고, 그 세계를 살아가고 있다는 이유로 브렌다를 책망하고, 기타 등등을 한다. 그는 이런 감정들을 오징어 먹물처럼 브렌다에게 뿜어대다가 마침내 페서리°를 구해 오라고(1955년에는 쉬운 일이 아니었다) 우김으로써 브렌다를 절망에 밀어 넣는다. 브렌다는 그것을 구해 온다. 여름이 끝나자 브렌다는 학교로 돌아가고, 닐은 브렌다를 찾아갔다가 브렌다가 페서리를 집에—고의로?—두고 가는 바람에 브렌다의 끔찍한 어머니가 그걸 발견했다는 사실을 알게 된다. 브렌다와 닐은 다투고, 헤어진다.

그러니 이건 충전과 긴장, 절정, 하강으로 이어지는 고전적인 호 구조다. 하지만 내가 흥미를 느끼는 건 로스가 그 파도의 긴장과 형태를 표현하기 위해 대칭 구조를 너무도 투명하게 활용한다는 점이다. 정말이지 고도로 구조화된 글쓰기다. 이건 '숫자에 맞춰 색칠하기'처럼 지나치게 틀에 박힌 것일까? 아니면 하드에지 회화°°처럼 의도적으로 경계가 또렷한 예술일까?

우선 대칭을 이루는 장면들을 살펴보자. 이 소설을 앞

° 여성용 피임 기구.
°° 1950년대 말 미국에서 일어난 기하학적 추상화의 새로운 경향으로, 선명한 윤곽과 단순하고 시원한 색감이 특징이다.

뒤에서 감싸는 두 장면이 있다. 소설의 첫 장면에서 닐은 브렌다를 바라보고, 마지막 장면에서 그는 자기 자신을 바라본다. 하지만 이 파도에서 가장 명확히 드러나는 이 지점들에 대해서는 나중에 이야기하기로 하자. 그 전에 우선, 이 곡선 안에서 둘씩 짝지어진 다른 순간들을 살펴보자. 첫 번째 쌍은 전화 통화 장면들이다.

> 나는 연설을 시작했다. "여보세요-브렌다-브렌다-넌-날-모르겠지만-그러니까-내-이름을-모르겠지만-오늘-낮에-클럽-에서-네-안경을-내가-들고-있었거든…"
> "이름이 뭔데?" 브렌다가 물었다.
> "닐 클러그먼. 다이빙대에서 네 안경 들고 있었는데, 기억나?"
> 브렌다는 내 질문에 질문으로 대답했는데, 그건 장담하건대 못생긴 인간과 잘생긴 인간 모두에게 당혹스러운 질문이었다. "어떻게 생겼는데?"…
> "오늘밤에 만나서 보여줄까?"

약간의 희롱이 오간 뒤 브렌다는 좋다고 하고, 닐은 브렌다에게 자신이 몰고 갈 차 종류를 말해준다. "그걸로 날 알아볼 수 있을 거야. 그런데 난 널 어떻게 알아보지?' 나는 음흉하고 끔찍하게 들리는 웃음소리를 내며 물었다. '땀을 흘리고 있을 거야.' 브렌다는 그렇게 말하고 전화를 끊었다."

몇 달 뒤, 브렌다는 대학으로 돌아가고, 그들은 마지막으로 통화를 한다. 이번에는 브렌다가 닐에게 전화를 건다. 자신은 유대교 명절을 지내러 고향에 갈 수 없으니 닐이 와달라는 것이다. 이 대화는 첫 번째 통화만큼이나 빠르게 주고받는 말들로 가득하지만, 이제 두 사람은 서로를 알고 있기 때문에 큰 긴장은 없이 다가온다. 브렌다는 닐이 직장에서 휴가를 낼 수 없는데도 와주길 바란다. 약간의 실랑이 끝에 닐은 동의한다.

"일요일까지 있어줘."

"봐서."

"기분 나빠하지 마, 닐. 기분 나빠하는 것처럼 들리네. 유대교 명절이잖아. 내 말은, 넌 휴가를 내야만 한다는 거야."

"맞아." 나는 말했다. "난 빌어먹을 정통파 유대인이니까 그 이점을 잘 활용해야겠지."

"맞아." 브렌다는 말했다.

"6시쯤 떠나는 기차가 있을까?"

"아마 시간마다 있을 거야."

"그럼 6시에 떠나는 기차를 타고 갈게."

"내가 역으로 나갈게." 브렌다는 말했다. "널 어떻게 알아보지?"

"정통파 유대인으로 변장하고 있을게."

처음의 통화는 연애의 시작을, 나중의 통화는 연애의 끝을 알린다. 두 번의 통화 모두 우스꽝스럽게 엇갈리는 말로 시작해 똑같은 농담으로 끝난다. 이 대칭 구조와 결정적인 차이점이 그 사이에 벌어진 모든 일을 드러낸다.

곡선을 따라 조금 더 나아가보면 또 다른 한 쌍의 장면이 나온다. 닐과 브렌다의 첫 포옹과 마지막 포옹이다. 아래는 브렌다가 테니스를 치고 난 뒤에 나오는 첫 번째 포옹 장면이다.

우리는 어색하지 않게 다가가려다 괜히 두 걸음쯤 더 걸어야 했지만, 결국 충동을 따라갔고, 키스했다. 내 목덜미에 와 닿는 브렌다의 손이 느껴지기에 나는 그 애를 내 쪽으로 끌어당겼는데, 어쩌면 너무 난폭하게 끌어당겼는지도 모르겠다. 그런 다음 나는 두 손으로 그 애의 옆구리를 지나 등을 감쌌다. 그 애의 어깨뼈 위 축축한 지점들이 느껴졌고, 그 밑에서는 분명 희미한 파닥임이 느껴졌다. 마치 그 애의 가슴속 아주 깊은 곳, 너무도 멀리 있는 안쪽에서 무언가가 움직여서, 그 움직임이 셔츠를 통해 전해져오는 것 같았다. 그건 마치 날개가 파닥이는 것 같았다. 그 애의 가슴만 한 아주 작은 한 쌍의 날개가.

이번에는 몇 달 뒤의 마지막 포옹을 살펴보자.

브렌다는 의자에 등받이 쪽으로 무릎을 꿇고 앉아 창밖을 내다보고 있었다. 마치 창밖에 있는 게 더 낫겠다는 듯이. 나는 브렌다 뒤로 다가가 두 손으로 그 애의 몸을 감싸 안고 가슴을 쥐었다. 창턱 아래를 쓸고 가는 서늘한 외풍이 느껴져서, 나는 그 따뜻했던 첫날밤이, 그 애의 몸에 두 팔을 두르고 그 등에서 아주 작은 날개가 파닥이는 걸 느꼈던 그 밤이 얼마나 오래전 일이었는지 깨달았다. 그리고 그 순간, 나는 내가 보스턴에 정말로 왜 온 건지 깨닫게 되었다⋯

로스는 같은 점과 다른 점을 또박또박 말해준다. 다소 작위적으로 느껴질지도 모르지만, 당신은 이 닮은꼴을 처음 읽을 때는 의식하지 못한 채 그저 부지불식간에 받아들일 것이다.

이제 소설의 마지막 장면을 살펴보자. 이 장면은 첫 장면을 반영하면서 소설 전체가 만들어낸 변화를 드러내준다.

기억하라, 에너지는 브렌다가 닐에게 안경을 건네주면서 생기기 시작한다. 다음의 마지막 장면은 닐과 브렌다가 헤어진 직후에 나온다. 닐은 뉴어크로 돌아가는 길에 하버드대학교 중심부에 있는 도서관 앞에서 걸음을 멈추고는, 건물 유리에 비친 자신의 모습을 빤히 들여다본다.

나는 그저 저 물체일 뿐이다, 나는 그렇게 생각했다. 내 앞에 보이는 저 팔다리, 저 얼굴일 뿐이다. 나는 계속 바라보았지만, 나의 외면이 내면에 관해 전해주는 정보는 거의 없었다… 내 안에는 무엇이 있기에 쫓아가 움켜쥐는 일을 사랑으로 변하게 만들었고, 이제 그것을 다시 뒤집어놓은 걸까? 무엇이 승리를 패배로, 그리고 패배를 —누가 알겠는가— 승리로 바꿔놓은 걸까? 나는 틀림없이 브렌다를 사랑했다. 하지만 거기 서 있는 동안 나는 더 이상은 그 애를 사랑할 수 없다는 걸 깨달았다. 그리고 내가 그 애와 사랑을 나눴던 것처럼 누군가와 사랑을 나누려면 오랜 시간이 필요할 거라는 사실도 깨달았다… 나는 내 모습을, 어둠이 스며든 그 유리를 뚫어져라 들여다보았다. 그러자 내 시선은 유리를 뚫고 들어가 차가운 바닥으로, 선반에 드문드문 꽂힌 채 무너진 벽을 이루고 있는 책들로 향했다.

이 소설의 첫 장면과 마지막 장면에는 네 가지 주요한 요소가 등장한다. 닐, 브렌다, 어떤 장소, 유리가 그것이다. 그런데 이 각각의 요소가 첫 장면과 마지막 장면에서 어떻게 등장하는지 살펴보면 흥미롭다. 닐은 두 장면 모두에서 육체와 정신을 동시에 지닌 존재로 등장한다. 브렌다는 첫 장면에서는 주로 육체로, 마지막 장면에서는 (닐의 마음속에서) 추상적 개념으로 등장한다. 닐은 첫 장면에서 브렌다를 바라보지만, 마지막 장면에서는 자기 자신을 바라본다. 장소는 브렌다의 세계에 속한 (낮의) 감각적 쾌락이 깃든 장소로부터, 닐의 세계에 더 가까운 (밤의) 학문적 추구가 이루어지는 장소로 옮겨가 있다. 그다음에는 유리가 있다. 처음에 닐은 브렌다의 안경을, 즉 브렌다가 세상을 보는 방식을 들고 있지만, 나중에는 조그만 교정용 렌즈가 아니라 반사되는 유리문, 지식을 향해 이끌어주는 유리문에 비친 자기 자신을 바라본다. 소설을 앞뒤에서 감싸는 이 장면들은 장소를 통해, 그리고 유리가 등장하는 움직임을 통해 닐에게 일어난 변화를 보여준다. 에너지는 첫 장면에서 생겨났다가—훅 솟구치는 닐의 피—소모된다. 동요는 가라앉아 성찰이 된다.

이 잘 정돈된 소설에는 또 다른 대칭 구조도 존재한다. 인물들 사이의 대칭 구조다. 닐과 브렌다는 둘 다 자신을 더욱 뚜렷이 드러내주는 인물들로 구성된 별자리 한가운데에 놓여 있다. 닐의 주위에는 글래디스 숙모, 고갱의 이국적인 그림을 보기 위해 도서관에 나타나는 아프리카계 미국인 소년, 그리고 슬픈 기색을 띤 사서들이 있다. 한편 브렌다 주위에는 부모님인 파팀킨 부부, 여동생 줄리, 오빠 론이 있다. 이디시어 문화권 특유의 옛날식 감수성을 지닌 글래디스 숙모와 신흥 부자인 브렌다 부모님 사이의 대조는 알아보기 쉽다. 도서관에 찾아오는, 상류층의 삶을 얼핏 보기라도 하려고 필사적으로 애를 쓰는 어린 소년과 "그냥 다 좋다"고 느끼는 버릇없는 줄리 사이의 대조도 마찬가지다. 혹은 닐의 미래일 수도 있는 무능한 사서들과, 곧 결혼해 아버지 회사에 들어갈 론 사이의 대조도 있다. 이 모든 것은 기하학적으로 느껴진다. 브렌다와 닐은 이런 타인들에 의해 다면적인 존재가 된다.

그리고 장소 사이의 대칭 구조도 있다. 뉴어크에 있는 글래디스 숙모의 비좁은 아파트와 교외에 있는 파팀킨 부부의 탁 트인 집, 닐이 일하는 공공 도서관과 브렌다가 다니는 컨트리클럽이 그것이다. 다음은 닐이 쇼트 힐스로 차를 몰고 가는 장면이다.

차가 뉴어크를 벗어나자… 밤공기는 한층 서늘해졌다. 실은 뉴어크보다 약 55미터 더 높은 고도에 솟아 있는 교외에 들어서니 마치 천국에 더 가까워지기라도 한 것 같은 기분이었다. 태양 자체가 더 크고 더 낮고 더 둥글게 떠 있었고, 나는 곧 길게 자란 잔디밭들을, 자기들 몸 위에 물을 빙빙 돌리며 뿌려대는 듯 보이는 잔디밭들을 지나 달려가고 있었다. 현관 계단에 아무도 앉아 있지 않은 집들도 지나갔다. 그 집들에는 불은 켜져 있었지만 창문은 하나도 열려 있지 않았다. 안에 있는 사람들이 자기들 삶의 질감 자체를 외부인들과 공유하기를 거부하고 있어서였다. 그들은 피부에 와 닿는 습기의 양을 다이얼로 조절하고 있었다… 나는 글래디스 숙모와 맥스 삼촌을 떠올렸다. 골목의 타다 남은 재 같은 어둠 속에서 접이식 해변 의자에 앉아 마운즈 초콜릿 바를 나눠 먹으며, 서늘한 산들바람이 불어올 때마다 그것을 내세의 약속처럼 달콤하게 받아들이는 그분들을…

마지막으로 사물들 사이의 대칭 구조가 있다. 소설의 시작 부분에서 브렌다는 닐에게 안경을 들고 있으라고 지시하는데, 내 생각에 이 행동은 소설의 끝 무렵 닐이 브렌다에게 페서리를 구하라고 지시하는 것과 대구를 이룬다. 브렌다는 닐에게 자신이 세상을 보는 방식을 빌려주고, 닐은 브렌다에게 자신이 짝짓기 하는 방식을 강요한다. 여기에는 균형 혹은 보복이라는 미묘한 의미가 담겨 있으며, 이는 파도가 처음으로 부서지는 지점이다.

파도가 도달하는 가장 우아한 지점
마르그리트 뒤라스 《연인》

(너무도 자전적이어서 어떤 사람들은 회고록이라 부르기도 하는) 이 경장편소설에서는 어느 나이 든 프랑스 여성이 한 장면을 돌아본다. 지금은 자신의 삶을 예견했던 순간이었다고 깨닫게 된 장면이다. 그때 그는 열다섯 살이었고, 어머니와 오빠들과 함께 인도차이나에서 살고 있었다. 그 결정적인 순간은 소녀였던 그가 페리를 타고 메콩강을 건너는 중에 부유한 중국인 남자를 만나면서 찾아온다.

어느 날, 나는 이미 늙었고, 어느 공공장소 입구에 서 있는데 한 남자가 다가왔다. "난 오래전부터 당신을 알고 있고, 모두들 당신이 젊은 시절에 아름다웠다고 하지만, 난 당신한테 말해주고 싶네요. 당신은 그때보다 지금 더 아름답다고요. 젊었을 때 얼굴보다 지금 얼굴이 더 좋아요. 세월에 상한 그 얼굴이."
나는 지금은 오직 내 눈에만 보이는 그 이미지를, 내가 한번도 말해본 적 없는 이미지를 종종 떠올린다. 그건 언제나 그곳에, 늘 같은 침묵 속에, 경이로운 모습으로 남아 있다…

자, 나는 열다섯 살 반이다.
메콩강을 건너가는 페리 위다.
그 이미지는 강을 건너가는 내내 이어진다.

이야기는 천천히, 비선형적으로 나아간다. 짧은 텍스트 덩어리들이 하얀 여백 속에 섬들처럼 떠 있다. 그 섬들은 페리와 M의 학교, M의 어머니와 오빠들, M의 이상한 옷차림, 열대 지방에 온 백인 소녀의 피부가 지닌 특성, 글쓰기라는 행위의 본질, 그리고 그 밖의 것들을 보여준다. 뒤라스는 이야기 가닥을 여러 번 건드리지만 그것을 틀에 박힌 화자처럼 풀어내지는 않는다. 우리는 페리에 탄 M의 모습—여위고, 조숙하고, 이상한 옷차림을 한, 성적으로 무지하지만 가능성으로 가득한 이 소녀의 모습—을 슬쩍 보고 나서 15페이지가 지난 뒤에야 비로소 검은색 리무진을, 그리고 그 안에서 M을 지켜보는 세련된 중국인 남자를 보게 된다. 그리고 다시 15페이지에 걸쳐—이번에는 여성의 자기배신, M의 글쓰기에 대한 욕망, 어머니의 간헐적인 광기, 가족의 병과 재정 파탄에 관한 단락들을 지나—이야기가 분방하게 어슬렁거리고 난 뒤에야 우리가 그 부유한 남자를 처음으로 발견하고, 15페이지나 지난 뒤에야 그는 마침내 차에서 걸어 나온다. 그는 다가와 M에게 담배 한 대를 주고, 페리에서 백인 소녀를 보게 되다니 너무나 놀라운 일이라고 말한다. 그리고 두 페이지 뒤에서 M은 남자의 차에 올라타며 성적인 영향력에 입문하기 시작한다. 그 뒤로 이 극적인 사건은 절대적으로 시간 순서에 따라, 선형적일 뿐 아니라 파도를 따라가면서 나아간다. 그럼에도 수많은 다른 이야기들이 중간에 끼어든다.

《연인》은 두 가지 패턴을 넘나들며 유희를 즐기는 것 같아 보인다. 하나는 성적인 관계의 상승과 하강을 그려내는 파도이고, 다른 하나는 좀 더 혼란스러워 보이는 체계다. 우선 뒤라스 소설의 중심부에 자리한 파도의 우아한 특징들부터 살펴보자.

《굿바이, 콜럼버스》에서 로스가 그랬듯, 뒤라스 역시 극적인 사건의 얼개를 명확하게 설계한다. 두 사람이 만나 성적으로 얽히고, 갈등을 겪고, 마침내 헤어진다. 뒤라스는 먼저 장면을 보여주면서 감각적인 세부에 의해 매혹의 순간들을 만들어낸다. 우리는 백인 소녀와 중국인 남자가 남자의 아파트에서 사랑을 나누고, 촐론에서 저녁을 먹으며 서로를 비난하는 광경을 지켜본다. 우리는 소녀가 학교와 집으로 돌아가고, 어머니가 딸이 돈을 바라고 한 섹스에 종잡을 수 없는 반응을 보이며, 어머니가 딸을 때리는 동안 오빠가 그 소리를 엿듣고, 뭐 그런 광경들을 스치듯 보게 된다. 장면을 통해 극적인 이야기를 시작한 다음 인물과 관계, 장소를 우리 눈앞에 드러내고 나면, 이제 뒤라스는 이야기를 휙휙 쓸고 가는 요약의 흐름 사이사이에 감각적으로 반짝이는 빛들을 엮어 넣을 수 있게 된다. 그럼으로써 일 년 반이라는 시간은 빠르게 흘러가고, 이 정사가 끝나리라는 사실은 마침내 명백해진다. 중국인 연인의 아버지는 아들이 M과 결혼하게 허락하지 않을 것이다. M 자신도 어차피 그와 결혼할 생각은 없다. 경험을 얻고 자신과 가족이 프랑스까지 항해할 돈을 버는 일에 더 관심을 두고 있기 때문이다. 하지만 극적인 이야기를 마무리하기 위해 뒤라스는 장면 중심의 서술로 돌아온다. 그 장면들은 우리가 반드시 목격해야 하는 순간들이다. 뒤라스의 서사 설계가 특히 우아한 이유는, 그가 파도의 상승과 하강을 보여주기 위해 거울처럼 닮은 장면들을 만들어낸다는 데 있다. 파도를 따라 이어지는 거의 대칭적인 이 패턴—A B C / C′ A′ B′—은 이야기의 움직임과 변화를 분명하게 드러낸다.

　이번에도 본격적인 이야기는 M이 페리를 타고 중국인 남자를 만나면서 시작된다. 다른 이야기들이 중간중간 끼어들어 구멍이 숭숭 뚫린 이 느릿한 장면은 소설의 첫 30페이지를 차지한다. 이 부분을 A라고 부르기로 하자.

　나는 버스에서 내린다. 난간 쪽으로 간다. 강물을 바라본다. 어머니는 가끔씩 말한다. 내가 평생 이 강줄기들, 바다로 흘러가는 메콩강과 그 지류들만큼 아름답고 크고 거친 강물은 볼 일이 없을 거라고 말이다…

페리 위에는… 크고 검은 리무진 한 대가 있고, 그 차의 운전사는 흰색 면 제복을 입고 있다…

리무진 안에는 몹시 세련된 남자가 앉아 나를 쳐다보고 있다. 그는 백인이 아니다. 유럽식 옷차림, 사이공의 은행업자들이 입는 밝은색 터서 실크 정장 차림을 하고 있다. 남자는 나를 쳐다보고 있다.

서두의 이 장면은 80페이지 뒤에 나오는 또 다른 장면과 균형을 이룬다. M이 메사주리 마리팀의 대형 증기선을 타고 인도차이나를 떠나는 다음 장면이다.(A')

배가 처음으로 작별의 신호를 내고, 트랩이 끌어올려지며 예인선들이 배를 끌어당겨 육지에서 떼어놓기 시작했을 때, M은 울고 있었다… 그의 커다란 차가 그곳에 있었다. 하얀 제복을 입은 운전사가 앞좌석에 앉은 기다란 검은색 차가… 뒷자리에 앉아 있는 사람은, 거의 보이지 않는, 꼼짝도 못하고 압도당한 채 앉아 있는 저 형체는 그였다. M은 처음에 그랬듯 페리의 난간 위로 몸을 기대고 있었다. 그가 자신을 지켜보고 있다는 사실을 알고 있었다. M 역시 그를 지켜보고 있었다…

중국해를, 홍해를, 인도양을 지나왔다. 수에즈운하를 지나는 동안에는 잠에서 깨어났을 때 진동이 느껴지지 않아 배가 마치 모래 위를 미끄러지듯 나아가고 있다는 걸 알아차리는 순간이 있었다…

A′가 A를 반영하면서도 압도하고 있다는 사실은 분명하다. 페리 위의 만남/거대한 증기선 위의 이별, 강을 건너기/대양과 바다를 건너기.
이 대칭 구조를 한층 더 강화하는 또 한 쌍의 닮은 장면이 있다. M과 남자가 처음, 그리고 마지막으로 마주치는 장면이다. 우선 처음 마주치는 장면을(B) 살펴보자.

그 세련된 남자는 리무진에서 내린 뒤 영국 담배를 피우고 있다. 그는 남성용 중절모를 쓰고 금빛 구두를 신은 소녀를 바라본다. 그러다가 천천히 소녀에게 다가간다. 누가 봐도 긴장한 모습이다… 우선 소녀에게 담배 한 대를 건넨다. 손이 떨리고 있다. 인종이 다르고, 그는 백인이 아니다. 그걸 극복해야 한다… 그는 소녀에게 자신이 꿈을 꾸고 있는 것 같다고 말한다. 소녀는 대답이 없다. 대답해봐야 뭐하겠는가, 무슨 말을 하겠는가?

그리고 다음 장면은 이 순간이 가져온 필연의 결과이자
(B') 소설의 마지막 단락이다.

전쟁이 끝나고 오랜 세월이 지나, 여러 번 결혼하고, 아이들을 낳고, 이혼하고, 책들을 쓴 뒤였다. 그가 아내와 함께 파리에 왔다. 그러고는 M에게 전화를 했다. 나예요. M은 목소리를 듣자마자 그를 알아보았다. 그는 말했다. 그냥 당신 목소리가 듣고 싶었어요. M은 말했다. 저예요, 안녕. 그는 전처럼 불안하고 두려워졌다. 갑자기 그의 목소리가 떨렸다. 그리고 그 떨림 속에서, M의 귀에는 문득 중국 목소리가 다시금 들려왔다… 그는 M에게 말했다. 예전과 똑같다고, 여전히 사랑한다고, 당신을 사랑하기를 멈출 수가 없으며 죽는 순간까지 사랑할 거라고.

두 번의 만남 모두 다른 요소는 없이 오직 남자와 M만 클로즈업되어 등장한다. 두 번 모두 남자는 M에게 다가가고, 그의 몸은 떨린다. (그리고 물론 두 번 모두 두 인물 사이에는 인종과 지정학적 차이라는 명백한 간극이 새겨져 있다.) 그럼에도 첫 순간과 마지막 순간 사이에는 수십 년의 세월이 흘러 있고, 그동안 소녀였던 M은 거의 감지되지 않을 정도의 가능성만 있던 존재에서 그것을 온전히 실현하고 표현할 줄 아는 존재로 변화했다. 이상한 옷차림을 한 채 툭 하면 두통에 시달리던 여윈 소녀는 그동안 성장해 남자들과 아이들, 책들을 남긴 중요한 작가가 되었을 뿐 아니라, 첫 번째 연인을 여전히 꼭 붙들고 있고, 죽는 순간까지도 그럴 것이다. 소녀였던 M의 가능성은 이제 완전한 영향력이 되어 있다. 이 장면들은 대구를 이루지만 똑같지는 않은데, 두 번째 장면이 우리가 얼마나 먼 길을 지나왔는지 보여주기 때문이다. '돌아오면서도 앞으로 나아가는' 이런 감각은 소설 전체에 고전적인 완결감을 준다. 여기가 파도가 도달하는 가장 우아한 지점이다.

파도 안으로 좀 더 들어가보면 거울처럼 닮은 순간들이 한 쌍 더 있다. M과 남자가 처음으로 섹스를 하는 순간, 그리고 그들이 섹스를 그만두는 순간이다. 첫 번째 순간은 파도가 올라가는 부분에 있는데, M과 남자가 촐론에 있는 그의 아파트로 가는 장면이다.(C) 10페이지에 걸쳐 이어지는 이 장면은 정교하게 상승과 하강을 교차하며 흘러간다. 그 중간에 있는 한 단락을 여기 옮겨본다.

나는 내게 오라고, 나를 다시 가져야 하지 않겠느냐고 그에게 말한다. 그가 다가온다. 그에게선 영국 담배와 값비싼 향수, 꿀 냄새가 기분 좋게 풍겨오고, 피부에선 실크 향기, 과일 향 같은 터서 실크의 냄새, 금 향기가 묻어난다. 그는 매혹적이다. 나는 그에게 이 욕망을 털어놓는다. 그는 잠깐 기다리라고 한다. 그러더니 말한다. 우리가 강을 건널 때 곧바로 알았다고, 내가 첫 연인을 겪고 나면 이렇게 될 줄 알았고, 사랑 자체를 사랑하게 되리라는 걸 알았다고. 그는 말한다. 이제는 내가 자신을 속이고, 함께하게 될 모든 남자들을 속이게 되리라는 것도 알겠다고… 나는 그가 예언한 모든 것이 마음에 들어서, 그렇게 말해준다. 그는 거칠어지며 절박해지더니, 내 몸 위로 몸을 던지고, 아이 같은 내 가슴을 탐하고, 소리를 지르고, 모욕을 퍼붓는다. 나는 강렬한 쾌락 속에서 눈을 감는다. 그러면서 생각한다. 이 사람은 이 일에 익숙하다고, 이 사람이 살면서 하는 일은 사랑이고, 다른 건 아무것도 없다고. 그의 두 손은 능숙하고 놀랍고 완벽하다. 나는 분명 너무도 운이 좋은 사람이다…

그리고 여기서 70페이지 뒤에 필연의 결과가 등장한다.(C′) 다시금 그 관능 넘치는 아파트가 무대지만, 이제 남자는 더 이상 M과 사랑을 나눌 수가 없다. "내 출발 날짜가 정해지자, 아직 한참 남아 있기는 했지만, 그는 더 이상 내 몸에 아무것도 하지 못했다."
우리는 이렇게 거의 대칭에 가까운 파도를 타고 올라갔다가 내려온다. 페리를 타고 강을 건너기—중국인 남자와 처음 대화를 나누기—첫 섹스, 그런 다음 파도의 반대편에서는 섹스할 수 없음—증기선을 타고 대양을 건너기—중국인 남자와 마지막으로 대화를 나누기. 그럼에도, 이렇게 분명하고도 극적인 이야기가 《연인》의 중심부를 관통해 흘러가고 있기는 해도, 이 부분이 전체 텍스트에서 차지하는 분량은 40퍼센트에 불과하다. 《굿바이, 콜럼버스》는 그저 조금 더 길 뿐이고, 그 작품의 극적인 사건 역시 청소년기의 연애지만, 그 사건은 이야기에 착 달라붙어 있으며 곁가지 이야기라곤 전혀 없다. 하지만 《연인》의 나머지 60퍼센트는 극적인 사건과 별 관련이 없는 것들이다! 그 부분은 M의 어머니, 오빠들, 아들, 인도차이나와 파리의 다양한 여성들, 글쓰기에 관한 내용 등으로 채워져 있는데, 만약 이 소설이 관습적인 영화로 각색되었다면 잘려나갔을 부분이고, 바로 그런 삭제가 실제로 일어나기도 했다. 뒤라스는 《연인》에서 한 가지가 아니라 두 가지 서사적 충동을 따라간 것으로 보인다. 그중 하나만이 극적인 사건이다. 그럼에도 나머지 이야기는 더 많은 지면을 차지한다는 점에서 분명 더 중요하다고 볼 수 있다. 연애에 초점을 맞추지 않을 때, 이야기는 멈추고, 확장되고, 곁가지로 빠졌다가, 갑자기 빠르게 도약한다. 아낌이라고는 조금도 없이 기꺼이 줄거리에서 벗어나 헤매려 한다. 게다가 문제의 극적인 사건 내부에서의 기교 또한 아낌이 없다. 뒤라스의 화자는 기이하게도 종종 자신을 삼인칭으로 서술할 뿐 아니라, 과거 시제와 현재 시제 사이를 갑작스럽게 넘나들기도 한다. 내가 보기에는 이런 아낌없는 태도들이 결합해 서사의 두 번째 패턴을 만드는 것 같다. 이에 관해서는 '구불구불한 선'이라는 장에서 더 다루기로 하겠다.

WAVELETS   잔물결

내가 가끔 임대하는 집이 있다. 노스캐롤라이나 해변의 모래언덕에 있는 작은 회전목마처럼 생긴 그 집은 바다와 만을 모두 마주하고 있다. 그곳은 섬의 남쪽 끝이어서 바닷물이 만으로 밀려든다. 대서양의 파도는 바다 쪽에서는 부서지지만, 만 입구에서는 계속 굽이치며 섬의 가장자리를 깎아낸다. 섬의 가장자리는 조수에 따라 모양이 달라진다. 바위를 베어내듯 흐르는 급류 속으로 가파르게 떨어지기도 하고, 썰물 때 반복되는 잔물결로 모래 위에 부드러운 이랑이 새겨져 환상적인 물결 모양이 되기도 한다. 이런 잔물결 패턴은 축소된 파도나 다름없다. 비행기를 타고 바다 위를

지날 때면 바로 그런 작은 물결무늬로 보이는 것들이 눈에 들어온다. 극적 호 구조를 파도로 읽어내고 나자, 이야기 속 그 에너지 역시 좀 더 작은 파도, 즉 잔물결 모양으로 흐를지 모른다는 생각이 들기 시작했다. 어쩌면 한번에 부서지는 파도보다는 분산된 패턴, 잔물결이나 진동의 감각, 작은 오르내림이야말로 인간의 경험에 더 가까울지 모른다. 나는 큰 파도보다는 약간의 긴장을, 작은 발견을, 아주 사소한 변화를, 다시 제자리로 돌아가는 흐름을 느끼는 일이 더 많으니까 말이다. 매주 반복되는 똑같은 깨달음들처럼…

습기 대 건조함
레이먼드 카버 〈내가 전화를 거는 곳〉

내가 이야기 속에서 잔물결 패턴을 처음으로 알아본 건 카버의 단편소설에서였다. 이 소설은 알코올의존증이 있는 한 남자의 불편한 정신과 육체—소원해진 아내가 "술에 전 뇌"라고 부르는—속으로 우리를 들여보낸다. 그는 사막(달리 어디겠는가?)에 있는 어느 시설에서 술을 끊으려 애쓰고 있다. 식사를 하고, 동료 입소자들과 이야기를 나누고, 운영자인 프랭크 마틴에게 상담을 받는 일상 속에서 맑은 정신으로 하루하루를 보낸다. 그는 그러면서 과거를 떠올리고,

자신이 어떻게 해서 그곳에 오게 되었는지 생각하며, 바싹 메마른 미래에 대해서는 생각하지 않으려고 애쓴다. 그가 가장 많이 대화를 나누는 동료는 전직 굴뚝 청소부인 J.P.다. J.P.는 N(화자)에게 자신의 이야기를 들려주는데, 그 이야기 일부는 N 자신의 이야기와도 겹친다. 이야기가 진행되는 현재에는 몇 가지 이례적인 일—한 입소자가 발작을 일으키고 J.P.의 아내가 찾아온다—이 일어나고, 이야기는 카버 특유의 방식대로 오직 희미한 변화의 기미만 남긴 채 끝난다. 하지만 N의 생존은 위태롭다. 그는 술을 끊고 맨정신을 유지해야만 살아남을 수 있다. 하지만 별로 중요하지 않은 사건들로 이루어진 이야기의 표면을 통해 간신히 들여다보이는 건 일련의 잔물결 혹은 줄무늬들이다. 물기가 있는 상태와 없는 상태의 교차로 이루어진 이 잔물결들은 애그니스 마틴의 그림에 등장하는 엷은 색 띠들만큼이나 은은하다. 나는 이렇게 교차하는 구조가 어떤 극적인 사건보다도 이야기의 주요한 긴장과 움직임을 잘 표현해준다고 생각한다.

　이 소설의 도입부를 이루는 매우 절제된 문장들을 아래에 옮겨본다.

　　J.P.와 나는 프랭크 마틴의 금주 시설 앞 현관에 있다. 프랭크 마틴의 시설에 있는 우리와 마찬가지로, J.P.는 무엇보다도 술주정뱅이다. 하지만 굴뚝 청소부이기도 하다.

이렇게 뼈대 말고는 아무것도 없는 도입부를 통해 카버는 반대항들로 이루어진 무늬를 이야기 속에 펼쳐 보이기 시작한다. 금주/술주정뱅이/굴뚝 청소부. 건조/습기/건조. 몇 행 뒤에는 또다시 건조함이 등장한다. N이 금단증상으로 오는 떨림이 자신의 경우에는 목 신경이 움찔거리는 것으로 나타난다며 이렇게 말하는 것이다. "입이 말라요. 그렇게 되면 그냥 음식을 삼키는 것도 힘들지."

이런 도입부 뒤에는 대체로 축축한 분위기의 한 단락이 등장한다. 티니라는 동료 입소자가—샤워를 해서 몸이 젖어 있고, 머리는 뒤로 바싹 붙여 넘겼고, 막 면도한 얼굴에 난 칼자국에서는 피가 배어 나오는 그는 12월 31일에는 집에서 핫초콜릿을 마시게 되기를 꿈꾸는 남자다—식탁에 앉아 자신이 술 마시던 시절의 이야기를 들려주고, 다른 남자들은 스크램블드에그를 먹으며 커피를 마신다. 그런데 그때 갑자기 티니가 발작을 일으킨다. "공기 좀 통하게 해줘!" 프랭크 마틴이 지시를 내린다. 습기, 그다음엔 건조.

티니의 이야기가 끝난 뒤, 우리는 J.P.와 함께 현관에 앉아 있는 화자에게로 돌아온다. 두 사람은 석탄 양동이를 재떨이 삼아 담배를 피우고, J.P.는 어렸을 때 물이 말라버린 우물 속으로 떨어졌던 이야기를 들려준다.

[J.P.는] 구조될 때까지 목이 쉬도록 소리를 질러댔다… 그는 거기 앉아 우물 입구를 올려다보았다. 멀리 위쪽에 파랗고 동그란 하늘이 보였다. 이따금씩 하얀 구름이 지나갔다… 우물 입구 위로 부는 바람 소리가 들렸고, 그 소리는 그의 기억 속에 강렬하게 남았다.

그는 목이 쉰 채 우물 입구를 올려다보며 그 위로 부는 바람 소리를 듣는데, 이는 알코올의존증이 있는 사람이 느끼는 금주 상태의 감각으로 하나의 위협과도 같다. 입속에, 침을 삼키는 목구멍에 퍼지는 바싹 마른 느낌, 사막과도 같은 그 감각. 하지만 동시에 파란 하늘이 있어서 J.P.도 독자도 술을 끊는 것이 위협적으로 느껴질지언정 그 안에는 어떤 가능성이 깃들어 있다는 걸 알아차릴지도 모른다. 그 가능성은 희망적인 생각이고, 그 희망은 다음 단락에서 J.P.가 록시를 만난 일을 묘사하면서 더욱 자라난다. 굴뚝 청소부인 록시는 J.P.에게 키스해 그의 입술을 화끈거리게 만든다. 금주 상태의 좋은 측면이 다시금 입속에 느껴지는 것이다.

하지만 금주 상태를 감각하는 두 가지 방식(사막 대 구원)을 제시하는 이 단락 다음에는 또다시 반대항이 나온다. J.P.와 N이 현관에 앉아 있는데 비가 내리기 시작한다. 이제 J.P.는 자신이 록시와 결혼했는데도 술을 점점 더 많이 마셔댔고, 오래지 않아 인생이 무너져내리기 시작했다는 이야기를 들려준다.

오랫동안 그는 오직 맥주만 마신다. 종류는 상관없었다. 하루 24시간 내내 맥주를 마실 수도 있었다고 그는 말한다. 그러다가… 맥주에서 진토닉으로 주종을 바꾼다… [오래지 않아] 그는 도시락 가방에 보드카가 든 보냉병을 넣고 출근하게 된다.

이 단락에서 카버는 술을 구체화한다. 술, 맥주, 진토닉 같은 단어가 거의 스무 번 가까이 등장하며 독자를 거의 술에 빠져 죽게 만드는 것이다.

곧 우리는 건조한 지대로 되돌아온다. 날은 춥고, 남자들은 스웨터를 입고 시가나 담배를 피우며 꽁초를 석탄 양동이에 던져 넣고 있다. 그들의 입에서는 연기가 흘러나오고, J.P.는 거의 숨을 내쉬지 않으며, 시가 연기가 훅 하고 뿜어져 나온다. 이 모든 명사와 세부 묘사는 완벽하게 자연주의적이지만, 그 정서는 점점 쌓여가며 하나의 일관된 분위기를 만들어낸다. 그다음 부분에서 N이 자신이 이곳에 오게 된 여정을 회상할 때면 더더욱 그렇다. 이곳에 도착한 날 밤, N은 여자친구와 함께 폭풍우를 뚫고 샴페인을 마시며 차를 몰고 왔다. 여자친구의 자궁경부암 검사 결과가 막 안 좋게 나온 터라 둘은 그것을 이유로 술을 마시기 시작한 것이다.

와인, 블러디 메리, 버번을. 습기와 습기와 습기.

　이야기는 이런 식으로 습기와 건조함 사이를 왔다갔다 한다. 하지만 그런 변화는 우리 머릿속에 의식적으로 인지된다기보다는 입속과 목구멍에 아주 희미하게 감지되는 느낌에 가깝다. 이는 체화된 형태의 인식이다. 이 이야기의 미묘한 상징 체계 속에서 숨결은 연기나 바람과 비슷하고, 남자들 자신은 말라버린 우물이나 재투성이 굴뚝과 다름없는 존재, 바람과 연기가 통과해 흘러가는 존재다. 그리고 여기서 문제가 있다면, 말라버린 우물이나 굴뚝이 되는 일이—다시 말해 술을 끊는 일이—죽음처럼, 재가 되어버리는 일처럼 느껴진다는 것이다. 자신의 목구멍을 석탄재가 쌓이고 어딘가 고장 난 굴뚝이라고 감각한다는 것. 거기에는 어떤 고치기 힘든 병 같은 구석이 있다. 하지만 살아남기 위해 N은 술을 끊어야 한다. 죽는 것처럼 느껴지는 바로 그 일을 해야 하는 것이다. 끔찍한 역설이 아닐 수 없다. "나의 어떤 부분은 도움을 받고 싶어 했다." 그는 말한다. "하지만 그렇지 않은 부분도 있었다."

　이렇듯 습기와 건조함을 오가며 만들어지는 잔물결을 통해 눈에 들어오게 된 문제는 소설 끝부분에서 명백하게 드러난다. 프랭크 마틴이 남자들에게 책 한 권을 추천한다. 잭 런던의 《야성의 부름》이다. 화자는 아직 그 책을 읽지 않았다. 하지만 소설 끝부분에서 그는 아내와 함께 보냈던 어느 날 아침의 사랑스러운 기억을 떠올리고는, 자기 자신으로 존재한다는 데 갑작스레 기쁨을 느낀다. 이는 그가 삶을 긍정하는 유일한 순간인데, 그 순간 그는 잭 런던의 또 다른 단편소설 〈불 피우기〉를 떠올린다.

> 유콘에 있는 그 남자는 얼어 죽을 것처럼 춥다. 상상해보라. 불을 피우지 못하면 그는 실제로 얼어 죽을 것이다. 불이 있으면 양말과 여러 가지를 말릴 수 있고 몸도 덥힐 수 있다.
> 그는 불을 피우지만, 무슨 일인가가 생긴다. 나뭇가지 하나에 얹혀 있던 눈이 불 위로 떨어진다. 불이 꺼진다. 그러는 동안 날은 더 추워진다. 밤이 다가오고 있다.
> 나는 주머니에서 약간의 잔돈을 꺼낸다. 먼저 아내에게 전화를 걸어볼 것이다. 아내가 받으면, 새해 복 많이 받으라는 인사를 건넬 것이다. 하지만 그게 다다. 할 말을 꺼내지는 않을 것이다. 목소리를 높이지도 않을 것이다. 아내는 내게 어디서 전화를 걸고 있느냐고 물어볼 것이고, 그러면 나는 대답해야 할 것이다.

지금까지 이 이야기의 내밀한 논리 속에서 불은 술을 끊는 일의 지독함, 재로 뒤덮인 그 죽음 같은 느낌을 의미하곤 했다. 하지만 이제는 아니다. 이제 불은 삶을 의미한다.

화자는 그것을 안다. 자신에게 무엇이 걸려 있는지 아는 것이다. 어쩌면 그는 "약간의 변화change°"를 겪고 있는지도 모른다. 어떤 의미에서 이 이야기는 고전적으로 에네르게이아적이다. (존 가드너를 경유해 아리스토텔레스에게로 돌아가보자.) 다시 말해 상황 속에 잠재해 있던 가능성이 실현되는 것이다. 그럼에도 극적인 사건은 거의 침묵에 가까울 정도로 미미하게 작동한다. 삶이 종종 그렇듯이 말이다. 변화의 체계는 작고 심리적이며, 극적인 사건들이 아니라 습기와 건조함 사이의 이런 교차를 통해 나타난다. 이런 교차가 만들어내는 미묘한 긴장은 잭 런던의 소설 속에서 두 지대가 만나는 순간 마침내 해소되는 것처럼 보인다. 호 구조 같은 건 없다. 이야기는 나아가고, 이런 잔물결 패턴을 통해 다소간의 해결에 이른다.

함께하기 대 차단하기
토바이어스 울프 《막사 도둑》 다시 보기

이 중편소설 전체를 고동치며 흐르는 이상한 에너지, 모든 페이지를 끊임없이 뒤흔들다가 결국 극적인 사건이 중

° change는 인용된 소설 본문에서는 '잔돈'이라는 뜻으로 쓰였다.

심부에서 부풀어 올라 최고조에 달하게 만드는 그 은은한 긴장을 분석하기 위해서는 작품을 여러 번 읽어야 했다. 이 긴장은 반대되는 두 가지 충동, 즉 '친밀감과 신뢰' 대 '분노와 분리'가 꾸준하고도 불안하게 결합된 것이다. 필립의 아버지가 잠든 아들들을 지켜보며 그 애들을 찾아올지도 모르는 사악함을 상상하는 장면에서, 울프는 이렇게 두 어조로 된 음색을 울려낸다. 심지어 가장 친밀한 공간—침대에 들어간 아이들을 아버지가 지켜보는 상황—에서도 칼날은 번뜩이는데, 해를 끼치는 자가 바로 그 아버지이기 때문이다. 자신의 동류에게 등을 돌리는 인간은 어떤 인간인가? 이것은 우리가 앞에서 살펴보았듯 이 소설의 핵심 질문이며, 그 자체로 '자신의 동류에게/등을 돌린다'라는 이중의 음색을 울리고 있다. 그 음색이 다시금 들려오는 건 필립이 "대체로 아버지를 몹시 싫어함으로써" 아버지 없이 지내는 법을 배우는 과정에서다. 사랑과 친밀감은 오염되어 있다. 이 이중의 음색은 문장 내부에서도 종종 울리지만, 그것이 가장 분명히 드러나는 건 소소한 사건들, 공감하려는 충동이 그 반대의 충동과 충돌하는 사건들 속에서다. 이를테면 다음의 짧은 장면을 살펴보자. 이 장면에서 필립은 아버지가 떠난 뒤로 가족이 무너져 내린 현실에 분노하고 있다.

어느 날 밤 파리에서 돌아와 [그는] 좋은 이야기를 나누고 싶다는 생각에 [동생] 키스를 흔들어 깨웠는데, 키스가 깨어난 뒤에도 그 애의 몸을 계속 흔들었다⋯

"네가 맡은 부분을 해야지." 필립이 말했다.

키스는 그저 그를 쳐다보기만 했다.

"젠장." 필립이 말했다. 그는 키스를 다시 베개 쪽으로 밀쳤다. "울어." 그는 말했다. "빨리, 울라고." 그는 정말로 키스가 울기를 바랐다. 그 애를 안아주고 싶어서였다. 하지만 키스는 고개를 저었다. 그러고는 벽 쪽으로 고개를 돌렸다.

필립은 고등학교 친구와도 이런 밀고 당기기를 되풀이한다. 함께 차를 타고 가며 이야기를 나누던 중 필립은 불현듯 두 사람이 더 이상 친구가 아니라는 사실을 깨닫는다. 그는 누군가 혹은 무언가를—그 소년을? 자신을? 자신의 삶을?—응징이라도 하듯 창문에 돌을 던지기 시작한다. 친구는 겁에 질리고, 필립은 방금 한 행동을 후회한다. 필립은 사과하지만 소년은 사과를 받아주지 않고, 그래서 필립은 다시 공격을 해야만 한다. 이번에는 친구를 모욕한다. 오래지 않아 필립의 아버지인 가이가 집에 억지로 들어오려고 하며 가족들을 겁에 질리게 만들자, 필립은 그에게 물러나라고 경고한다. 그리고 뒤따르는 건 손짓으로 구성된 안무다. 이 소설에는 손을 쓰는 안무가 아주 많이 등장한다. 가이는 아들의 뺨에 손을 올려놓지만, 필립이 조리대를 빤히 내려다보자 가이는 손을 치운다. 그런 다음 가이는 아들에게 선물을 준다. 접이식 자전거다. 하지만 그걸 타는 방법을 보여주다가 그는 넘어진다. "나 좀 도와주렴, 아들." 그는 땅바닥에서 말한다. 하지만 필립은 움직이지 않는다. 아버지가 다시 부탁하지만, 필립은 가버린다.

친밀감과 경멸의 이런 교차는 몇 번이고 반복해서 일어나는데, 몇 년 뒤 포트 브래그의 탄약고에서 벌어지는 핵심 사건에서 가장 극명하게 드러난다. 필립은 서로를 잘 모르면서 마음에 들어 하지 않는 세 명의 신병 중 한 명이 되어 그곳에 있다. "독립기념일을 보내는 방법으로 내가 가장 피하고 싶었던 건 루이스와 허바드와 함께 보초를 서는 것이었다." 필립은 말한다. "우리는 같은 날 도착했고, 그때부터 쭉 서로를 피해 다녔다. 그들이 나와 마찬가지로 외롭다는 걸 알 수 있었지만, 우리는 거리를 유지했다." 정확히 말하자면, 그들은 '동류'이기 때문에 서로에게 등을 돌린다. 하지만 그날 탄약고에서 루이스가 철조망 근처를 지키는 동안 필립과 허바드는 이야기를 나눈다. 허바드는 고향에 있는 친구들을 그리워하며, 필립에게 고향에 있었으면 지금쯤 무엇을 하고 있었을 것 같냐고 묻는다. 이는 후에 자기가 해봤던 "상상해봐"라는 게임, 다름 아닌 남들을 상상하는 게임에 관해 이야기하게 될 이 청년에게서 나오는 분명한 공감의 표시다. 필립은 오래전 독립기념일의 기억을 떠올린다. 그는 그날 밤을 가족과 함께 모텔에서 보냈었다.

> [그] 기억은 오래된 것이었다. 하지만 오래된 것처럼 느껴지지 않았다. 그 일은 방금 일어난 듯 생생하게 느껴졌다. 별이 빛나던 밤, 수영장을 둘러싼 열린 문틈들 사이로 흘러나오던 부드러운 목소리들. 물이 너무 따뜻해서 그게 물이라는 것도 자신의 피부가 있다는 것도 잊었었다. 수면 아래서 키스와 악수하고, 수영장 바닥에 앉은 채 머리 위로 불꽃을 뿜는 폭죽을 올려다보던 일, 그 빛으로 온통 반짝이며 물결치던 수면. 위쪽 발코니 난간 위로 몸을 기대고 우리를 내려다보며 부르던 아버지. 이제 그만 놀자, 애들아. 들어와라. 늦었다.

이곳은 낙원이지만 이제는 사라진 낙원이다. 이 기억 속에서, 그리고 소설의 첫 장면에서 펼쳐지는 안무를 보라. 두 장면 모두에서 아버지는 아들들을 내려다본다. 하지만 "방금 일어난 듯 생생한" 이 기억 속에서 그는 아들들을 향해 다가올 사악함을 상상하는 게 아니라, 아버지라면 응당 그러듯 아들들에게 마음을 쓴다. 그리고 형제는 물속에서 악수를 한다. 한 아이가 분노에 차 다른 아이의 몸을 흔드는 게 아니다. 이렇듯 섬세한 공감 속에서 경계의 해체가 일어난다. 이는 필립이 기억 속에서, 그리고 그리움에 잠겨 허바드와 나누는 대화 속에서 경험하는 해체다. 하지만 그로부터 불과 몇 페이지 뒤에 우리는 다시 고립을 향해 기울어진다. 철조망을 지키던 허바드가 돌아오자, 필립은 그를 보게 되어 반가워한다. 허바드는 손을 흔들고 필립도 손을 마주 흔들지만, 허바드는 그를 "기묘하게 빤히 바라본다". 그리고 필립은 허바드가 실은 "얼굴에 날아드는 모기 몇 마리를 쫓으려고 손을 휘젓고" 있었던 것임을 깨닫는다.

    손은 계속해서 결속과 배제 둘 다의 표지가 된다. 탄약고 철조망으로 다가온 두 명의 민간인이 신병들에게 경고한다. 불씨가 이쪽으로 날아오면 폭발이 일어나 모두 죽을 수도 있다는 것이다. 이 남자들은 철조망에 손을 얹는 실수를 저지르는데, 신병들은 그런 경우 총을 쏘라는 명령을 받은 상태였다. 루이스가 맨 먼저 남자들에게 물러서라고 말한다. 그런데 갑자기 그와 허바드 사이에 어떤 긴장감이 번뜩이더니, 허바드 역시 같은 말을 하며 소총을 남자의 머리에 겨눈다. 세 명의 신병은 이렇듯 무모하고 분노에 찬 행동에 동참하는데, 이 행동의 위력은 무엇보다도 결속감에서 나온다. 친밀감은 오직 타인에 대한 분노 속에서만 발생하기도 하니 말이다. 그 뒤로 그들은 "서로에게서 떨어지고 싶지 않았다". 필립은 말한다. "내가 가운데 있었다. 나는 생각 없이 두 팔을 뻗어 그들 어깨에 둘렀다. 우리는 완전히 흥분해 있었다. 웃음이 멎을 때마다 누군가 킥킥대기 시작했고, 그러면 다시 웃음이 터졌다." 그 뒤에도 타인들에게 맞서 하나가 되는 순간들이 잠깐씩 이어진다. 그리고 마침내 어느 순간에 이르면, 이 미세한 긴장의 체계는 중심으로 떠오르며 이 소설의 주요한 극적 사건으로 수렴된다. 필립이 허바드와 편을 먹고 루이스에게 맞서는 순간이 그것이다.

흥미롭게도 이 소설에서 인간적인 연결에 가장 가까이 다가가는 사람은 무자비한 루이스다. 비록 그 연결이 곧 혐오감으로 대체되기는 하지만 말이다. 루이스를 캠프에서 시내까지 차에 태워주던 학교 교사는 그의 부어오른 손을 알아차리고 결국 그를 자기 집으로 데려간다. 거기서 교사는 루이스의 손에 칼라민 로션을 발라준다.

화끈거리는 피부가 로션을 빨아들인다. 교사는 로션병을 흔든 다음 루이스의 손목 바깥쪽에 직접 몇 방울 더 떨어뜨린다. 루이스는 몸을 뒤로 기대고 눈을 감는다. 방 안은 서늘하고 푸르다. 바깥에서 홍관조 한 마리가 노래하고 있다. 교사가 식별할 수 있는 세 종류의 새 중 하나다. 그는 루이스의 손에 로션을 문지르며 열기가 조금씩 사라지는 걸 느낀다. 그의 손은 원을 그리며 리드미컬하게 움직인다. 잠시 후 그는 자신이 무엇을 하고 있는지 잊어버린다. 언제나 쓰려오는 위장을 잊고, 자신이 가르치는

'망나니' 아니면 '헤픈 여자'가 되기로 작정한 듯한 아이들을 잊어버린다. 이 집에 대한 증오심과 다른 어딘가에 있게 될지도 모른다는 두려움을 잊는다. 자신이 철저히 혼자라는 느낌을 잊어버린다.

루이스도 마찬가지다.

그러다가 방 안은 조용해지고 회색이 된다. 교사는 새소리가 언제 멎었는지 알지 못한다. 그는 자신과 루이스의 손이 맞닿은 곳을, 손가락들이 서로 얽혀 있는 곳을 내려다본다. 루이스는 처음으로 가만히 있는다.

하지만 하나로 녹아드는 이런 순간은, 형제가 수영장 물속에서 악수를 하거나 병사들이 서로의 어깨에 팔을 두르는 것 같은 순간은 오래 지속되지 못한다. 혐오와 분노의 힘이 더 세기 때문이다.

이렇게 양극 사이를 오가는 움직임이 마지막으로 드러나는 장면이 있다. 루이스는 동료들의 돈을 훔쳐 성매매 여성을 찾아간다. 그 여성은 심지어 루이스보다 더 무자비한 인물이다. 여자가 루이스를 "지배하는" 거친 섹스를 하고 난 뒤, 두 사람은 잠든다.

루이스가 깨어나 보니, 여자는 눈을 뜨고 있다. 그를 지켜보고 있다. 어이, 루이스는 말한다. 그러고는 손을 뻗어 여자의 뺨을 만진다. 그러면서 잠들기 전에 하고 있던 말을 다시 한다. 사랑한다고.

여자가 그의 손을 밀쳐낸다. 쓰레기 같은 새끼, 그렇게 말하면서. 여자는 미끄러지듯 침대에서 내려가더니, 바닥에 떨어져 있던 핸드백을 찾아 그 안에서 칼을 꺼낸다.

자신의 동류에게 등을 돌리는 인간은 어떤 인간인가? 동료들에게서 돈을 훔치는 루이스, 친구가 되고 싶어 하는 루이스의 희망을 거절하는 필립, 자신의 아들들을 저버리는 가이가 그런 인간이다. 죄, 응징, 다시 죄. 이런 순환은 저주로 시작된 고대의 전설만큼이나 무섭고 몸서리가 쳐진다. 한 남자가 자신의 조카들을 불에 구워 그들의 아버지에게 대접한다. 피해를 입은 아버지를 대신해 누군가 복수를 해야 하고, 가해자를 벌한 사람은 또다시 벌을 받아야 하며, 그런 일이 대대로 이어진다. 아이스킬로스는 《오레스테이아》에서 이 모든 과정을 보여준다. 그 작품에서 이 무시무시한 체계는 오직 원초적인 분노를 품은 영혼들이 — 복수의 세 여신이 — 본성을 버리고 '상냥한 존재'가 되어야만 끝날 수 있다. 《막사 도둑》에서 막사에 있는 남자들은 그저 짐승처럼 그 패턴을 계속 반복하고, "담요 파티"라는 의식을 치르며 루이스를 구타한다. 그들이 루이스의 머리에 담요를 덮어씌우기 직전, 그는 필립을 빤히 바라보는 것처럼 보인다.

루이스의 두 눈은 아주 커다래 보였다. 짐승의 눈처럼 번쩍이지도, 빛을 머금고 있지도 않았다. 그의 얼굴은 전적으로 인간 같았다.

그는 미동도 없이 앉아 있었다. 그 두 눈이 나를 쳐다보고 있다는 생각이 들었다. 틀림없이 나를 알아본 것 같았다. 담요가 그의 머리에 씌워지자 나는 너무 혼란스러워서 아무것도 할 수 없었다. 그 행동에 끼지도 않았지만, 막으려 들지도 않았다. 심지어 어떤 남자처럼 그 자리를 뜨지도 않았다. 나는 그 자리에 그대로 서서 그들이 그를 구타하는 걸 지켜보았다.

끼기와 끼지 않기. 얼굴을 만지고 화끈거리는 손을 진정시키기와 그 손을 밀쳐내기. 침대에서—다른 어디겠는가?—친밀감을 갈망하기. 하지만 심지어 침대조차도 폭력의 장소가 된다. 이 소설을 읽어나가는 동안 나는 내가 결속과 혐오로 이루어진 잔물결을 계속 번갈아 지나가고 있다고 느꼈다. 하나는 곧 다른 하나가 된다. 이 음울한 되먹임 체계는 절대 멈추지 않을지도 모른다. 필립의 경우에는 정말로 그렇다. 침대에 들어가 있던 어린 시절의 그날 밤, 아버지에게 버림받으면서 시작된 이 왕복 운동은 소설의 끝까지 이어진다. 필립은 끼지도 자리를 뜨지도 않는 사람이 된다. 이웃은, 그래, 이웃은 있지만, 그 이웃이라는 사람들은 필립이 자신의 친구가 아니어서 기뻐하는 사람들이다. 뇌가 술에 절어 있던 카버의 화자는 "작은 변화"의 지점에 도달하지만, 필립은 죽음 같은 양가감정의 지대에 끝까지 남아 있다.

수많은 작은 파도
마리 르도네 《장엄호텔》

습기 대 건조함. 함께하기 대 차단하기. 잔물결 패턴으로 만들어진 또 다른 경장편소설로는 《장엄호텔 Hôtel Splendid》을 들 수 있다. 이 소설의 서사는 시간순으로 진행된다. 우리는 어느 한순간에서 출발해 시간의 흐름에 따라 앞으로 밀려간다. 하지만 이 소설에는 플롯이라 할 만한 게 거의 없다. 이 작품의 에너지는 목소리로부터, 그리고 몸부림과 성공과 실패로 이루어진 수많은 작은 파도로부터 나온다. 이 모든 것은 하나의 물리적 공간에 압축되어 있다. 지하에 호수가 있는 지대에 세워진, 늪으로 둘러싸여 쇠락해가는 호텔이다.

이름 없이 나이를 먹어가는 우리의 화자는 할머니로부터 물려받은 이 호텔을 운영하려 애쓰고 있다. 그와 동시에 자신의 어이없는 언니들인 아다와 아델 역시 돌보고 있는

데, 그들은 (유명한 연기자가 되겠다는!) 허황된 야망 아니면 (속이 썩어 들어가는) 병을 키우고 있다. 호텔을 드나드는 손님들은 죄다 남자이고 하나같이 떼로 몰려온다. 그들은 영업사원, 탐사자, 지질학자, 측량기사 혹은 엔지니어로, 늪을 연구하거나 그 위에 다리를 짓거나 메워 없애려는 사람들이다. 자주 찾아오는 또 다른 방문객들은 이 호텔에 절실히 필요한 배관공, 지붕 수리공, 목수, 장식장 제작자 같은 인력, 그리고 쥐, 거미, 모기, 파리 떼다. 우리의 화자는 언제나 현재 시제로 앞을 향해 나아가면서 막힌 변기, 무례한 손님들, 제멋대로인 언니들, 그리고 악천후와 싸우는 과정을 자세히 말해준다. 방금 화장실에서 승리를 거뒀나 했는데, 몇 줄을 읽고 나면 또다시 시작된 누수가 화자의 현재 상황이 되어 있다. 그리고 이 이야기는 보통의 소설이라면 제공할 법한 친숙한 표지들을 전혀 제공해주지 않는다. 구획이 있긴 하지만 장章의 명확한 구분은 없고, 들여쓰기나 대화도 없다. 다시 말해 우리의 화자에게 쉴 틈이 없는 것만큼이나 독자 역시 마찬가지인 것이다. 그 효과는 절망적이면서도 신랄하게 웃기다. 독자는 시간이 지나면서 점점 기력이 빠지는 걸 느끼게 된다.

여기, 수없이 많은 그런 조그만 파도들 가운데 한 예가 있다.

추운 계절에 이토록 바퀴벌레가 들끓는 건 처음이다. 위생 상태에 무슨 문제가 있는 게 틀림없다. 그렇지 않고서야 이렇게 많은 바퀴벌레가 나올 리 없다. 아델은 내가 무능하다고, 그래서 장엄호텔이 이 꼴인 거라고 말한다. 아델은 자기 방 블라인드가 고장 나서 몹시 화가 나 있다. 낮 동안 방 안을 반쯤 어둡게 해놓지 않고서는 더 이상 살 수가 없다는 것이다. 연기 연습을 하려면 그렇게 반쯤 어두운 상태일 필요가 있다고 한다. 아델은 장엄호텔이 자기 경력을 망치고 재능을 파괴하고 있다고 비난한다. 그러면서 내게 상처를 주려 든다. 혹시 내가 무능하다는 건 사실이 아닐까? 할머니가 돌아가신 뒤로 장엄호텔은 왜 이렇게 빠르게 내리막길에 들어선 걸까? 그렇게 오래된 호텔도 아닌데. 할머니가 돌아가셨을 때 장엄호텔은 새것이나 마찬가지였다. 어쩌면 내겐 할머니가 생각했던 것만큼 호텔을 운영할 능력이 없었는지도 모른다. 할머니가 내 힘을, 능력을 과대평가했을 수도 있다. 나는 아델의 말에 너무 많이 휘둘리고 있다. 아델은 나를 낙담시키고 싶어 한다. 내가 장엄호텔 일을 하는 데 시간을 보내야 해서 자신의 연기 재능에는 관심이 없다고 여기며 샘을 내고 있는 것이다. 할머니가 이해된다. 장엄호텔은 할머니의 인생이었다. 내게도 그렇다. 장엄호텔이 없다면 난 뭐가 될까? 아델의 말에 귀를 기울이지 말아야겠다. 전기 수리공을 불렀다. 장엄호텔 간판 네온사인이 고장 나서 더 이상 어둠을 밝히지 못하고 있었다.

이런 식으로, 다음의 작지만 치명적인 문제로, 다시 그 다음의 간단한 해결책으로, 이어서 또 다른 작은 문제의 습격과 그에 대한 아주 간단한 해결책으로, 계속되고 또 계속된다. 아주 작은 파도들은 대부분 이것보다도 작아서, 희망이 있었다 없었다 하며 한 줄씩 바뀌는 어조가 거의 호흡처럼 느껴진다. 그 파도의 한 조각을 여기 소개한다. 노동자들이 호텔에 묵고 있다. 그들은 더위 때문에 밤늦게까지 깨어 아델의 연극적인 행동을 보며 즐거워하고 있다.

이토록 자신에게 주의를 기울여주는 관객이 있다는 건 아델에게 정말로 큰 행운이다. 아델은 파티에라도 가는 사람처럼 화장을 하고 멋진 옷을 차려입는다. 가슴이 깊게 파인 원피스를 입는다. 하지만 아델은 이제 그렇게 젊지 않고, 원피스도 별로 어울리지 않는다. 그럼에도 아델은 자신을 드러내길 두려워하지 않는다. 노동자들은 아델의 여러 결점에도 불구하고 아델의 진가를 이해하는 듯 보인다. 아델은 그들과 어떻게 대화해야 하는지 안다. 좀 젊은 사람들은 아델 주위에 모여 있다. 아델은 이 무더위를 훌륭하게 활용 중이다. 아델은 정원에서 보내는 긴긴밤을 좋아한다. 심지어 정원을 더 쾌적한 곳으로 만들겠다며 호텔 주위의 관목 지대를 없애기까지 했다. 하지만 모기들이 물어댄다. 아델의 몸에는 물린 자국이 가득하다. 나라면 그렇게 가슴이 깊게 파인 원피스는 입지 않을 텐데. 아델의 이런 모습은 처음 본다. 노동자들은 더위 때문에 술을 많이 마신다. 목이 바짝 말라 있는 것이다. 나는 밤늦게까지 술을 서빙한다. 돈이 들어오고 있다. 나는 불평하지 않는다. 아다의 약값이 비싸기 때문이다. 술 서빙을 하지 않을 때면 나는 위층으로 올라가 아다를 살펴본다. 아다는 더위 때문에 숨쉬기 힘들어하고 있다. 정원에서 올라오는 목소리들 때문에 잠도 제대로 이루지 못한다.

그럼에도 이런 진부한 사건들의 덤불 속에서 불쑥불쑥 튀어나오는 건 드물고도 뻐딱한 관찰이다. 그 관찰은 시종일관 너무도 즉물적인 전체 상황에 문득문득 창 하나씩을 열어주는 듯하다. "갑자기 나는 내가 이제 그렇게 젊지 않다는 걸 깨달았다." "동시에 생각해야 하는 일이 너무 많다." "중요한 건 오직 현재뿐이다." "나는 모든 것이 얼마나 덧없는지 깨닫고 있다." "사람들이 변하는 걸 보면 참 우습다." "상황에 아무 진전이 없다." 이런 식으로 아주 작은 긴장들, 혹은 아주 작고 극적인 사건들 사이를 미끄러져가는 동안—우리의 주인공이 위층 화장실을 수리하게 되든, 아다나 아델이 새로 온 남자 손님들을 불쾌하게 만들든 간에—순간순간 확 타오르며 빛나는 통찰을 발견하게 된다. 그리고 이런 통찰이야말로 이 이야기를 그저 일상 속 분투에 대한 설명 이상의 것으로 만든다. 아니, 어쩌면 매일의 소소한 전투를《일리아스》같은 서사시로 바꿔놓는지도 모른다. 그리고 이 소설에는 끝이 있다. 분명 이 가차 없는 작은 파도들을 가라앉히는 방법도 있기는 할 테니까. 그들이 아니었으면 텅 비어 있었을 호텔에서 아다와 아델이 병으로 죽자, 마지막 손님이 도착한다. 이 호텔에 혼자 온 첫 번째 손님이다. 늪 주위의 모든 것이 쌓인 눈 속에서 빛나는 가운데 그 남자 손님은 평화롭게 등장하고, 화자에게 많은 것을 요구하지 않는다. 다만 그는 조용하지만 친절한 죽음의 영혼, 화자의 지친 삶을 마무리지으러 온 영혼처럼 보인다.

비평가들은 그동안《장엄호텔》을 프랑스 문학의 해체를 보여주는 작품으로 해석해왔다. 분명 마지막 페이지에 이르면 구조나 건축물에 관련된 거의 모든 것은—호텔과 그곳의 인물들은 말 그대로—해체되어 있고, 하늘에 걸린 호텔의 네온사인 하나만 남아 있다. 그리고 그 네온사인마저 온전하지 못해서 그저 장엄splendid만이 형용할 명사를 찾지 못한 채 남아 있다. 그럼에도 나는 이 소설이 남성적이며 성적인 호 구조에 대한 비판이기도 하다고 생각한다. 이런 것이 여성적 글쓰기 écriture feminine일까? 나는《장엄호텔》을 다음과 같이 해석한다. 떼로 몰려오는 남성 손님들을 "받아들이는" 세 여성 인물, 자신들이 살고 있는 호텔처럼 부패해가는 세 여성의 신체, 그리고 그들이 깔고 앉은 늪처럼 부풀어 올랐다 가라앉는 무언가로. 하나의 커다란 파도 대신 무수한 작은 파도들로 바다를 이루는 이 작품은 그 전체가 하나의 페미니즘적 비판이다. 화자는 존재하고, 자신을 유지한다. 자신을 둘러싸고 요동치는 긴장의 장場을, 거의 악의적인 음모가 외부에서 다가오는 듯한 그 감각을 언어로 표현해낸다. 그러면서 자신의 장소와 몸과 자아를 온전하게 유지하려고 애쓴다. 만약 아리스토텔레스적인 의미에서 플롯이 인물로부터 유래한 것이라면, 이 작품은 그것과는 끔찍할 만큼 거리가 멀다. 이 작품에서 플롯은 인물 주위에 떼지어 몰려든다. 우리의 화자가 말하듯 "마치 일부러 꾸민 것 같다는 생각이 들 정도"다.

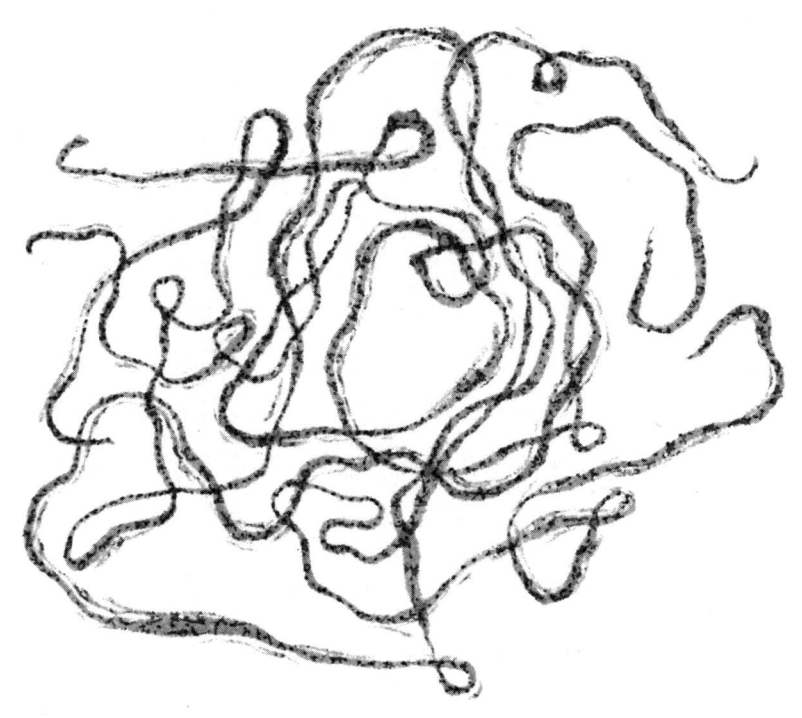

MEANDERS

구불구불한 선

 이제 파도나 잔물결 이외의 패턴을 따르며 또 다른 궤적을 남기는 서사를 살펴보자. 달팽이가 기어간 듯한 흔적이랄지, 내가 무언가를 적고 있는 이 페이지 위에 조그만 개미가 온통 기어다니며 남겨놓은 보이지 않는 흔적이 이에 해당할 것이다. 서사는 자연스레 결말을 향해 흐르기를 원하지만 아직은 그 결말에 다다르고 싶지 않을 수도 있다. 쾌락은 여정 속에 있으니 말이다. 그럴 경우, 서사는 모험 이야기처럼 길 위에 바윗덩어리 같은 갈등을 흩뿌리며 스스로를 지연할 수 있다. 하지만 고전적인 갈등은 지루할 수도 있으니, 이야기는 그 대신 사치스러운 아라베스크 문양의 우회로를 따라 흐르며 꾸물거린다. 이것이 구불구불한 선을 그리는 서사의 방식이다. 그 선은 한 지점에서 시작해 마지막 지점을 향해 나아가지만, 도중에 곁가지로 빠지면서 빙빙 돈다. 이탈로 칼비노는 말한다. "곁가지로 빠지기는 결말을 미루기 위한 전략이자 작품 내부에서 시간을 증식하는 전략이며, 영원한 회피 혹은 도피다. 무엇으로부터의 도피인가? 물론 죽음으로부터다."

구불구불한 선meander은 튀르키예의 멘데레스강Menderes River에서 유래한 단어다. 피터 스티븐스는《자연의 패턴들》에서 강물이 실제로 어떻게 흐르는지를 두고 이렇게 말한다. "강은 조용하지만 절박해 보이는 방식으로 굽이치고 돌며 흐른다. 바닥으로 직활강하는 것을 피하기 위해서다." 로스 챔버스("빈둥문학" 창시자)는 그보다는 조금 덜 걱정스러운 시선으로 바라보면서, 곁가지로 빠지는 일에서 순수한 쾌락을, 그리고 똑바름에 대한 경멸을 발견한다. 어느 쪽이든 이런 움직임에는 의도된 느낌이, 이쪽저쪽으로 굽어지는 일의 기쁨이, 방향을 바꾸며 시간의 미로를 느릿느릿 깎아내는 일에의 탐닉이 존재한다.

꼭 필요한 느림
머레이 베일 《유칼립투스》

베일의 이 장편소설은 동화, 백과사전, 허풍담, 그리고 (오스트레일리아) 소설에 대한 음울하고 건조한 비평이 절묘하게 뒤섞인 멋진 혼종이다. 유쾌하고 영리한 장면들이 가득하다.

줄거리를 빠르게 살펴보면 이렇다. 아내와 사별한 홀랜드라는 남자가 "시드니 서쪽, 산맥을 넘어 햇빛 속으로 속도 빠른 일제 차를 타고 네 시간쯤 달리면 나오는 곳에" 한 구획의 토지를 산다. 그러고는 그곳에 수백 종의 유칼립투스를 심는다. 그는 엘런이라는 놀랄 만큼 아름다운 딸이 있지만 딸을 어떻게 해야 할지 몰라 하고 있다. 그러다가 의외의 결정을 내리는데, 오직 자신이 심은 모든 유칼립투스의 이름을 맞히는 남자만이 딸과 결혼할 수 있다는 것이다. 이는 물론 이 소설의 동화적인 줄거리이고, 이 줄거리는 굵직하고 선명한 터치로, 끝으로 다가갈수록 심장박동을 점점 빨라지게 하면서 나아간다. 하지만 그 결말에 너무 빨리 도달해서는 안 된다! 그러기 전에 먼저 그 모든 나무를 말 그대로 하나하나 거쳐야만 한다. 결국 누군가 원하는 걸 얻으려면 홀랜드가 심은 모든 품종의 이름을 말해야만 한다.

홀랜드의 이례적인 결정에 대한 소문이 퍼지자, 구혼

자들이 문을 두드리기 시작한다. 대부분은 금세 탈락하지만, 그러던 중 어딘가 사람을 불안하게 만드는 나이 든 식물학자 로이 케이브가 등장한다. 케이브는 몇 주에 걸쳐 엘런의 아버지와 함께 나무들 사이를 쉬지 않고 걸으며 각 유칼립투스의 학명을 하나씩 맞히고, 엘런은 공포에 휩싸인 채 그 광경을 지켜본다. 하지만 그 끊임없는 행군이 중반쯤 이르렀을 때, 어떤 일이 일어난다. 정신없이 숲속을 배회하던 엘런 앞에 한 방랑자가 나타나 이야기를 들려주기 시작하는 것이다. 나무들 스스로에 의해, 나무들의 속명과 학명, 혹은 껍질과 줄기와 잎의 특징에 의해 불려 나온 이야기들이다. 음산한 로이 케이브(그의 이름은 '동굴의 왕'이라는 뜻이며, 젊은 여자들을 지하로 끌고 가는 하데스를 연상시킨다)와 달리, 그 낯선 사람은 나무들 사이를 쿵쿵거리며 똑바로 걸어가지 않고 이리저리 돌아다닌다. 어떤 날에는 나타났다가 바로 그다음 날 사라지기도 하고, 말하다 말고 딴 데로 가버려 엘런을 짜증 나게 만들기도 한다. 케이브가 "체계적인, 대단히 체계적인 사람이고… 언제나 앞으로 나아가고 있었던" 반면, 그 낯선 사람은 이리저리 어슬렁거리고, 그림자와 빛을 가지고 놀며, 엘런의 파국을 늦추면서 그의 셰에라자드가 되어준다.

혼자서는 파멸을 맞을 것이기에(지금 우리가 읽고 있는 건 페미니즘이 아니라 동화다) 엘런은 영웅을 필요로 한다. 로이 케이브는 순전히 수학적 확실성만 놓고 봐도 결국 엘런에게 도달하게 되어 있고, 게다가 엘런의 나이 든 아버지마저도 플롯과 언어 양쪽 차원에서 케이브와 같은 편이다. 베일은 이름들을 가지고 노는데, 그 이름들은 익살스럽게 구조를 드러낸다. "세상의 모든 사물에는 저마다의 역사가 있다… 그 역사는 이름에 의해 호출될 수 있다고 엘런은 들었다." 유칼립투스라는 단어는 '잘 감싸인'을 의미하며, 이는 나무의 꽃봉오리를 묘사한다. 꽃봉오리는 수분할 준비가 될 때까지 감싸인 채 남아 있다. 아직 결혼하고 싶은 생각이 없는 엘런처럼 말이다! 엘런Ellen이라는 이름은 '밝음' 혹은 '빛'을 뜻하는 ele에서 왔고, 엘런 특유의 "주근깨 난 아름다움"은 그가 자주 찾는 유칼립투스 숲을 닮았다. 유칼립투스의 "잎은 빛을 통과시킨다. 그 잎이 다시 만들어내는 그늘이 있다면 연약하고 무늬가 있는 종류의 그늘이다. 투명함, 어둠 없음, 이런 것들이 '유칼립투스의 속성'이라 부를 만한 것들이다." 그러므로 엘런은 밝음 속에 있는 나무들과 같고, 케이브의 어둠과는 전혀 닮은 데가 없다. 그리고 엘런의 아버지 홀랜드의 이름도 중요하다. 홀랜드는 그 지역에서는 드문 이름이라는 언급이 나와서 우리는 주의를 기울이게 된다. 홀랜드는 저지대라고도 불리는 네덜란드의 또 다른 이름이며, 이는 지하 세계 혹은 저승으로부터, 그리고 물론 저 아래라 불리는(유럽에서는 '뉴 홀랜드'라고 처음 불렸던) 오스트레일리아로부터 한 발짝밖에 떨어지지 않은 곳이다. 그러니 엘런의 아버지는 케이브가 지닌 지하 세계 같은 특성에 비밀스럽게 동참하고 있는 셈이다. 그 저승 같은 특성은 엘런과 같은 한 조각의 밝음을 가려버릴 수도 있다. 심지어 엘런 아버지의 침실마저 동굴을 닮아 있다. 그리고 이런 문장이 나온다. "아버지는 남자지만, 딸에게도 그런 건 아니다. 딸이 어디를 가든 아버지는 딸의 뒤에 혹은 옆에 비스듬히 서 있다. 그는 종종 딸의 어설픈 그림자가 된다. 딸이 아버지를 떨쳐내는 날은 절대 오지 않을 것이다." 소설 속에는 홀랜드와 케이브가 엘런의 비밀 나무(유칼립투스 메이더니)에 함께 소변을 보는 장면이 있다. 여기서 두 남자는 "내리깐 시선"을 나무껍질로 향한 채 소변을 흩뿌리면서, 하고 많은 것 중에 하필 뱀에 관해 이야기 나눈다. 이 부분을 읽으며 나는 엘런이 나이 든 남자들의 그 뱀 같고 더러운 어둠으로부터 도망쳤으면 하는 마음에 정말이지 속이 타들어가기 시작했다. 그리고 바로 다음 페이지에 낯선 청년이 나타난다. 엘런은 쿨리바나무 아래에 유쾌한 떠돌이°처럼 잠들어 있는 그를 발견한다. 엘런을 쟁취하기 위해 나무 사이를 행진하며 이름을 하나씩 맞히는 게 아니라, 그는 엘런에게 이야기를 들려주기 시작한다. 그러니 이건 살아 있는 이야기 대 학

○ 오스트레일리아의 민요 〈왈칭 마틸다〉에 나오는 떠돌이로, 자유롭고 저항적인 오스트레일리아 개척민을 상징한다.

술적 명명법, 예술 대 과학, 유혹 대 정복의 대결이다.

하지만《유칼립투스》의 먼지가 날릴 만큼 건조한 도입부는 다음과 같이 시작된다.

데세르토룸부터 시작해보자. 속명은 '갈고리잎말리'. 이 나무의 잎은 점점 가늘어지면서 가녀린 갈고리 모양으로 휘어지고, 보통 내륙의 반건조 기후 지역에서 발견된다. 하지만 데세르토룸은 (애초에) 수백 종의 유칼립투스 중 하나일 뿐이다. 정확히 몇 종인지는 알 수 없다. 그리고 어쨌거나 desert-or-um이라는 단어 자체가 이 나라의 진부한 풍경을 떠올리게 하고, 거기서부터 거의 일직선을 그리며 국민성이라는 개념으로, 영혼과 성대 속에 들어 있다는 그 모든 것들로 이어진다…

게다가 유칼립투스 데세르토룸에는 어딘가 호감이 가지 않는, 심지어 건강하지 못해 보이는 구석도 있다. 이 식물은 나무라기보다는 관목에 가깝고, 굵은 줄기라고 할 만한 것이 거의 없다. 그저 지면에서 바로 솟아난 여러 개의 가느다란 줄기, 발육이 멎은 것 같고 닿으면 **가려울** 것 같은 가닥들뿐이다.

이제 좀 더 보기 드문 유칼립투스 풀베룰렌타로 옮겨가 보는 게 좋을 것 같다. 이름부터 생동감이 넘치고, 잎들은 신기한 하트 모양인 나무다…

우리는 이렇게 좋아하는 품종을 예로 들며 언제까지나 이야기를 계속할 수도 있고, 소리의 울림이 그럴듯하거나 (그런 게 가능하다면) 일종의 요약을 해주는 학명들을 다시 살펴볼 수도 있을 것이다… 하지만 정작 필요한 것이라고는 시작 그 자체를 제외하면, 그런 것들과는 무관한 유칼립투스 한 그루, 하지만 그러면서도… 뭐, 그게 그렇게 중요하진 않다.

옛날옛날에 한 남자가 있었다. 그게 뭐 어쨌단 말인가?

이 소설은 세 페이지가 지나고 나서야 '옛날옛날에' 하는 식의 '시작'에 이르고, 또다시 30페이지나 지나고 나서야 홀랜드와 엘런 그리고 유칼립투스 나무들에 관한 이야기가 본격적으로 시작된다. 그러는 동안 우리는 저 거슬리고, 두서없고, 자기 할 말만 하는 화자의 말에 귀를 기울인다. 그에게는 활기 넘치는 플롯이 있는데, 왜 그렇게 많은 지면을 엉뚱한 데 쓰는 걸까? 주목할 만한 점은, 감탄스러울 만큼 느리게 시작되는 첫 장에 나머지 장들과 마찬가지로 유칼립투스의 이름이 —여기서는 오블리쿠아라는 이름이— 붙어 있다는 것이다. 그리고 oblique는 《옥스퍼드 영어 사전》에 따르면 '비스듬한, 주어진 직선이나 경로에서 벗어난, 정해진 목적지로 곧장 가지 않는'을 뜻하는 단어다. 이는 정확히 이 소설 속 이야기꾼이 — 그리고 이 소설을 서술하는 화자가, 다시 말해 동일 인물일 수 있는 두 사람이 — 앞으로 나아가는 방식이기도 하다. 우리는 유칼립투스, 방목지, 단락, 사진에 관한 긴 설명들을 맴돌고, 믿기 힘든 짧은 이야기들로 이루어진 풍경을 가로질러 빙빙 돌며 나아간다. 하지만 왜 이렇게 간접적이고 느린 방식을 택하는 걸까?

왜냐하면 우리의 이야기꾼이 유혹에는 그런 방식이 필요하다고 여기기 때문이다. 이 말도 안 되는 결혼 경쟁이 시작된 초기에, 한 무리의 소년들과 남자들이 와서 나무들의 이름을 알아맞히려 해보지만,

> 엘런은 그들 중 누구의 모습도 별로 마음에 들지 않았다. 그들은 전통적인 말들, 속삭임과 머뭇거림, 그럴듯한 말로 구슬리기, 희망 섞인 농담, 어색하게 어깨를 어루만지기, 한 남자의 에너지를 다 빨아들일 만큼 엄청나게 주의를 기울이는 태도, 그리고 일부러 보이는 무심함, 다시 말해 모자이크처럼 한데 어우러져 꼭 필요한 느림을 이루는 이 모든 구성 요소들을 생략하고 싶어 하는 남자들이었다…

아, 꼭 필요한 느림. 이 말은 플롯이 요구하는 것들과 이야기하기의 즐거움 사이에 존재하는 특별한 관계를 설명해

준다. 그래, 그래, 결말을 향해 가야지, 하지만 아직은 아니야. 조금 돌아다니면서 주위를 둘러보고 멈춰 서보는 건 어떨까. 계속 나아갈 시간은 충분하니 말이야…

엘런을 유혹하기 위해 꼭 필요한 느낌이란 바로 이야기를 들려주는 것이라고, 우리의 낯선 사람은 결론을 내린다. 그 이야기란 대체로 딸들과 아버지들, 낯선 사람들, 그리고 도주에 관한 이야기다. 《유칼립투스》는 호사스러운 이름과 혹처럼 솟은 부분, 솜 같은 덩어리를 지닌 나무들을 모아놓은 야외 식물원 같은 소설이자, 동시에 스토리텔링의 박물관 같은 소설이다. 이 소설에서 당신은 《오디세이아》《변신이야기》《천일야화》《템페스트》《피터 팬》 '아모르와 프시케' '잠자는 숲속의 미녀' 같은 이야기의 흔적을 발견하게 될 것이다. 거기에 더해 건조한 종류의 전원 이야기, 즉 테오크리토스와 《다프니스와 클로에》로부터 유래한, 시골 생활과 순진한 에로티시즘을 담은 이야기 역시 발견하게 될 것이다. (주목할 만한 사실 하나. '전원시인pastoralist'은 오스트레일리아에서는 '목양업자'를 뜻하기도 한다.) 그리고 스토리텔링storytelling과 걷기walking 사이의 연결고리는 또 어떤가? 우리의 화자는 방목지가 텍스트의 단락과 같다고 말한다. 사실 글쓰기는 한때 경작된 들판의 형태를 모방했었다. 농부가 황소를 몰고 밭 한 고랑을 간 다음 방향을 반대로 틀어 돌아가듯, 고대 그리스의 텍스트도 그런 식으로 기록되었

다. 황소가 몸을 돌린다는 뜻의 좌우 교대 서법boustrophedon°
으로 말이다. 그보다 좀 덜 알려진 개념은 노랫길songline인
데, 이는 오스트레일리아 선주민이 자신들의 땅을 걸으며
들려주는 이야기로, 풍경에 뿌리를 둔 이야기다. 시의 운율
을 이루는 박자는 처음에는 발걸음의 박자였고, '합창'과 '안
무' 사이의 연결고리였다. 그리고 텍스트의 절passage은 한
장소에 나 있는 통로passage이기도 하다. 이런 식으로 이야기
를 계속할 수도 있다.

 강이 언덕을 돌아가고 들판을 가로지르며 비탈을 따라
구불구불 흘러가듯이, 이야기 또한 그렇게 굽이굽이 나아갈
수 있다. 여기서는 U자형으로 굽이쳐 흐르고, 또 저기서는
천천히 돌아 흐르다가, 마침내 바다로 흘러드는 것이다.

굴절에 의한 초상화 기법
마르그리트 뒤라스의 《연인》 다시 보기

 앞에서는 《연인》에 흐르는 서사의 파도 구조가 전체 지
면의 절반도 차지하지 않는다는 점을 살펴보았다. 이 작품
의 60퍼센트는 이야기 가장자리에 있는 것을, 서사의 흐름

○ 줄마다 글자 방향이 반전되는 방식이다. 홀수 행은 왼쪽에서 오른쪽으로,
짝수 행은 오른쪽에서 왼쪽으로 쓰며, 글자 모양도 좌우가 뒤집힌다.

을 가로막는 단어 부스러기를 다루고 있다. 그것들은 거기서 무슨 역할을 하고 있을까? 이것이 《연인》의 한 가지 엉뚱한 점이다. 또 하나 엉뚱한 점은, 우리가 살펴보았듯 화자가 종종 자신을 일인칭에서 삼인칭으로 바꾼다는 점이다. 이런 결정들을 어떻게 생각해야 할까? 이 소설은 중심이 되는 그 개인적인 이야기 말고 또 무엇을 하고 있는 걸까?

그 정체불명의 남자는 우리의 화자에게, 당신이 소녀였을 때 사랑스러웠다는 걸 알지만 지금의—세월에 상한—얼굴이 더 좋다고 말한다. 그러자 화자는 젊은 시절의 그 얼굴을 곰곰이 생각하기 시작한다. 구체적으로는 오직 자신에게만 보이는 자기 이미지를. 그는 여러 페이지에 걸쳐 그 이미지에 천천히 다가가면서 우리에게 강을, 페리를, 그리고 소녀였던 자신, 아직 미성숙하지만 알 수 없는 성적 매력을 뿜어내며 리무진에서 자신을 지켜보던 한 남자를 끌어당기고 있는 자신을 서서히 보여준다. 화자는 이제 그 순간이 어마어마하게 중요한 순간이었다는 걸 안다. 그 이미지에는 그가 엄청나게 성적인 힘과 눈부시도록 예술적인 자멸 성향을 지닌 여성으로 성장할 가능성이 압축되어 있었다. 하지만 그 순간을 찍어둔 사진은 없다.

그 사진은 존재했을 수도 있었다. 여느 사진처럼 찍혔을 수도 있었다. 하지만 그렇지 않았다. 피사체가 너무 사소

했던 것이다… 그 사진은 오직 누군가 그것이, 그 사건이, 강을 건넌 그 일이 내 인생에서 얼마나 중요해질지 미리 알 수 있었던 경우에만 찍을 수 있었을 것이다… 그리고 바로 이 점, 창조되지 못했다는 사실로 인해 그 이미지는 미덕을 부여받게 된다. 절대적인 무언가를 표현하고, 그것의 창조자가 된다는 미덕을.

존재하지 않는 이 사진, 이 "절대적인 이미지"가 이 소설을 낳는다. 사진이 존재하지 않는다면 작가가 그것을 만들어낼 것이다. 그는 자기 삶에 다가올 것들을 말없이 알려주었던 문제의 그 순간을 우리가 보게 만들 것이다. 텍스트는 종종 부재, 상실 혹은 문제와 함께 시작된다. 검은 구멍이 서사를 낳을 수도 있다. 뒤라스 역시 음陰에 속하는 것으로 작업하고 있다.

《연인》을 읽는 일은 메콩강과 그 U자형 곡류를 따라가는 일과 비슷할지도 모른다. 연애라는 극적인 사건은 결국에는 처음부터 끝까지 흐르지만, 대부분의 시간 동안 우리는 이리저리 돌아다니고, 속도를 늦춰 깊고 고요한 웅덩이 속으로 들어갔다가 잠깐 중심부의 흐름으로 돌아오고, 그러다 다시 속도를 늦추며 이리저리 돌아다닌다. 곁가지로 빠지는 이런 패턴은 소설 도입부에 곧바로 등장한다. 소설의 첫 페이지에서 우리는 페리에 타고 있던 M의 존재하지 않는 이미지에 대해 알게 된다. 그리고 한 페이지의 공백이 나온 다음 또 하나의 짧은 단락이 등장하는데, 화자의 나이 든 얼굴을 이야기하는 단락이다. 그런 다음 다시 공백이 등장하고, 이번에는 M의 기숙학교 이야기와 그에 이어 아들들을 교육하기 위한 어머니의 분투에 관한 단락이 나온다. 그런 다음 공백이 등장하고, 가족의 가난에 관한 단락이 나오고, 다시 공백이 나온 다음 글쓰기에 관한 단락이 나오고, 이런 식으로 계속 이어진다. 우리는 세부적인 것과 감정을, 즉 삶의 침전물을 얻지만, 이것은 느긋하게 빙빙 도는 이야기 속에서 등장한다. 그렇다면 이 이야기 속에 존재하는 나머지 한 가지 자연적 패턴은 구불구불한 선이 된다.

하지만 여기서 상황은 조금 더 복잡하다. 이 소설을 읽는 동안 당신은 그런 곡류나 빙빙 도는 패턴 속에서 어떤 특성을 알아차릴지도 모르겠다. 젊은 시절 자신이 얼마나 방탕한 눈을 지니고 있었고 얼마나 여위었는지 묘사한 뒤, 뒤라스는 짧은 한 덩어리의 텍스트를 떠돌이가 된 자신의 젊은 아들의 사진을 묘사하는 데 쓴다. "페리에 타고 있던 그 소녀의 사진, 결코 찍히지 못한 그 사진에 가장 가까운 건 이 사진이다."

그런 다음 뒤라스는 또 한 덩어리의 텍스트를 자신과 어머니, 오빠들이 같이 찍힌 사진 한 장을 묘사하는 데 쓴다. 어머니의 절망이 포착된 사진이다. 이 초상은 장식을 위한 것이 아니다. 존재하지 않는 그 사진처럼 이 초상 역시 영향력이 강하다. 그것을 자세히 들여다보며, 화자는 비밀을, 눈매와 입가에 드러난 깊은 성격적 특질을 발견한다. 이후 화자는 언어로 그려낸 여자들의 초상을 길게 나열한다. (나는 이 부분을 '여자들의 목록'이라고 부른다.) 그 초상은 뜬금없게도 화자가 수십 년 뒤에 파리에서 알게 된 두 명의 해외

구불구불한 선

거주 여성을, 그리고 인도차이나의 소녀들과 여자들을 그려낸다. M의 친구인 엘렌 라고넬과 빙롱의 광기 어린 여자, 걸인 여자, 그리고 논란이 된 연애 사건 때문에 결국 연인이 자살했던 '사바나케트의 여인' 역시 그려낸다. 이 여자들의 초상은 중심이 되는 극적 사건에서 동떨어져 있는 것처럼 보인다. 뒤라스는 그것이 하얀 여백 속에서 엽서들처럼 떠다니게 둔다.

M과 연인에 관한 서사 속에서 왜 이렇게 별로 관계없어 보이는 이야기를 하는 걸까? 사진들에 대해서는 왜 이렇게 많은 이야기를 하는 걸까? 그리고 뒤라스는 왜 계속 일인칭과 삼인칭을 왔다갔다하는 걸까? 여기 처음으로 시점이 바뀌는 부분이 있다. M이 페리 위의 이미지를 만들어내기 시작하는 순간이다.

> 나는 진짜 실크로 된 원피스를 입고 있지만, 옷이 너무 닳아서 거의 투명해 보일 지경이다. 원래는 어머니 것이었던 옷이다… 거기에 가죽 벨트도 하고 있는데, 아마 오빠 중 한 명의 벨트였을 것이다. 그 무렵 내가 어떤 구두를 자주 신었는지는 기억에 없다. 기억나는 건 특정한 몇 벌의 옷뿐이다… 그날 나는 아마도 그 유명한 금색 라메 하이힐을 신고 있었을 것이다…
> 하지만 그 소녀가 그렇게 이상해 보이고 괴상한 옷차림

을 하고 있는 것처럼 보이는 건 구두 때문은 아니다.

M이 자신을 하나의 대상으로 바꿔놓는 건 대부분 소녀였던 자신에 관해 이야기할 때지만, 기이하게도 소설 후반부에서 작가로서의 자신을 이야기할 때도 그렇다. 그리고 M은 그 소녀와 소녀의 세계를 단지 대상화하는 데 그치지 않고 하나의 전설로 바꿔놓는 듯한 언어를 사용한다. 여기 등장하는 건 그 소녀, 그 어머니, 그 연인, 그리고 "그 유명한 금색 라메 하이힐"이다. 이렇게 말함으로써 그것들은 하나뿐인 것, 주목할 가치가 있는 것이 된다. 페리에 타고 있던 M을 좀 더 묘사하면서 뒤라스는 이렇게 쓴다. "보라, 내겐 아직 머리칼이라는 게 있다. 열다섯 살하고 반이다." 이 "보라"라는 말은 흥미로운 상황을 만들어낸다. 우리는 뒤라스와 함께 이미지를 바라보고 있지만, 우리가 바라보는 대상과 방식을 결정하는 건 뒤라스다. M이 처음으로 그 중국인 남자에게 "그가 이 집에 데려오는 여자들에게 보통 하던 일을 해달라고" 지시하는 장면에서, 뒤라스는 또다시 삼인칭 현재 시제를 사용하며 그 순간을 내밀한 기억에서 모두가 지켜보는 장면으로 바꿔놓는다. "그는 원피스를 거칠게 벗긴 다음 바닥에 던져버린다. 하얀 면 팬티 역시 거칠게 벗긴 다음 M을 그대로, 알몸으로, 침대로 데려간다."

이 부분은 내게 마치 장면 위에 입힌 보이스오버나 자

막처럼 느껴진다. M은 자기 자신을 사진이나 동영상으로 촬영하고 있는 것만 같다. 사실 그 모든 여자들의 초상은 굴절을 통해 M 자신을 그려내는 하나의 방법이었다. 그 초상은 M이 비롯된 곳, M 안에 잠재된 것, 혹은 M이 될 수도 있는 모습, 다시 말해 M의 다양한 측면이다. M은 자신의 어머니처럼 절망에 빠진 반쯤 광기 어린 여자로 자라나고, 계속해서 절망적인 결정을 내릴 수도 있었다. 혹은 자신의 친구인 엘렌 라고넬처럼 도무지 배우지를 못해서 집에서 빨리 결혼시켜야 하는 여자가 될 수도 있었다. 혹은 파리에 있던 그 해외 거주 여성들 중 한 명처럼 몸에 맞지 않는 옷을 입고, 어디에도 속하지 못한 채 "죽음의 조각"을 눈빛에 품고 다닐 수도 있었다. 그도 아니면 사바나케트의 여인처럼 논란을 일으켜 따돌림을 당하거나, 빈롱의 광인 여자처럼 꺅꺅 소리를 지르며 거리를 헤매고 다닐 수도 있었다. 이는 굴절에 의한 초상화 기법이다. 이 기법은 페리를 타고 강을 건넌 다음 낯선 사람의 차에 올라탔던 그 소녀가 지니고 있던 또 다른 가능성의 모자이크를 만들어낸다.

    그러니 우리는 극적인 사건을 조금 지켜보고, 잠시 멈춰 서서 주변 인물에 관해 곰곰이 생각한 다음 다시 이야기로 돌아오는 것이다. 우리의 화자는 자신을 나라고, 혹은 그 She라고 부르면서 자신이 보는 방식 그대로 우리도 그를 보게 만든다. 이 이야기는 눈길을 끄는 형태를 하고 있는데, 하얀 여백에 짧은 텍스트 덩어리들이 떠 있기 때문이다. 그리고 《연인》이 처음에는 뒤라스의 삶에 관한 사진 앨범에 함께 실릴 텍스트로 기획되었다는 사실을 깨닫고 나자, 이 모든 결정은 내게 분명한 의미로 다가왔다. 그 결정적인 사진이 존재하지 않음을 깨달은 뒤라스는 그 사진을 만들어내는 데 이 텍스트를 바쳤고, 사진들은 넣지 않았다. 그 책의 제목은 "절대적인 이미지"가 될 예정이었다.

이 소설의 페이지들에는 내내 극적인 이야기가 흐르면서 일 년 반 동안의 연애 사건을 따라가지만, 그 이야기는 종종 이미지들에 의해 가로막힌다. 그리고 깊은 사유에 의해서도 가로막힌다. 이는 뒤라스가 원래의 프로젝트를 엎고 이 소설을 순전히 존재하지 않는 그 이미지를 만들어내기 위한 텍스트로 삼지 않았더라면, 그랬더라면 실제 사진들과 함께 실렸을 수도 있는 깊은 사유다. 그럼에도 관계없어 보이는 그 이미지들과 설명 조각들은 이 소설에 온전히 속해 있다. 그것들은 그 "이미지"를—페리 위의 그 소녀가 품고 있던, 나중에 실현될 모든 가능성, 그 소녀의 성적인 영향력, 파멸을 좋아하는 취향, 예술을 위해 살아가는 삶에의 헌신을—현상하는 일을 돕기 때문이다. 사진 한 장의 부재에서 시작된 《연인》은—사진 용어로 말하자면—네거티브를 현상하는 작업이다. 오직 뒤라스에게만 보이는 그 이미지는 이 텍스트가 서서히 현상하는 네거티브다. 그리고 이것이야말로 이 소설에 담긴 사랑 이야기 이외의 또 한 가지 서사적 충동이라고 나는 생각한다. 뒤라스는 소설 초반에 그 충동을 충분히 드러내지만, 우리는 연애 사건에 너무도 관심이 쏠린 나머지, 혹은 이리저리 헤매고 다니는 이야기에 짜증이 난 나머지, 그것을 알아차리지 못한다.

> 이제 나는 알 것 같다. 내가 아주 어렸을 때, 열여덟, 열다섯 살이었을 때 지니고 있던 얼굴은, 내가 중년에 술에 절어 얻게 될 얼굴을 이미 예견하고 있었다는 걸… 내 안에는 그 얼굴을 위한 자리가 존재했다… 욕망을 위한 자리가 존재했던 것과 마찬가지로.

그리고 곧이어 나오는 문장들은 이렇다.

> 그것들 모두가 거기 있는 게 내 눈에는 보인다. 모두 거기 있지만, 아직 아무것도 실현되지 않았다. 그 눈 속에 그것이, 그 두 눈 속에 모든 것이 이미 들어 있는 게 보인다. 나는 쓰고 싶다…

이제 이 소설의 첫 단락과 마지막 단락을 다시 살펴보자. 우선 첫 단락에서는—아마도 화자가 유명한 작가이기 때문에—화자를 오랫동안 알아온 한 남자가 다가온다. 그러고는 화자의 젊은 시절 얼굴보다 세월에 상한 얼굴이 더 좋다고 말한다. 그리고 마지막 단락에서는 화자가 떠났던 연인이 "전쟁이 끝나고 오랜 세월이 지나, 여러 번 결혼하고, 아이들을 낳고, 이혼하고, 책들을 쓴 뒤였던" 화자에게 전화를 걸어온다. 그는 "예전과 똑같다고, 여전히 사랑한다고, 당신을 사랑하는 일을 멈출 수가 없으며 죽는 순간까지 사랑할 거라고" 말한다. 이 여성은 어쩌면 이렇게 자신이 알거나 알지 못하는 남자들의 상상 속에서 수십 년 동안, 그렇게 멀리서도 강렬하게 살아 있었던 걸까! 쌍둥이처럼 보이는 이 소설의 도입부와 결말은 존재하지 않는 그 이미지 속에 예언되어 있었던 성적인 힘, 그리고 작가로서의 영향력을 알리면서, 그 "절대적인 이미지" 속에서 자신이 보았던 가능성이 틀림없이 사실이었음을 확인해준다.

그러니 《연인》은 동시에 두 가지 패턴이 겹치며 간섭무늬를 만들어내는 이야기다. 파도와 구불구불한 선. 그런데 그 구불구불한 선은 보이지 않는 앨범 속 사진들을 둘러싸고 굽이치고 빙빙 돌면서 나아간다. 이는 뒤라스가 두 가지를 동시에 이야기하고 있기 때문이다. 하나는 사랑 이야기이고, 다른 하나는 성적인, 그리고 예술적인 영향력을 지닌 자신의 초상이다. 이 소설을 각색한 영화가 오직 성적인 이야기만을 택했을 때 뒤라스가 얼마나 분노했을지 상상해 보라.

곁가지로 빠지기
니컬슨 베이커 《구두끈은, 왜?》

베이커의 첫 경장편소설 《구두끈은, 왜?》는 아주 작은 한 가지 사건을 기록하는 회고록의 형태를 취하고 있다. 그 사건이란, 끊어진 구두끈을 대체할 새 구두끈을 산 하위가 점심시간이 끝난 뒤에 에스컬레이터를 타고 올라가는 사건이다. 이것이 이 소설에 존재하는 앞으로 나아가는 움직임의 전부다. 에스컬레이터를 타고 올라간 다음 잠시 멈춰 서서 아래를 내려다보는 것. 하지만 베이커는 그 미니어처 같은 여정을 사치스러울 정도로 세밀하게 그려낸다. 매일의 일상 속 하찮아 보이는—하지만 가치 있는!—사물들에 대한 일종의 오마주로서 말이다. 소설의 서두는 이렇다.

> 1시가 다 되었을 무렵, 나는 내가 일하는 건물 로비에 들어서서 에스컬레이터 쪽으로 향했다. 펭귄 출판사의 검은색 문고본 한 권, 그리고 위쪽에 영수증이 스테이플로 고정된 작은 흰색 CVS 비닐봉지를 든 채였다. 에스컬레이터들은 내 사무실이 있는 중이층을 향해 솟아 있었다. 그것들은 지지대 없이 스스로 서 있는 형태였는데, 마치 한 쌍의 적분 기호가 자신들이 가닿는 두 층 사이에 중간 하중을 지탱하는 어떤 버팀목도 기둥도 없이 위로 휙 솟

아 있는 것처럼 보였다. 이날처럼 햇빛이 잘 드는 날이면, 로비에 우뚝 솟은 거대한 대리석과 유리 덩어리들이 교차하는 곳에서 빛으로 된, 더 가파른 에스컬레이터가 일시적으로 생겨났다. 그 에스컬레이터는 진짜 에스컬레이터들의 중간 지점 바로 위에 닿았고, 바늘처럼 날카로운 빛의 영역으로 펼쳐지면서 브러시드 스틸로 된 측면 패널들 위로 떨어졌으며, 각각의 검은색 고무 손잡이 위에 길고 윤이 나는 하이라이트를 더해주었는데, 그 하이라이트는 고무 손잡이들이 궤도를 따라 미끄러지면서 살짝살짝 흔들렸고, 마치 LP판의 일렁이는 바깥쪽 가장자리에 걸쳐 있는 검은 광택으로 된 호처럼° 보였다.

이 소설에서 앞으로 나아가는 움직임은 현미경으로 봐야 할 만큼 아주 작지만, 베이커는 그 움직임에 정신없이, 기뻐하면서 훼방을 놓는다. 그는 하위가 CVS 비닐봉지를 쥐는 방식에서부터 구두끈이 끊어진 이유에 이르기까지 모든 것의 세부 사항을 정교하게 늘어놓으며 시간을 끈다. 그리고 이런 시간의 확장조차도 주석에 의해 방해받는데, 그 주

---

o 나는 움직이는 물체의 가장자리에 생기는 지속적인 반짝임을 사랑한다. 심지어는 프로펠러나 책상용 선풍기도 회전할 때 생기는 회색 흐름 가운데 어딘가에서는 꾸준히 빛을 낸다. 선풍기 날개 하나하나의 곡선은 돌아가면서 잠시 빛을 받았다가 다음 날개에 넘겨준다. —저자

석들은 그것들이 달려 있는 본문보다 길어지기도 한다. 다시 말해 《구두끈은, 왜?》는 《연인》과 비교할 때 앞으로 나아가는 움직임은 말도 안 될 정도로 적고, 곁가지로 빠지는 이야기는 훨씬 더 많다. 이것은 일상적인 사물들과 움직임들에 너무도 넋을 잃은 나머지 무언가를 마주칠 때마다 감탄해 소리를 질러대는 정신 상태다. 그리고 그에 따라, 서사는 매혹에 빠진 채 몇 번이고 계속해서 제자리를 맴돌고 빙빙 돌다가 간신히 앞으로 조금 더 미끄러져 나아간다. 구두끈은 어떻게 해서 끊어지는가? 여기 몇 가지 가설이 있다! 점심을 먹으러 가는 길에 접수 담당자와는 어떤 잡담을 나눌 것인가? 잠깐 화장실에 들러 소변을 보는 건 어떨까? 그건 근무시간에 포함될까, 포함되지 않을까? 소변기의 놀라운 점들을 소개해주겠다! 각각의 행은 대단치 않은 일상 속의 사건들에 감성을 불어넣으며 그것들을 살아나게 만든다.

이를테면 저 첫 번째 단락에서, 하위는 에스컬레이터를 적분 기호처럼 바라본다. 한 줄기 빛은 그대로 에스컬레이터가 되며, 빛의 영역은 바늘처럼 날카롭고, 보통은 컨디셔너 용기에나 적혀 있는 윤이 나는 하이라이트라는 표현이 고무 손잡이를 묘사하는 데 사용된다. 베이커는 그다음 130페이지에 걸쳐 화려하게 비유적인 언어를 선보이는데, 이 언어는 그저 장식적이기만 한 게 아니라 아리스토텔레스의 말에 따르면 비유가 수행해야 하는 역할인 것까지 해낸다. 다시 말해, 연결될 것 같지 않은 항목 사이에 놀라운 연결고리를 만들어냄으로써 우리로 하여금 그 둘 모두를 새롭게 바라보게 만드는 것이다. 우리는 "뭍으로 올라가려고 애쓰는 빨대들"을, "검은 코도반 가죽으로 만들어진 사우나" 속에 들어가 있는 발을, "브론토사우루스 머리처럼 생긴 스테이플러 손잡이"를, "떡잎을 닮은 실뜨기 모양의" 구두끈 매듭을, "포대기에 단단히 싸여 민감해진" 발을, "소켓에서 닭다리처럼 움직이는" 도요타의 방향지시등 스위치를, "양옆에서 눌려 위로 길어진 정복자의 서명"을, "백금의 음색을 지닌 것 같은" 한 여성의 목소리를, "엘리베이터 갱도 안을 수직으로 타고 흐르는 무역풍의 신음 소리"를 만나게 된다. 로버트 숄스와 로버트 켈로그는 "서사의 영혼은 플롯이 아니라 정신의 특성"이라고 말했다. 《구두끈은, 왜?》는 그들의 자식 같은 작품일지도 모른다.

그럼에도 이 경장편소설에서 '이야기'를 따로 떼어내 보자. 온갖 곁가지와 질감에도 불구하고 줄거리라는 게 있으니 말이다. 서사는 앞으로 나아가기 시작하지만, 세 번째 페이지에 이르면 잠시 멈춰 서서 중요한 배경 설명을 늘어놓는다. 하위는 에스컬레이터에 올라서자마자(행동이다!) CVS 비닐봉지를 한 손에서 다른 손으로 바꿔 쥐는 자신을 알아챈다. 이를 계기로 그는 점심시간에 CVS에 간 이야기를 우리에게 들려주게 되며, 팝콘과 핫도그, 우유를 산 일도 이야기하게 된다. 그리고 이번에는 그 이야기 때문에, 그는 애초에 왜 드러그스토어에 갔는지 이야기하게 된다. 그날 아침 끊어진 구두끈을 사기 위해서였다. 그러니 이 말도 안 되게 근사한 소설의 줄거리는 다음과 같다. 구두끈이 끊어진 하위는 점심을 먹으러 나가는 길에 접수 담당자인 티나와 잡담을 나누고, 잠시 화장실에 들러 무사히 소변을 본 다음, 팝콘과 핫도그를 사서 먹고, 새 구두끈을 산다. 그런 다음 벤치에 앉아 책을 읽으며 우유와 쿠키를 먹고, 마침내 로비에 들어서서 구두끈을 손에 든 채 에스컬레이터를 타고 올라간다. 이 사건들은 지금은 시간 순서대로 나열되어 있지만, 실제 소설은 그렇게 구성되어 있지 않다. 그 대신, 이야기는 처음부터 핵심 순간으로 뛰어들며 시작된다. 마치 《오디세이아》가 10년간의 여행을 마무리한 오디세우스가 마침내 집으로 돌아가려는 시점에 시작되는 것처럼 말이다. 거기, 끝에서 두 번째로 멈춘 지점에서, 오디세우스는 트로이전쟁 이후로 일어난 모든 일을 우리에게 들려준다.

《구두끈은, 왜?》는 사실 고전적인 줄거리를 지닌 아주 작은 의사擬似 서사시다. 우리의 영웅에게는 해결해야 할 문제가 있는데, 그는 모험 여행을 떠나고, 마지막에는 문제를 거의 해결하기에 이른다. 물론 차이점이 있다면 그가 직면한 문제가 끊어진 구두끈이라는 점이다. 하지만 이것은 이 소설의 사랑스러운 특징 중 하나다. 우리가 매일 보지만 중요하게 여기지는 않는 모든 것을, 누군가가 어딘가에서 설계 작업을 했고 우리의 삶을 조금이라도 더 편리하고 즐겁게 만들기 위해 꾸준히 개선시키고 있는 모든 일상적인 사물들과 장치들을 중요한 위치로 끌어올리는 것. 구부러지는 비닐 빨대, 냅킨 디스펜서, 우유팩, 혹은 ("샤우트로 없애세요!"라고 적힌 부분의) 절취선. 하위는 보잘것없는 어떤 것이든 "깨끗한 배경 위에 올려놓기만 하면 멋져 보였다"고 우리에게 말해준다. 어렸을 때 그가 콘크리트 바닥 위에 올려놓았던 녹슨 못은 "주목받을 만한 사물"로서 진정한 위상을 차지했다. 마치 얇게 썬 올리브가 크림치즈 위에 올라가면 보석 같아 보이듯이 말이다. 이 소설은 매일의 일상을 그렇게 다룬다. 일상적인 것들을 낯설게 하고, "사소한" 것들을 새롭게 보여주면서 말이다. 그는 우스꽝스러우면서도 정확한 방식으로 아우렐리우스의 《명상록》에 반론을 제기하고 있는 셈이다. 《명상록》은 하위가 점심시간에 벤치에 앉아 우유와 쿠키를 질퍽질퍽 씹어 먹어치우며 읽는 바로 그 책이다.

> 요컨대, 모든 필멸의 삶이 얼마나 덧없고 하찮은지 들여다보라. 어제는 한 방울의 정액이었고, 내일은 한 줌의 향신료와 재로 변할 존재를.

틀렸다, 틀렸어, 틀렸다고! 나는 생각했다. 해롭고, 도움이 안 되고, 방향을 잘못 잡은 데다 완전히 사실이 아니잖아! 하지만 벽돌이 헤링본 무늬를 이루며 깔려 있는 광장의 녹색 벤치 위에, 규칙적인 간격을 두고 서 있는 열다섯 그루의 건강한 나무 근처에 앉아 있는 남자에게는 무해하고, 심지어 기분 좋은 방식으로 정신이 바짝 들게 만들어주는 문장들이기도 했다…

일상의 작은 사물, 움직임, 체계에 대한 이토록 강렬한 몰입을, 그리고 이렇게 어처구니없을 만큼 미미한 플롯을 어떻게 생각해야 할까? 이것을 좀 더 장대한 무언가로 만들어줄 만한 게 혹시 있을까? 베이커는 이 아주 작은 서사시를 구성하면서 흥미로운 결정을 내렸다. 그 결정 덕분에, 그리고 이 소설의 핵심 장면과 한두 개의 기묘한 주석들 덕분에, 나는 이 소설 전체에 숨겨진 비밀스러운 구조 하나를 발견하게 된다. 그것은 작가의 사유를 뒷받침하고 심지어는 이야기 전체를 더 높은 차원으로 이끌 수도 있는 구조다. 베이커는 줄거리를 있는 그대로 유지할 수도 있었다. 끊어진 구두끈 이야기로 시작해 거기서부터 앞으로 나아가는 방식으로 말이다. 하지만 그는 그렇게 하지 않았다. 그는 거의 결말에 가까워진 시점에서 이야기를 시작하는데, 이 점 때문에 이 소설은 앞서 말했듯 《오디세이아》와 비슷해진다. 그런데 이런 선택 덕분에 또 다른 일도 가능해진다. 우리는 에스컬레이터를 타고 내려가는 과정은 건너뛰고, 오직 올라가는 과정만 경험하게 되는 것이다. 그리고 이 부분이 이 소설의 탁월한 점 중 하나라고 나는 생각한다. 하위는 언제나 퇴보나 퇴행이 아니라 진보가 이루어져야 한다는 점을 의식하고 있다. 그는 자질구레한 것들이 자신에게 달라붙어 자신이 "포화 상태가 되고 무기력해질까 봐" 걱정한다. 그는 이런 퇴행의 공포에 강렬한 희망을 품는 것으로 저항한다. 어쩌면 그 희망은 위태로운 처지에 놓여 있기 때문에 더더욱 강렬해졌는지도 모른다. 새로운 문제들(이를테면 빨대 생산 공정에서의 문제 같은)이 그런 물건들을 만드는 뛰어난 사람들에 의해 발견되고 개선될 거라는 희망. "진보가 이루어지고 있었다." 그는 마지막 주석에서 우리에게 말한다. "누군가가 그 문제를 들여다보고 있었던 것이다."

    퇴행이 아닌 진보. 내려가거나 되돌아가는 것이 아니라 올라가고 앞으로 나아가기. 나는 이 아주 작은 장편소설이 궁극적으로는 하나의 메타 서사를 품고 있다고 생각한다. 그 메타 서사 속에서 우리의 하위는 포스트모던한 백과사전주의자로, 인간의 정신과 진보를 믿는 인물이다. 그래서 "이 회고록에 나오는 탈것"은 에스컬레이터이며, 그 에스컬레이터는 아래로 내려가는 게 아니라 위로 올라가는 것이다. 이것은 '인간의 상승'에 대한 풍자이면서도 진심 어린 기록이다.

그리고 곁가지로 빠지는 이야기들과 주석들은 어떤가? 끝에서 세 번째로 나오는 주석은 사실 주석에 관한 주석이며, 심지어 거기서도 곁가지로 빠지는 이야기로 가득 차 있다. 마치 전체 이야기의 종결부라도 되는 것처럼 말이다. 그 주석은 길다. 그 중간쯤에서 그는 이런 말을 한다.

[보즈웰과 기번은] 주석을 사랑했다. 그들은 진실의 바깥 표면이 매끈하지 않다는 것을 알고 있었다. 진실은 단락에서 단락으로 매끈하게 옮겨가며 솟구치고 모여드는 게 아니라, 인용문과 따옴표, 이탤릭체처럼 내부를 보호해주는 울퉁불퉁한 껍질로 감싸여 있었다… 그 껍질은 한 인간의 정신 속에 아주 잠깐 생겨나는 논의의 순수한 흐름을 보호해주는 방패다. 그들은 페이지를 넘길 때면 찾아오는 기대에 찬 기쁨을 알고 있었다. 페이지 맨 밑바닥에 조그만 활자로 회색 침전물처럼 쌓여 기다리는 추가 예시와 설명이 시야 가장자리로 느껴질 때의 그 기쁨을… 그들은 책을 읽으며 특정한 주석을 굳이 찾아봐야 할지 말지 결정하는 일을 좋아했다… 그들은 눈 근육이 수직으로 움직이고 싶어 한다는 걸 알고 있었다… 곁가지로 빠지기—논의의 **그라두스**(점진적 고조)에서 벗어난 움직임—는 때로 철저해질 수 있는 유일한 방식이 된다…

그리고 나는 이 모든 이야기를 좀 더 은밀하게 떠받치는 하나의 형상이 존재한다고 생각한다. 이 이야기는 그저 구불구불 나아가기만 하는 게 아니라, 일종의 기계적인 방식으로 구불구불 나아가며, 그것은 소설 내부의 열정에 충실한 방식이다. 우리는 앞으로 나아가는 움직임이 살짝 고조되었다가 다시 느슨해지며 곁가지로 빠지고, 또다시 살짝 고조되었다가 다시 느슨해지며 곁가지로 빠지는 걸 경험하게 된다. 즉, 이 이야기는 에스컬레이터 모양으로 구불구불 움직이는 것이다. 그리고 이는 곁가지로 빠지는 그런 움직임들에 의도가 담겨 있기 때문이다. 우리로 하여금 잠시 멈춰 주위를 둘러보게 하려는 의도. 그건 우리에게 중요하지 않게 보일 수 있는 모든 것을 곰곰이 생각하게 만들고, 어쩌면 희망을 품게 하려는 의도일지도 모른다.

SPIRALS

나선

나선! 우리의 DNA에도, 은하에도, 돌돌 말린 덩굴손이나 지문의 미세한 선에도 들어 있는 패턴이다. 북반구와 남반구에서 바람과 물의 흐름은 서로 반대 방향으로 나선을 그리며 회전한다. 그리고 나선을 가리키는 말은 아주 많다. 사리coil, 코르크 마개뽑이corkscrew, 나선helix, 소용돌이vortex, 돌려나기whorl, 빙빙 돌기swirl, 회오리바람twister, 선회gyre⋯ 나선은 한 점에서 시작해 앞으로 나아간다. 구불구불한 선처럼 엉뚱하게 혹은 께느른하게 나아가는 게 아니라, 중심이 되는 그 지점이나 하나의 축 주위를 매끄럽고 꾸준하게 빙글빙글 계속 돌면서. 무언가를 골똘히 고민할 때 내 생각은 나선형으로 빙빙 돌고, 문제를 여러 방향에서 풀어보려 애쓰면서 나를 소용돌이 안으로 점점 더 깊이 끌고 들어간다. 그러다가 나는 이제 그만이라고 말하고 산책을 나가 그 생각을 떨쳐버린다. 나선형 서사는 아래로 ― 인물의 영혼 속으로, 혹은 과거로 깊숙이 ― 휘감아 내려가는 나선이 될 수도 있고, 계속 빙빙 돌면서 위로 휘감아 올라가 미래로 나아갈 수도 있다. 반복에 가깝지만 앞으로 나아가는 것. 나선형 서사에 결말의 느낌을 부여하는 건 뭘까? 이건 좋은 질문이다. 나선은 언제까지나 이어질 수도 있으니까 말이다.

기억을 회전시키다
스튜어트 다이벡 〈펫 밀크〉

이 사랑스러운 초단편소설의 전반부는 몽환적인 회고록처럼 느껴지지만, 어느 순간 이야기는 또렷이 허구에 초점을 맞춘다. 그동안 이 이야기를 즐겁게 읽은 많은 독자를 봐왔지만, 최근에는 한 학생이 다이벡이 앞부분만 들어냈더라면 더 좋았을 거라고 말하기도 했다. 하지만 〈펫 밀크〉에서 회고록처럼 보이는 전반부는 우리를 '이야기'로 데려다준다. 기억은 나선형으로 빙글빙글 돌며 나아가다가 마침내 작지만 놀라운 순간에 도달한다. 기억이 형식을 거쳐 이야기로 이어지는 과정은 이 작품의 구조에 관해 흥미로운 점들을 드러내준다. (그건 그렇고, '펫 밀크'는 깡통에 보관된 보존 우유를 말한다. 이건 중요하다!)

다음은 이 소설의 도입부다.

오늘 나는 인스턴트커피에 펫 밀크를 타서 마시며 눈이 내리는 걸 지켜보고 있었다. 그 맛을 특별히 좋아하는 건 아니다. 그냥 펫 밀크가 커피 속에서 빙글빙글 돌며 섞이는 방식이 마음에 들 뿐이다… 펫 밀크는 진짜 우유는 아니다. 우선 색부터 다르다. 거의 오래된 상아처럼 옛날을 떠올리게 하는 구석이 있는 색이다.

우리 할머니는 늘 커피에 펫 밀크를 타 드셨다…

할머니네 부엌 식탁 위에는 노란색 플라스틱 라디오가 하나 있었는데, 보통은 폴카 방송에 맞춰져 있었다. 가끔은 할머니가 눈금을 반쯤 어긋나게 돌려서 그리스어 방송이나 스페인어 방송이 나오곤 했지만 말이다… 라디오 위쪽에 진공관들이 붙어 있는 부분은 휘어지고 호박색으로 변해 있었다. 겨울날 학교를 마치고 돌아온 오후에 할머니네 식탁 옆에 앉아 있을 때면 라디오에서 흘러나오던 소리가 기억난다. 나는 김이 올라오는 커피 속에서 빙글빙글 돌며 구름처럼 섞이는 펫 밀크를 지켜보다가, 창밖으로 길 건너 철길 위에 있는 하늘에도 똑같은 풍경이 펼쳐지고 있다는 걸 문득 알아차리곤 했다.

그리고 그로부터 한참이 지나 '킹 알폰스'라는 음료가 담긴 조그만 리큐어잔 속에서 그것과 똑같이 빙글빙글 도는 하늘을 보았던 일도 기억난다. 크렘 드 카카오가 연달아 폭발하듯 연기 모양으로 솟아올랐고, 두꺼운 크림층을 뚫고 끊임없이 모양이 변하는 구름을 피워 올렸다. 필센이라는 체코 식당에서였다. 가끔씩 저녁 시간에 여자친구 케이트와 함께 찾던 곳이었다… 그곳에는 작고 둥근 참나무 식탁들이 있었고, 우리는 구석에, '프라하의 거리 음악가들'이라는 제목의 그림 아래쪽에 앉곤 했다.

화자와 케이트는 필센에 제법 자주 갔고, 그래서 식사가 끝날 때마다 루디라는 종업원이 그들에게 킹 알폰스를 한 잔씩 따라주곤 했다. 하지만 루디는 화자가 리큐어잔 속의 패턴들을 빤히 들여다보는 방식을 좋아하지 않는다. 그건 현미경이 아니라고 루디는 말한다. "마셔요."

그리고 그 순간, 우리는 몽환적 응시의 영역에서 스르르 빠져나와 어느 날 저녁 필센에서 벌어진 하나의 사건으로 이동하게 된다. 그날은 화자의 스물두 번째 생일이고, 화자와 케이트는 만나서 샴페인을 곁들여 굴을 먹는다. 그런 다음, 페이지에서 김이 날 만큼 솟구치는 욕망으로 얼굴이 붉어진 그들은 식당을 나서고, 고가 전철을 타러 황급히 달려간다. 하지만 그들은 기다릴 수가 없고, 그래서 칸막이 객실에 들어가 문을 잠그고 사랑을 나눈다.

그 뒤로도 할 이야기가 더 있지만… 우선 우리가 어떻게 빙글빙글 도는 기억들로부터 하나의 순간으로 옮겨오게 되었는지 살펴보자. 여기서 단서를 제공하는 인물은 루디다. 그가 화자에게 패턴들을 그만 좀 들여다보라고 권하기 때문이다. 그럼에도 우리를 여기까지 데려다준 건 바로 그 패턴들이다. 우리는 커피 속에서 빙글빙글 도는 펫 밀크로부터 창틀 안을 맴도는 눈송이들로, 오래된 라디오 속을 맴도는 목소리들과 음악으로, 다시 잔 속에서 소용돌이치는 리큐어로 옮겨간다. 항상 기이하게 생기를 띠거나 스스로 움직이는 무언가가 작게 둘러싸인 공간 안에서 빙글빙글 돌고 있다. 그리고 펫 밀크는? 그건 생명이 담긴 흐르는 액체로 붙들린 채 보존되어 있다. 이 패턴들은 그동안 마찬가지로 빙글빙글 도는 기억을 통해 우리를 두 사람이 바라는 순간으로, 루디가 빤히 들여다보지만 말고 삶을 마시고 살아가라고 말하는 그 순간으로 이끌어왔다. 그리고 이제 이야기의 더 강렬한 부분은 하나의 독해 방식을 제시한다. 빙글빙글 돌아가는 우유의 이미지를 통해 읽는 방식을.

이 장면을 살펴보자. 식당 안에서 화자는 그림 액자의 유리에 비친 케이트의 사랑스럽고 생기 가득한 얼굴을 바라본다. 두 사람은 껍데기 속에서 샴페인이 출렁이는 굴을 후

루룩거리며 먹는다. 이 사물들 역시 그전에 나왔던 것들과 비슷하다. 흐르는 우유, 빙글빙글 도는 눈송이들, 액자에 비친 숨 쉬는 소녀의 얼굴, 껍데기 속 신선한 굴과 거품을 내는 샴페인. 모두 붙들린 생명력이다. 이렇게 어딘가에 담겨 있는 소용돌이는 이미지에서 이미지로 옮겨가고, 마음의 움직임도 그에 따라 나선형으로 돌아가며 한 바퀴 도는 기억의 궤적을 만들어낸다. 그러다가 마침내, 화자는 핵심적인 순간에 도달한다. 욕망으로 가득 찬 그와 케이트가 열차의 칸막이 객실에서 사랑을 나누는 순간이다.

나는 속도를 늦추려고 애쓰고 있었다. 그 모든 것을 오래 지속시키고 싶어서였다. 그리고 케이트가 내 입을 손으로 막았을 때, 나는 창문으로 고개를 돌렸다… 거기에는 와이셔츠 차림을 한, 열여섯 살쯤 되어 보이는 고등학생 한 명이 한쪽 팔에는 책들을 끼고 입에는 담배를 문 채 서 있다가 우리를 발견했고, 그 애는 사라지기 직전에 씩 웃고는 손을 흔들기 시작했다. 그러더니 그 애는 사라져 버렸고, 나는 다시 창문에서 케이트에게로 몸을 돌렸지만… 그 정지된 순간, 손을 흔드는 몸짓은 기억 속에 사라지지 않고 남았다. 마치 나 자신이 교과서를 들고 담배를 피우며 그 플랫폼에 서 있는 것 같았다. 학교가 끝난 뒤 거의 시간의 흐름을 잊은 채 서서 그저 열차가 오기만 기다리던, 한없이 쌓여가던 그 오후들 중 하루 말이다. 나는 생각했다. 그때 우리 같은 누군가가 스쳐가는 걸 보았더라면 나는 얼마나 기분이 좋았을까.

아, 그러니까 이제 우리의 커플 역시 기쁨으로 충만한 채 보존된 하나의 사례가 된 것이다. 그리고 그들을 지켜보는 건 화자와 몹시 닮아 있는 한 소년이다. 화자는 아주 기이하게 닮아 있는 무언가를 응시하는 행동을 통해 이 순간에 다다른 것이다. 그러므로 도입부의 소용돌이들은 일련의 이미지-기억들을 회전시키다가, 빙글빙글 도는 우유가 지금껏 내내 조용히 암시해온 바를 찾아낸다. 오래 지속되도록 만들어진 액체 형태의 경이로운 삶. 나는 마지막 순간에 이르러서야 이 이야기가 왜 그런 방식으로 시작되었는지를 깨달았다. 내가 품고 있었는지도 모르고 있던 하나의 질문— 내가 왜 펫 밀크에 관한 이야기를 읽고 있을까?—에 대한 비밀스러운 대답을 찾은 것이다.

쌍둥이 같은 이야기들이 만들어내는 움직임
샌드라 시스네로스 《망고 스트리트》

내가 보기에, 시카고에서 자라나는 에스페란자라는 소

녀가 등장하는 시스네로스의 이 경장편소설에 형식을 부여해주는 건 눈에 잘 띄지는 않을지 몰라도 커다란 하나의 나선 구조다. 어른이 되어가는 과정을 담은 파편적인 이야기인 동시에 한 장소를 보여주는 이야기인 《망고 스트리트》는 제목이 있는 44편의 소품문°으로 구성되어 있다. 그 이야기들은 에스페란자를 중심으로 하고 있지만, 그의 시선을 통해 거리의 사람들을 바라보고 있기도 하다. 에스페란자의 목소리와 감수성은 어리지만 생생하고 날렵하고 비유적이어서 나이가 있는 독자들에게도 즐거움을 주기에 충분하다. 두 번째 소품문 '머리칼'의 일부를 여기 옮겨본다.

> 우리 가족의 머리칼은 모두 다르다. 아빠의 머리칼은 빗자루 같아서 온통 허공으로 치솟아 있다. 그리고 나는, 내 머리칼은 게으르다. 절대 머리핀이나 머리끈의 말을 듣지 않는다. 카를로스의 머리칼은 굵은 직모다. 빗을 필요가 없다. 네니의 머리칼은 미끄러워서 손에서 빠져나간다. 그리고 막내인 키키의 머리칼은 동물의 털 같다.
> 하지만 우리 어머니의 머리칼은, 우리 어머니의 머리칼은, 작은 장미 모양의 매듭 같고, 작고 동그란 사탕들처럼 온통 꼬불꼬불하고 예쁘다. 어머니가 하루 종일 핀을

○ vignette. 특정한 사람, 상황 등을 분명히 보여주는 짤막한 글.

꽂아 곱슬거리게 만들어놓았기 때문이다. 어머니 품에 안길 때면, 그 품에 안겨 안전하다고 느낄 때면, 그 머리칼에서는 달콤한 향기가 나서 코를 들이밀고 싶어진다. 그건 빵이 다 구워지기 전에 나는 따뜻한 냄새 같다…

우리는 소품문 한 편 한 편을 따라가며 에스페란자를, 그의 집을, 그의 가족을 보게 되고, 그런 다음 집 밖으로 걸어나가 거리를 돌아다닌다. 우리는 "가로등 아래서 혼자 춤을 추며… 차 한 대가 멈춰 서기를, 별 하나가 떨어지기를, 누군가 자신의 인생을 바꿔주기를 기다리는" 마린 같은 소녀들을 보게 된다. 혹은 토르티야를 만들려고 일찍 일어났다가 쥐들을 보게 되는, "똑똑하고 공부를 열심히 하는… [그리고] 공장이나 주방용 밀대 뒤에서 평생을 보내고 싶지는 않아 하는" 알리시아를. 혹은 "이집트 같은 눈을 지니고 연깃빛 나일론 스타킹을 신고 다니는 소녀"로, 허락 없이 외출했다가 아버지에게 매를 맞는 샐리를 보게 된다. 에스페란자는 여자들 역시 바라본다. 카드로 미래를 점치는 "마녀 같은 여자 엘레니타"나, 영어를 못해서 외출하기 두려워하는 마마시타 같은 여자들을. 그리고 에스페란자는 남자들에 대해서도 말해준다. 지하실에 살면서 "딱 붙는 분홍색 바지"를 입은 여자들을 집에 데려오는 얼, 의사가 없어서 세상을 떠나는 제랄도, 혹은 여자들에게 억지로 키스하려 드는 남자들이다.

우리는 춤추듯 움직이면서 이야기의 한 조각에서 다음 조각으로 깡충깡충 옮겨가고, 가끔은 원을 그리듯 특정한 인물이나 상황으로 되돌아온다. 이 움직임은 이 소설을 생기 있는 것으로 어렵지 않게 유지해주는 선명한 진동이다. 하지만 이 소설 속에는 앞으로 나아가는 움직임 역시 미미할지는 몰라도 꾸준하게 드러나 있다. 에스페란자는 조금 더 나이를 먹고, 여러 가지를 배우고, 망고 스트리트의 집을, 이 '집'과 '거리'가 의미하는 모든 것을 떠나기로 마음먹게 된다. 거기에는 약간의 사랑도 들어 있지만, 그 대부분은 가난, 그리고 소녀들을 기다리는 암울한 미래다. 방 안에 갇혀 생각만 하거나, 살아보려 했다는 이유로 벌을 받거나, 폭행을 당하거나, 결혼시켜 치워버려야 할 존재가 되는 미래. 그런 소녀들은 자신만의 삶을 가질 수가 없다. 소설 도입부에서 에스페란자는 학교 수녀가 자신이 사는 집을 보고 충격을 받았다는 이야기를 들려준다. "저런 데 산다고?" 수녀는 말했다. "난 그때 깨달았다. 내겐 집이 있어야 했다." 에스페란자는 말한다. "진짜 집. 집이라고 가리킬 수 있는 집. 하지만 이 집은 그런 집이 아니다."

이 이야기 조각들을 관통하는 선형적인 이야기는 자신만의 '집'과 자아를 갖고 싶어 하는 에스페란자의 욕망을 따라간다. 이야기 중간쯤에 에스페란자는 마녀 같은 여자 엘레니타에게 자신의 미래에 집이 있느냐고 묻지만, 엘레니타의 눈엔 오직 "마음으로 만들어진 집"만 보일 뿐이다. 에스페란자는 그 말의 의미를 이해하지 못하지만, 소설이 진행되고 섹스, 죽음, 절망에 관해 알게 되면서 에스페란자는 마음으로 만들어진 집이 무엇일지 상상하기 시작한다. 이 이야기의 핵심적인 순간들은 다음과 같다. 할아버지가 세상을 떠나자, 에스페란자는 아버지 역시 언젠가 세상을 떠나리라는 걸 깨닫는다. 한 나이 든 남자가 난폭하게 에스페란자에게 키스한다. 그리고 그 사건을 좀 더 강렬하게 되풀이하듯, 친구인 샐리가 에스페란자를 카니발에 한 소년과 단둘이 남겨두고 가버리고, 그 소년이 에스페란자를 (거의) 강간한다. 마지막에서 두 번째 소품문인 '나만의 집'을 여기 옮겨본다. 여기서 에스페란자는 자신이 원하는 몇 가지를 비로소 깨닫는다.

> 다세대주택은 아니다. 건물 뒤쪽에 딸린 집도 아니다. 남자가 살고 있는 집도 아니다. 아빠네 집도 아니다. 오직 나만의 집. 내 현관과 내 베개가 있고, 내 예쁜 자줏빛 피튜니아들이 피어 있는 집. 내 책들과 내 이야기들이 있는⋯
>
> 눈처럼 고요한 집이어야 한다. 내가 혼자 들어갈 수 있는, 시를 쓰기 전의 종이처럼 깨끗한 공간이어야 한다.

그리고 다음은 마지막 이야기 조각인 '망고는 가끔 작별 인사를 한다'의 일부다.

어느 날 나는 몇 개의 가방에 책들과 종이를 꾸릴 것이다. 어느 날 나는 망고에게 작별 인사를 할 것이다. 망고가 나를 여기에 영원히 붙잡아둘 수는 없다. 그러기에 나는 너무 강하다. 어느 날 나는 멀리 떠날 것이다.

친구들과 동네 사람들은 말할 것이다. 그 에스페란자라는 애, 도대체 무슨 일이 있었던 거야? 책이랑 종이를 온통 싸가지고 어디 간 거야? 왜 그렇게 멀리 가버린 거지?

그들은 내가 멀리 떠난 건 돌아오기 위해서라는 걸 알지 못할 것이다. 나는 남겨둔 사람들을 위해 돌아올 것이다. 밖으로 나갈 수 없는 사람들을 위해.

그러니 여기 이것이 이 이야기의 중심 줄거리인 셈이다. 하지만 ─《연인》과《유칼립투스》에서처럼 ─ 이 줄거리는 그것을 둘러싼 수많은 다른 인물들과 짧은 이야기 조각들에 비하면 적은 지면을 차지한다. 그것들은 전체 이야기와 어떻게 맞물리는 걸까? 그리고 그런 다른 이야기 조각들의 배열은 임의적인 걸까?

오래전에 처음으로 읽었을 때 《망고 스트리트》는 내게 하나의 모자이크처럼, 아마도 존 가드너가 "소설적 점묘법"이라고 부르는 구조처럼 느껴졌다. 이 구조 속에서 작가는 '크롯'이라는 작은 이야기 조각들을 가지고 작업하면서 다음과 같이 움직인다.

> …마치 임의적으로 한 지점에서 다른 지점으로 이동하듯이, 문자 그대로의 의미에서나 상징적인 의미에서나, 유사 에네르게이아적 움직임을 이루는 구성 요소들을 서서히 그러모으면서. 그런 작품을 조직하는 데 있어 지배적인 규칙은 단 하나, 작가가 천재적인 산문시인이어야 한다는 점뿐이다… 작가는 이야기 조각들을 끊임없이 뒤섞으며 가능한 표현 방식 가운데서 가장 감동적인 방식을 찾아낸다. 그는 선형적으로 진행되는 소설에서처럼 핵심 사건들을 응집함으로써가 아니라, 시적인 힘에 의해 클라이맥스에 도달한다. 이 방식은… 인과적으로 연결되고 대체로 순차적으로 제시되는 사건들을 포기하고, 대신 질감에 크게 의존하기 때문에… 지나치게 화려해질 위험이 크다. 과도하게 밀어붙이는 작가의 성향이 감상적인 효과를 만들어낼 수도 있는 것이다. 반대로 이 방식에 커다란 장점이 있다면 이미지에 꼭 맞춰야 하는 초점을 맞출 수 있다는 것이다. 반복되는 이미지들은 이 방

식을 통해 심리적으로나 상징적으로나 점점 더 커다란 힘을 얻게 된다.

—존 가드너,《소설의 기술》

　그렇다. 이 소설 속에는 분명 반복되는 이미지와 시적인 언어가 있다. 그럼에도 이야기를 관통해 흐르는 건 저 중심 줄거리이고, 그것을 함께 끌어가는 건 여러 개의 "핵심 사건들"이다. 그러니 이 기법이 순수한 점묘법은 아니다. 다시 한번 묻자. 왜 그렇게 많은 다른 소품문들이 필요한가? 물론 그것들이 장소와 목소리와 주제 면에서 에스페란자의 이야기와 겹치기 때문이다. 갇혀 있고, 밖으로 나가고 싶어 하는 사람들의 이야기라는 점에서 그렇다. 하지만 그 이야기들의 배열은 임의적인가? 아니면, 선명한 다채로움 말고도 그 배치를 이끌어가는 어떤 원칙이 있는가?

　내 생각에 시스네로스는 이야기 조각들을 어느 정도는 시간 순서대로 배열하고 있는 것 같다. 우리는 한 소품문 속에서 하나의 인물을 (예를 들어 레이철을) 만나는데, 그 인물을 또 다른 소품문 속에서 보게 될 때는 분명 시간이 흘러가 있다. 또한 우리는 장소에 따라 이동하기도 한다. 거리를 걸어가며 한 집과 그곳의 거주자를 만나고, 또 그다음 집과 그곳의 거주자를 만나는 것이다. 또 가끔은 하나의 소품문이 소설의 다른 쪽에 있는 또 다른 소품문을 반영하기도 한다. 에스페란자와 친구들이 자전거를 타고 동네를 신나게 돌아다니는 이야기인 '우리의 좋은 날'은 뒤에 나오는 '작은 발 패밀리'에 반영되어 있다. 똑같은 소녀들이 등장하지만, 이제 조금 더 나이를 먹은 그들은 하이힐을 신고 동네를 정신없이 돌아다닌다. 그리고 한 "부랑자"가 돈을 주고 억지로 키스하려고 하기 때문에 위험한 상황이기도 하다. 이번에는 또 다른 한 쌍의 이야기들을 살펴보자. 엘레니타가 에스페란자에게 들려주는 "마음으로 만들어진 집"에 관한 모호한 예언은 '세 자매'라는 이야기에서 되풀이된다. 세 자매는 "8월에 부는 바람과 함께" 도착하는데, "달 말고는 어떤 것과도" 관계가 없어 보이는 존재들이다. 그들은 에스페란자에게 (떠나고 싶다는) 그의 소망이 실현될 거라고 말해준다. 이 쌍둥이 같은 이야기들은 우리가 시간의 흐름에 따라 나아가는 동안 원을 그리면서 앞으로 나아가는 느낌을 준다. 즉, 일종의 나선형 움직임이다.

 시스네로스가 이 소설 전반에 걸쳐 회전하면서 앞으로 나아가는 느낌을 더욱 강력하게 만들어내는 건 다음 두 쌍의 소품문 덩어리들을 통해서다. 우선, 마린이 나오는 이야기와 샐리가 나오는 이야기가 있다. 불안정한 성적 매력이 있는 마린은 소설 앞부분에 배치된 세 편의 이야기에 등장한다. 그리고 걱정스러운 성적 매력이 있는 샐리는 소설 뒤쪽에 배치된 다섯 편의 이야기에 등장한다. 마린이 거리를 두고 떨어져 있는 에스페란자에게 방탕함과 성적 매력의 두려움을 보여준다면, 에스페란자와 같은 또래의 친구인 샐리는 무서운 섹스를 에스페란자의 바로 코앞까지 끌고 온다. 에스페란자를 "레드 클라운즈"에 남자아이들하고만 남겨두고 가버리는 것이다. 또 다른 한 쌍을 살펴보자. 소설 중반부에 나오는 나이 든 남자의 달갑지 않은 키스는 소설 끝무렵에 나오는 유사 강간 장면에 반영된다. 이처럼, 시스네로스는 소설 속에서 서로 떨어져 있는 이야기들이 짝을 이루게 함으로써 공간적 움직임을 만들어내고, 그러면서 독자로 하여금 여러 시공간을 서로 연결하게 만든다. 이는 뒤라스가 《연인》에서 여자들의 목록을 가지고 굴절된 초상화를 만들어내는 방식과도 비슷하지만, 여기서 그 작업은 망고 스트리트에 사는, 망가지거나 갇혀 있거나 하늘에서 떨어지는 그 모든 소녀들과 여자들에게—그리고 가끔은 소년들에게도—좀 더 공감의 시선을 보내면서 이루어진다.

 내 생각에 이건 《망고 스트리트》가 그저 한 명의 소녀에 관한 이야기일 뿐 아니라 하나의 장소에 관한 이야기이기도 하기 때문인 것 같다. 여기서 하나의 장소란, 이 소녀에게 깊은 영향을 미치는 장소다. 다른 인물들에 관한 이야기는 에스페란자가 성장하는 동안 그의 주위를 맴돈다. 그리고 에스페란자 자신의 선형적인 이야기는 그 이야기들과 상호작용을 하면서 좀 더 규모가 크고 어느 정도 구조를 갖춘 서사의 흐름을 만들어낸다. 이 소설에 등장하는 44편의 소품문은 거칠게는 다음과 같이 일곱 개의 움직임으로 분류할 수 있을 것이다.

　　Ⅰ (1-4): **화자 자신**, 가족, 장소에 대한 소개
　　Ⅱ (5-16): **동네 사람들** 첫 순회 — 대부분 여성, 마린 중심
　　Ⅲ (17-20): 성적인 **문턱**에 가까워진 소녀들 — 하이힐, 춤추기, 처음으로 두드러지는 골반
　　Ⅳ (21-24): 좀 더 나이가 들고 괴로움이 깊어진 **화자 자신**에 대한 재인식 — 나이 든 남자의 키스, 죽음, 공포, 죄책감, 점쟁이의 예언
　　Ⅴ (25-31): 괴로움이 깊어진 **동네 사람들** 두 번째 순회 — 갇혀 있는 여자들, 성매매 여성들, 마린 이야기의 종결
　　Ⅵ (32-40): 성적인 **문턱**에 도달한 소녀들 — 샐리 중심이지만 화자 자신에 관한 이야기이기도 함, 위기, 카니발에서의 강간
　　Ⅶ (41-44): **화자 자신**의 선언

그렇다면 이 작은 이야기 조각들 사이에 드러나는 패턴은 다음과 같다.

　　화자 자신/동네 사람들/문턱

화자 자신'/동네 사람들'/ 문턱'
화자 자신"

　A B C / A' B' C' / A". 그리고 내 생각에는 이런 형태가 이 소설에 훨씬 더 분명한 구조를 부여하는 것 같다. 이야기에는 분명 중심이 되는 흐름이 있지만, 그 흐름을 둘러싸고 회전하면서 규칙적으로 반복되는 건 소품문들이다. 그 소품문들은 위로 올라가는 흐름에 동력을 공급해준다. 여기서 나는 나선형 계단을 본다. 하나의 축을 둘러싸고 윤이 나는 수많은 작은 발판들이 빙글빙글 돌아가며 올라가는 계단을.

집요한 반복
저메이카 킨케이드 《미스터 포터》

　일인칭 회고 서사, 특히 무언가에 집요하게 집착하는 서사는 자연스럽게 소용돌이 구조를 따르게 되는 걸까? 내가 알아낸 바로는 서정적 회고록이 바로 그런 방식으로 작동한다. 어쩌면 그건 허구적 장치를 통해 구성된 회고에도 해당되는 이야기일지 모른다. 무언가에 사로잡힌(시달리는?) 화자는 자기 과거의 가장 강렬했던 순간들을 손안에서 돌려보고 또 돌려보면서, 회전하는 동안 반복되는 패턴과 모양을 응시한다. 이런 일이 일어나는 걸 볼 수 있는 작품이 있다면 킨케이드의 《미스터 포터》다. 이 작품에서 우리는 거의 문자 그대로, 화자가 마법의 물렛가락을 손안에서 돌리는 걸 볼 수 있다. 이 작품에서 (이름과 삶의 세부가 작가와 똑같은) 화자는 자신의 공동 창조자인 남자를 회상하면서, 동시에 환상을 통해 그를 창조해낸다. 그 남자는 화자의 아버지다. 우리는 1948년의 앤티가섬에 있다. 이야기는 이렇게 시작한다.

> 그리고 그날, 태양은 늘 있던 자리에, 하늘 한가운데 높이 떠 있었고, 언제나처럼 너무도 눈이 시리도록 밝게 빛나며 그림자들조차 희미해지게 만들었고, 그림자들조차 숨을 곳을 찾게 만들었다. 그날 태양은 늘 있던 자리에, 하늘 한가운데 높이 떠 있었지만, 미스터 포터는 이 점에 주목하지 않았다. 그는 이 점에, 태양이 늘 있던 자리에, 하늘 한가운데 높이 떠 있는 것에 너무도 익숙했던 것이다. 만약 태양이 늘 있던 자리에 있지 않았다면 미스터 포터의 하루에는 아주 커다란 변화가 생겼을 것이다. 비가 온다는 뜻이었을 테니카⋯

의문의 여지가 없다. 이건 가차 없는 반복이다. 킨케이드는 거트루드 스타인의 표현을 빌려 이것을 집요함이라 부를지도 모른다. 또 하나 눈에 띄는 건 맨 처음에 나오는 "그리고"라는 단어인데, 이 소설에서 수없이 많은 문장들이 이 단어로 시작하고, 열두 개의 장 가운데 하나를 뺀 열한 개의 장이 이 단어로 시작한다. 이런 특징들은, 그리고 집요한 태양은 내게 《창세기》를 떠오르게 한다. "태초에 하느님이 하늘과 땅을 창조하셨다. / 그리고 땅은 형태가 없었고 공허했으며, 심연의 표면 위에는 어둠이 있었다. 그리고 하느님의 영은 수면 위를 운행하셨다. / 그리고 하느님이 말씀하시길, 빛이 있으라 하시니, 빛이 있었다."

《미스터 포터》는 정말로 일종의 창세기다. 우리가 포터를 처음 보게 되는 "그날"은 실은(참을성 있는 독자라면 알아차릴 수 있을 텐데) 화자 자신을 탄생시키는 일련의 사건들이 시작되는 바로 그날이다. 하지만 화자는 포터가 낳아놓고도 알기를 거부하는 수많은 딸들 가운데 한 명일 뿐이다. 화자 역시 나머지 딸들처럼 자신을 "관통해 그어지는 줄" 하나를, 출생증명서의 아버지 이름이 들어갈 자리에 빈칸을 갖게 될 것이다. 하지만 다른 "아버지 없는" 소녀들과는 달리—그리고 미스터 포터와도 달리—이 딸은 읽고 쓰는 법을 배우고, 자신을 버린 아버지를 다시 삶 속으로 불러내는 책 한 권을 쓰게 될 것이다.

화자는 거의 성서에 가까운 서술을 통해 아버지의 삶을 그려내기 시작한다. 우리는 아버지의 아버지를, 가난한 어부이며 저주를 받아 농포성 피부병에 걸린 그 남자를 보게 된다. 아버지의 어머니도 보게 되는데, 그는 바다로 걸어 들어가버린다. 그리고 아버지 자신의 비참한 어린 시절과, 그가 이해할 수 없는 남자로 자라나 수많은 여자들과 잠을 자고, 수많은 딸들을 태어나게 하고, 그들 모두에 대한 책임을 부인하는 것을, 그리고 기타 등등을 보게 된다. 우리는 포터를 보게 된다. 상상을 통해 만들어진 고정된 거리를 두고 격렬한 시선으로. 우리는 그가 죽을 때까지 그를 지켜본 다음, 빗속에서 그의 무덤을 둘러싸고 있는 수많은 화난 여자들을 보게 된다.

이 소설의 여러 장들은 상상 속에서 구성된 포터의 삶을 대체로 시간순으로 따라가지만, 그 사이사이에는 수많은 예기적 서술법prolepsis — 시간을 앞당겨 도약하는 기법 — 이 등장한다. 하지만 그런 도약은 거의 언제나 화자 자신의 삶과 경험 속으로 향한다. 으스스하게도 우리는 오랫동안 화자가 이 이야기의 인물이라는 사실조차 알지 못한다. 화자는 페이지 위에 몰래 등장해 서서히 목소리를 높이면서 강력해진다. 화자가 처음으로 모습을 드러내는 건 8페이지에서인데, 거기서 그는 갑자기 이렇게 말한다. "나는 작가로서 결정을 내리고 있는 게 아니다." 다시 말해 화자는 자신을 텍스트 속에 작가로 위치시키고 있고, 그러지 않는다고 말하면서도 은연중에 작가로서의 권위를 선언하고 있는 것이다! 그런 다음 그는 사라졌다가 40페이지 뒤에야 나타난다. "[미스터 포터가] 나를 만들었고, 나는 글을 읽을 수 있으며, 바로 이 순간 이 모든 것을 글로 쓰고 있다." 또다시 40페이지 뒤에서 그는 이렇게 말한다. "나는 그의 인생이라는 서사를 쓸 수 있는 사람, 정말로 그럴 수 있는 유일한 사람이다." 화자는 등장할 때마다 우리를 현재로, 화자 자신의 현재로, 다시 말해 그가 이야기를 하고 있는 시간과 장소로 다시금 데려가고, 그러면서 자신과 우리의 눈앞에서 이 남자의 인생이라는 실을 자아낸다. "나는 이제 나 자신에게 미스터 포터에 관한 이야기를 써줄 수 있다." 화자는 우리에게 이렇게 말하기도 한다. "그리고 나는 이제 미스터 P의 인생에서 중심인물이다. 그가 내 인생에서 그랬던 것처럼." "나는 미스터 포터를 만들어내고, 같은 방식으로 미스터 포터를 지워버린다. 그리고⋯ 그는 내가 여기 만들어내고 있는 자신의 초상에, 한 필의 옷감 위에 그려진, 자신이 등장하는 장면들에 영향을 끼칠 수가 없다. 그곳에서 나는 중심인물이다." 그런 다음 마지막 일격이 다음과 같이 이어진다.

> 그리고 이제 나는 "미스터 포터"라고 말한다. 하지만 그의 이름을 말하는 동시에 나는 글로 쓰인 그것을 읽고 있고, 그렇게 그의 이름을 말하는 동시에 그의 삶을 상상하는 일은 그를 고립되고 파편화된 존재가 아니라 완전한

전체로 만든다. 그리고 이는 그가 세상을 떠나 글을 읽을 수도 쓸 수도 없고, 나 자신의 이미지로 그를 형상화하는 내 권위에 맞설 수도 없기 때문이다.

이것은 딸이 아버지를 낳는 급진적인 창세기다. 이 이야기의 성서적인 어조와 문장 구조는 완벽하게 작동한다. 하지만 내 생각에 이 어조는 창세기보다 더 불길한 그늘을 드리우고 있는 것 같다. "참아라, 참아라, 나는 지금 나 자신에게 말한다." 화자는 아버지를 불러내는 작업 중간에 이렇게 중얼거린다. 이 소설에는 가마솥couldron이라는 단어가 여덟 번이나 등장한다. 이보다 더 마녀를 연상시키는 단어는 없을 것이다. 최면을 거는 듯 반복되는 그런 말들에서는 마녀의 주문 같은 냄새가 스멀스멀 풍겨 나온다. 마지막에 화자의 작업이 완료되고, 그의 말들이 육체를 만들어냈을 때 등장하는 장엄한 명령들에서도 그렇다. "보아라, 미스터 포터를! 들어라, 미스터 포터를! 만져라, 미스터 포터를!" 노래와 마법, 주문, 매혹의 언어들. 마법의 말들이 모든 것을 존재하게 만든다.

화자의 강력한 존재는 이 소설의 형식 속에서 특정한 방식으로 작동한다. 만약 화자가 계속 이야기에 발을 들이며 서사를 자신에게로 다시 끌어당기지 않는다면, 우리에게 남는 건 포터의 '삶'을 상세히 묘사하는 느슨하게 선형적인

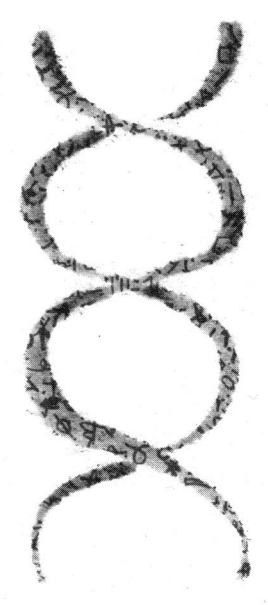

서사뿐일 것이다. 하지만 화자는 집요하게 모습을 드러내며 이야기 가닥들을 잡아당기고, 그 가닥들을 실로 잣고, 천으로 엮어 짜내고, 그 천을 자기 몸에 둘둘 감는다. 그리고 이 지점에서 나는 《미스터 포터》가 보여주는 나선의 감각을 느낀다. 포터에 관한 이야기는 시간순으로 진행된다. 그럼에도 그 이야기는 화자를 하나의 축으로 삼아 그 주위를 회전한다. 화자는 포터의 삶을 서술하면서 상습적으로 개입하기 때문에, 포터의 이야기를 손에 쥔 채 몇 번이고 중심 위치에 자리하게 된다. 화자는 포터의 초상을, "한 필의 옷감 위에 그려진" 장면들을 만들어내고, 그 장면들을 자기 몸에 비유적으로 둘둘 감는 것처럼 보인다. 자신과 포터는 서로의 인생에서 중심인물이 된다고 화자는 말한다. 어쩌면 이건 이중 나선일까? 《망고 스트리트》에서는 에스페란자의 줄거리가 축이 되고, 다른 소녀들과 여자들의 이야기가 그 축을 중심으로 회전한다. 하지만 《미스터 포터》에서는 화자의 자아가 축이고, 화자는 그 축 주위에 자신의 아버지가 등장하는 이야기라는 천을 둘둘 감는다.

인류는 신석기시대 이후로 나선을 그림으로 그리고, 색칠하고, 조각해왔다. 나선은 그때부터 생애 주기와 출산, 여성 재생산의 상징이었을 수도 있다. 고대 그리스 문화에서 운명의 세 여신인 클로토, 아트로포스, 라케시스(로마에서는 노나, 데쿠마, 모르타)는 인간의 삶이라는 실을 자아냈고, 그 삶 속의 사건들을 직물로 짜냈으며, 삶이 다하면 직물을 가위로 싹둑 잘라냈다. 마법의 의식을 행하는 이는 테오크리토스의 《목가》 2번에 나오는 거절당한 여인이 그러듯이 마법의 바퀴를 팽이처럼 돌리기도 했다. "내 마법의 바퀴야, 집으로 이끌어라, 내 사람인 저 남자를." 여인은 바퀴를 돌리며 이렇게 읊고, 그 말들 자체가 그토록 갈망하던 남자를 불러낸다. 한 사람의 내적 자아로 향하는 여행을 가리키는 상징으로서 나선은 (내가 듣기로) 마녀의 마법에서도 즐겨 쓰이는 형태다.

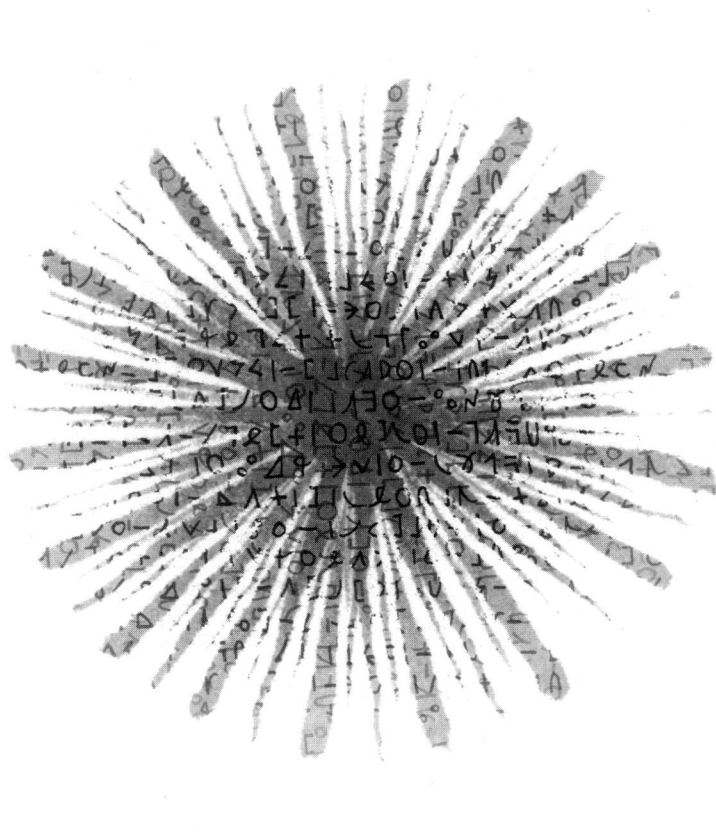

RADIALS

OR EXPLOSIONS

방사형

혹은 파열

    빛깔들을 샤워처럼 뿜어내는 폭죽, 거베라의 중심부에서 바큇살처럼 뻗어가는 꽃잎, 혹은 태양으로부터 퍼져 나오는 광선을 떠올려보라. 각각의 경우, 중심부의 에너지는 바깥을 향해 방사형으로 퍼진다. 혹은 웅덩이에 퐁당 빠지는 돌멩이를, 돌이 빠진 자리를 둘러싸고 고리 모양으로 번지는 잔물결을, 베여 넘어진 나무줄기에 드러나는 나이테를 그려보라. 여기서도 에너지는 중심에서 시작해 바깥으로 밀고 나간다. 방사형 혹은 파열 패턴은 핵, 중심부, 블랙홀에서 생겨난다. 바깥을 향해 바큇살처럼 뻗어가든, 고리 모양으로 퍼지든 간에 말이다. 이런 패턴의 전형이면서 바큇살과 고리 모양 둘 다를 보여주는 것이 있다면 눈동자일 것이다. 동공은 검은 중심이고, 홍채는 여러 개의 부채각과 고리로 이루어진 광륜이다.

내가 방사형 패턴이라고 느끼는 서사에서는 강력한 중심부가 허구의 세계를—인물들의 집착, 시간 속에서 일어난 사건들을—중력으로 단단히 붙들고 있다. 그 중심부는 범죄나 정신적 외상일 수도 있고, 인물이 피하고 싶어 하지만 어쩔 수 없이 빠져드는 무언가일 수도 있다. 그 무언가는 파괴적인 인력으로 모든 것을 끌어당긴다. 나선형 서사에서와는 달리, 이야기 자체—우리가 보기에 극적으로 펼쳐지는 사건들—가 시간의 흐름에 따라 앞으로 나아가는 일은 거의 없다. 대신, 독자는 뜨겁게 달아오른 하나의 중심에 몇 번이고 계속해 이끌려가는 느낌을 받을 수 있다. 혹은 반대로, 그 중심으로부터 멀어지려고 애쓰는 느낌을 받을 수도 있다. 이야기의 시작부터 이미 결말을 알고 있으면서 똑같은 순간을 여러 갈래의 분절된 시선으로 바라볼 수도, 그 순간을 회피하기 위한 움직임들을 그렇게 바라볼 수도 있다. 중심점에서부터 마구 흩어지는 느낌을 받을 수도 있다. 방사형 패턴은 중심에서 외부로 퍼져갈 수도 있고, 반대로 외부에서 중심으로 빨려 들어갈 수도 있지만, 선형적이지는 않다.

검은 동공과 홍채를 닮은 구조
가브리엘 가르시아 마르케스 《예고된 죽음의 연대기》

이 소설에 나오는 죽음은 사실 살인이다. 마을 사람 모두가 그 일이 벌어지리라는 걸 알고 있었고, 아무도 그것을 원하지 않았음에도 아무도 막지 못했다는 점에서 특히 극악한 살인이다. 우리는 소설의 첫 문장에서부터 누가 언제 죽임을 당할지 알게 된다. 이야기는 마르케스가 1951년 콜롬비아의 수크레에서 알고 지냈던 한 남자의 살인 사건을 바탕으로 하고 있지만, 문학에서 우회적으로 비롯된 영감도 품고 있다. 바로 소포클레스의 《오이디푸스 왕》이다. 마르케스는 그 비극을 사건이 일어나기 불과 2년 전에 읽었고, 그것을 하나의 계시로 받아들였다. "나는 방으로 가 침대에 들었고, 그 책을 첫 페이지부터 읽기 시작했다… 믿기지 않았다… 읽을수록 더 읽고 싶어졌다… 지금 나는 그 책을 거의 외우다시피 한다." 그는 사건을 수사하는 인물 자신이 살인자라는 점에서 《오이디푸스 왕》이 가장 독창적인 탐정소설이라고 여겼다. 그리스 비극을 본떠서 《예고된 죽음의 연대기》를 썼다고 말한 적도 있다. 그러니 이 작품에 영향을 끼친 건 인과관계로 된 플롯의 흐름을 지닌 실제 범죄 사건, 그리고 호 구조를 갖춘 그리스 비극, 이렇게 둘 다다. 하지만 이 소설이 취하는 형태는 직선도 호 구조도 아니다. 내가 보기에 이 소설의 구조는 검은 동공과 홍채를 닮았다. 동공은 살인 사건이고, 홍채는 그것이 닥쳐오는 걸 알면서도 방관했던 모든 사람이다. 그들은 그 사건의 잔물결을 평생 느끼며 살아가게 될 것이다.

이 소설의 서두를 여기에 옮겨본다.

그들이 산티아고 나사르를 죽이기로 한 날, 그는 새벽 5시 30분에 일어났다. 주교가 탄 배를 기다리기 위해서였다. 그는 목재로 쓸 나무가 자라는 숲속을 지나가는 꿈을 꾸었다. 숲에는 부드러운 이슬비가 내리고 있었고, 그는 꿈속에서 잠시 행복했지만, 깨어났을 때는 온몸에 새똥을 뒤집어쓴 기분이었다. "그 애는 항상 나무 꿈을 꾸더라고요." 그의 어머니 플라시다 리네로는 27년이 지난 뒤 내게 그렇게 말했다. 그러면서 그 고통스럽던 월요일의 기억을 자세히 떠올렸다.

…그 전날 밤 산티아고는 옷을 벗지도 않은 채 잠들었고, 잠도 설쳤다. 아침에 깨어났을 때는 두통이 있었고, 입천장에는 마치 구리 등자를 핥은 듯한 맛이 남아 있었다. 그는 그것을 자정이 넘도록 이어진 결혼 축하연이 자연스레 남긴 후유증이라 여겼다. 거기에 더해, 그가 6시 5분 전에 집을 나서서 한 시간 뒤 돼지처럼 도륙될 때까지 마주친 모든 사람은 그가 약간 졸려 보이긴 했지만 기분

은 좋아 보였다고 기억했다.

그러니 마르케스는 이야기의 플롯(처럼 보이는 것)을 처음부터 누설하지만, 그와 동시에 흥미로운 서사적 상황을 만들어낸다. 그는 살인으로 이어지는 일들을 차례차례 전달하는 식으로 사건을 정면에서 제시하지 않는다. 그리고 그것을 하나의 수수께끼처럼 무대에 올리지도 않는데, 채 몇 페이지 지나지 않아 우리는 산티아고를 죽인 사람이 누구인지 알게 되기 때문이다. 바로 페드로와 파블로 비카리오다. 대신, 기자이기도 한 우리의 화자는 그 살인을 지켜본 마을 사람들 10여 명의 기억을 추적한 끝에, 30년이 지난 시점에서 서로 다른 그들 각자의 목소리로 그날의 사건을 이야기하게 한다. 우리는 산티아고의 어머니와 하인들, 상점 주인이었던 클로틸데 아르멘타, 화자의 여동생과 어머니와 아내, 친구 크리스토 베도야, 앙헬라 비카리오, 소도시의 시장, 아마도르 신부 등의 증언을 듣게 된다.

줄거리는 단순하다. 바야르도 산 로만이라는 부유하고 잘생긴 외지인이 아내를 찾기 위해 마을에 나타난다. 그는 앙헬라 비카리오라는 여성을 찾아내고, 6개월 뒤 그들은 결혼한다. 마을 전체를 마비 상태에 빠뜨리는 호화로운 결혼식이 끝나고 난 뒤 바야르도는 신부를 집으로 데려가지만, 신부가 처녀가 아니라는 사실을 알게 되자 곧장 가족에게 돌려보낸다. 앙헬라의 쌍둥이 오빠 페드로와 파블로는 그럴 의무가 있다고 믿기에 동생의 "가해자"를 죽여버리겠다고 선언한다. 앙헬라는 그 가해자의 이름이—사실일까?—산티아고라고 말한다. 쌍둥이는 그를 죽이고 싶지 않아서 누군가에게 제지당하려고 애를 쓴다. 칼을 들고 자신들이 하려는 일을 소리쳐 말하면서 마을 여기저기를 돌아다닌다. 하지만 머뭇거림과 놓쳐버린 기회들이 부조리하게 얽히면서 아무도 그들을 막지 못하고, 아무도 산티아고에게 제시간에 경고하지 못한다.

20년 뒤, 다른 누구만큼이나 그 사건 때문에 혼란스러워 보이는 화자는 조사를 시작한다. 그러고는 그 재앙 같았던 아침에 대한 마을 사람들의 서로 다른 이야기를 우리에게 들려준다. 그 이야기들 속에서 세세하고 우스꽝스럽게 맞물린 일련의 행동들은 한데 모여 산티아고가 자기 집 문에 기댄 채 칼에 찔리게 만든다. 우리는 산티아고의 몸에 가해진 무시무시한 만행을 자세히 설명하는 수사관들과 검시관들의 기록 또한 듣게 된다. 그러는 동안, 수십 년이 지난 뒤라 아는 게 많아진 화자는 결혼식 이전의 과거 이야기를, 그리고 그 뒤에 앙헬라와 바야르도와 불행한 살인자들에게 일어난 일들의 세부를 들려준다. 하지만 우리는《예고된 죽음의 연대기》의 마지막 몇 페이지에 이르러서야 살인을, 그 칼질 하나하나를 보게 된다. 그러니 우리는 소설의 첫 단락에서 그 일이 일어날 것임을 알게 되지만, 그 뒤에는 사건 주위를 빙글빙글 돌고 또 돌고, 멀리서 돌고 가까이에서 돌다가 마침내 피로 얼룩진 그 중심부를 파고들게 되는 것이다.

    이 이야기는 선형적으로 쓰일 수도 있었다. 그런데 왜 중심이 되는 순간에서 시작해 100페이지에 걸쳐 그 주위를 빙빙 도는 걸까? 그건 물론 살인이 이 이야기의 핵심이 아니기 때문이다. 핵심은 빠져 있는 부분들과 그에 따르는 대가다. 화자가 그 축제와 범죄의 의미를 "한 조각 한 조각 다른 사람들의 기억으로부터 건져내기로" 마음먹으면서 조사에 들어가는 것이 바로 이것이다. 그는 그 죽음 자체가 "우리 모두가 책임이 있었을지 모르는" 죽음이라고 다음과 같이 말한다.

> 수년 동안 우리는 다른 어떤 것에 대해서도 이야기할 수 없었다. 우리의 일상적인 행위들, 당시 너무도 많은 선형적인 습관에 지배받고 있던 그 행위들이 갑자기 하나의 공통된 걱정거리를 중심으로 회전하기 시작한 것이었다. 부조리를 가능하게 했던 수많은 우연한 일들의 연쇄에 어떤 질서를 부여해보려고 애쓰다 보면, 어느새 새벽이 되어 닭들의 울음소리가 들려오곤 했다. 그리고 우리가 그 일을 하고 있는 것이 수수께끼를 해결하려는 충동 때문이 아니라 우리 중 누구도 운명이 우리에게 부여한 역

할과 임무를 정확히 알지 않고서는 계속 살아갈 수 없기 때문이라는 사실은 명백했다.

그렇다면 각각의 사람은 공통된 걱정거리라는 그 중심점을 둘러싸고 정확히 어떻게 맞물려 있을까? 그중 어떤 조각이 "운명"이 부여한 것일까? 우리는 오이디푸스의 세계에서 멀지 않은 곳에 있다. 자신의 끔찍한 운명을 알지 못한 채 살다가 마침내 그것을 알게 되자 스스로 눈을 찔러 장님이 된 오이디푸스 말이다. 여기서 가장 진실을 깨닫지 못하는 사람은 누구일까? 새 옷을 걸치고 주교를 만나러 성큼성큼 걸어나가는 산티아고는 모두가 알고 있는 사실을 깨닫지 못한다. 쌍둥이와 그들의 날카롭게 벼린 칼날이 기다리고 있다는 사실 말이다. 하지만 마을 사람들 역시 진실을 깨닫지 못하는 존재이기는 마찬가지다. 자신들이 어떻게 이 일을 막지 못할 수 있었는지 알지 못한다는 점에서 그렇다. 화자 자신은 그 끔찍한 사건으로 이어졌던 결혼식에 관해 생각하며 이렇게 말한다.

정말이지, 내가 그 달갑지 않았던 일요일을 떠올릴 때마다 항상 떠올랐던 가장 강렬한 이미지가 있다면, 나이 든 폰시오 비카리오가 마당 한가운데 걸상에 혼자 앉아 있는 모습이었다. 사람들은 아마도 그곳이 상석이라 생각해 그를 거기 앉혔을 테고, 손님들은 그에게 발이 걸려 넘어졌고, 그를 다른 누군가로 착각했고, 방해가 되지 않도록 그를 다른 곳으로 옮겨놓았고, 그는 새하얀 머리를 이리저리 끄덕이며 막 시력을 잃은 사람 특유의 어딘가 엇나간 표정을 지었고, 자신에게 한 것이 아닌 질문들에 대답했고, 아무도 그를 향해 지나가듯 손을 흔들고 있지 않았지만 그 손짓들에 대답했으며, 자신만의 '의식하지 못함'이 만들어낸 원 속에서 행복해했다…

아, '의식하지 못함oblivion'이 만들어낸 원이라니. 이 노인은 (오이디푸스와 너무나 비슷하게도) 곧 죽게 될 산티아고, 그리고 곧 그를 죽게 내버려둘 마을 사람들 양쪽 모두와 비슷한 존재다. 어쨌든 이것이 화자가 품고 있는 가장 강렬한 이미지다. 이제 소설의 끝에 가까운 지점, 살육이 벌어지기 몇 페이지 전에 또 하나의 이미지가 등장한다.

그 사람들은 흩어져서 [산티아고와 크리스토 베도야가] 그랬던 것처럼 광장을 향해 가고 있었다. 빽빽하게 몰린 군중이었지만, 에스콜라스티카 시스네로스는 그 두 친구가 광장 한가운데로 걸어 들어가는 걸 자신이 별 어려움 없이 알아봤다고 생각했다. 그곳은 원형으로 텅 비어 있었는데, 산티아고 나사르가 곧 죽게 되리라는 사실을 모두가 알고 있었기에 감히 그에게 닿으려 하지 않았기 때문이었다.

공통된 걱정거리라는 중심점을 둘러싸고 회전하기, '의식하지 못함'이 만들어낸 원 안에 앉아 있기, 텅 빈 원 안으로 걸어 들어가기. 마르케스는 이 원들을 우리가 알기 쉽게 그려 보여주지만, 그 탐문의 전체 구조를 그가 어떻게 보여주는지도 생각해보라. 우리는 피로 얼룩진 뜨거운 중심 주위를 빙글빙글 돌며 가끔 그 열기에 가닿다가 마침내 그 안으로 뛰어든다. 좀 더 관념적으로 말하자면, 화자의 조사 작업은 어디를 향하고 있는가? 그는 그 범죄, 죄책감, 자기 자신 그리고 마을 주위를 빙글빙글 돌지만, 우리는 산티아고가 앙헬라의 "가해자"였는지조차 끝내 알 수 없다. 어쩌면 화자 자신이 가해자였을지도 모른다! 이 세계 전체에는 순환하는 느낌, 부조리한 느낌이 잔물결처럼 퍼져나간다. 그리고 결코 관념적이지 않은 또 하나의 원이 등장한다. 쌍둥이가 갇히는 곳은 리오하차에 있는 파놉티콘이다. (18세기 후반 제러미 벤담과 그의 형이 설계한) 파놉티콘은 본래 중심에 수직의 공간이 서 있는 원형 건물로 상상되었다. 그 수직의 공간에서 교도관은 (이론상) 주위로 배열된 모든 감방 안의 죄수들을 감시할 수 있었다.

여러 개의 원, 감옥, 서사적 시간의 붕괴, 순환하는, 혹은 가망 없는 느낌. 나는 이 모든 것에서 이야기 전체를 조직하는 형태로서의 파놉티콘을 본다. 그렇지만 그것은 뒤집힌 파놉티콘이다. 수십 명의 사람들이 중심에 있는 살인 사건을 빤히 쳐다보고 있으니 말이다. 그들은 그 사건이 다가오는 걸 보고, 그 일이 벌어지는 걸 보고, 수년 동안 다시금 그 장면을 보게 된다. 그리고 우리는 그 사건을 둘러싼 감방을 하나씩 옮겨가며 그들처럼 그 안을 들여다보고, 그들이 보는 것을 보게 된다. 동공. 홍채.

하나의 중심에서 날아온 527개의 이야기 조각들
메리 로비슨《내가 왜 그랬을까》

만화경처럼 정신없이 돌아가는 이 소설 속 세계를 가장 빠르게 보여주는 방법은 도입부를 그대로 옮겨오는 일일 것이다.

1

나는 뒷면에 번호들의 조합이 새겨진 다이얼 자물쇠를 돌리는 꿈을 꾼다. 왼쪽으로 85, 오른쪽으로 12, 다시 왼쪽으로 66. "젠장, 이게 뭐람." 나는 꿈속에서 말한다.

2

홀리스와 나는 이 토요일 하루를 통째로 함께 죽였다. 우리는 PBS의 14시간짜리 시리즈 〈시빌 워〉 전편을 보았다. 이제 그게 끝나자, 홀리스는 나를 돌아보며 이렇게 말한다. "좋았어."

뭐라도 좀 사줘

나는 결국 한밤중에 식료품점 '애플트리'에 간다. 하지만 쇼핑을 하면서 오래 있을 생각은 없는데, 이 노래는, 이름이 뭐더라, 걔가 불렀을 때 이미 최악이었기 때문이다. 그리고 새벽 4시에 나와 있는 이 인간들은 다 뭐 하는 인간들이람? 나는 규칙 하나를 새로 만드는 중이다. 아무도 내 몸에 손대지 말 것. 세상에 대한 내 느낌이 달라지기 전에는 안 된다. 그때가 되면 규칙을 철회할 거다.

4

전남편이든 뭐든 그 세 명.
다들 할 말이야 있겠지.
난 그들에게 이렇게 말할 것이다. "공격하려는 건 아냐. 우린 타이밍이 안 좋았고, 조명도 엉망이었고, 그냥 잘 안 풀린 거지." 이렇게도 말할 것이다. "하지만 당신으로서도 분명 그게 최선이었잖아, 안 그래?"

난 이렇게 말할 것이다. "마셔!"

마구 흩어져 있고 뒤죽박죽이다. 화자인 머니의 정신 상태도, 그의 서사의 형태도 그렇다. 우리는 한 조각 한 조각 이야기를 맞춰나간다. 머니는 뉴올리언스 외곽 어딘가에서 홀리스와 함께 산다. ("그는 내 친구다. 이 세상에서 제일 좋은 친구는 아닐지도 모른다. 그래도 내게는 유일한 친구다.") 머니는 시나리오 작가 혹은 개작 전문가로 (훌륭하게 혹은 형편없게) 일한다. 딕스라는 돈 많고 멍청한 남자친구가 있고, 고양이 '꽃순이'를 잃어버리며, 옆집에 사는 '귀머거리 여자'와 함께 의미 없는 대화를 나눈다. 밤에는 차를 타고 여기저기 돌아다니거나 물건에 라벨을 붙이거나 모든 것을 금색으로 칠하면서 시간을 보낸다. 머니에게는 아이도 두 명 있다. 딸 메브는 메타돈° 때문에 어려움을 겪고 있고, 아들 폴리는 방금 고문과 강간 피해를 입은 상태다. 그리고 이것이 서사의 중심에서 타오르는 고통의 불꽃, 머니가 그 주위를 미친 듯 빙빙 돌면서 때때로 바깥으로 향하는 동력을 잃고 그 속으로 떨어져버리는 불꽃이다. 바람개비처럼 정신없이 돌아가는 이런 상황에 더해, 머니에게는 주의력결핍장애가 있지만 약은 없다. 머니는 주의력을 제대로 발휘

° 모르핀이나 헤로인에 의존하는 환자의 금단증상을 치료하는 데 쓰는 합성 진통제.

하지 못하고, 어쩔 수 없이 중심부의 고통에 계속 주의를 빼앗긴다. 폴리의 강간범에게 느끼는 살인적인 분노를 어찌해야 할지, 그가 폴리에게 다시 해코지할 수도 있다는 두려움을 어찌해야 할지, 그리고 폴리가 HIV에 감염되었는지 알아보려고 기다리는 동안 무엇을 해야 할지에 대해서도.

 이 장편소설은 527개의 크롯으로 구성되어 있다. 대부분은 번호가 붙어 있지만, 그저 사적인 농담을 통해서만 내용을 언급하는 듯 보이는 제목이 붙은 것들도 많다. 각각의 크롯에는 그 나름의 삶의 불꽃이 담겨 있다. 동요, 유머, 색감과 고통의 축소판이라고 할까. 이 조각들 안에는 부조리한 소란이 살아 숨 쉬고 있고, 그것들의 배열 역시 혼돈을 연상케 한다. 이 소설 속 서사적 움직임의 한 형태는 이런 조각들과 그것들이 만들어내는 만성적이고 중독적인 소망의 에너지, 깡충깡충 뛰는 듯한 그 에너지에서 유래한다. 이번 이야기 조각에서는 또 어떤 새로운 광기가 기다리고 있을까? 이 고유한 무질서는 에너지를 표현하면서 동시에 만들어낸다. 나는 이 소설을 줄거리를 이해하려고 읽는 게 아니다. 자극을 받기 위해, 즉 새로운 쾌락이나 고통을 찾아내기 위해 읽는다. (부디) 이 부분을 읽어보라. "그냥 모든 게 다 후회되고 방향지시등을 켜는 건 너무 귀찮다. 꺼져. 내가 어디로 가는지 댁이 왜 알아야 하지? 나도 모르는데." 대부분의 크롯에 번호가 붙어 있다는 사실 때문에 약하지만 집요한 서사적 움직임이 생기기도 한다. (숫자를 세고 있으니까!) 또 다른 움직임의 체계는 좀 더 관습적인 것으로, 인과관계와 관련이 있다. 폴리에게 무슨 일이 일어났는지, 그리고 앞으로 무슨 일이 일어날지 알고자 하는 욕구가 그것이다. 하지만 우리가 폴리에 관해 알게 되는 건 오직 드문드문 등장하는 충격적인 순간들을 통해서다. 첫 번째로 나오는 그런 순간을 여기에 옮겨본다.

여전히 뭔가가 빠져 있어

"합판이 필요해요." 내 아들 폴리가 잠꼬대를 했다. 내가 잘못 들은 건지도 모른다. 하지만 "필요" 어쩌고 하는 말을 했다는 건 안다.

그날은 내가 거기서, 세인트 앤 스트리트에 있는 폴리의 집에서 처음으로 보낸 날이었다. 아직 뉴욕 경찰이 그 애를 숨겨주기 전이었다.

그 애는 이렇게 보였다. 하얀 면양말, 밑단이 해진 청바지, 소가죽 벨트와 여린 녹색 스웨터 차림으로. 끔찍한 장갑처럼 붕대를 둘둘 감은 두 손은 아마 무릎 위에 있었을 텐데, 그 애가 몸을 굽히고 있어서 내게는 보이지 않았다. 그 애는 접시를 옆으로 밀어놓고 얼굴을 식탁에 댄 채 깊이 잠들어 있었고, 한쪽 귓불에서는 작은 에메랄드 조각이 빛나고 있었다.

머니는 이 고통스러운 중심부 주위를 안절부절못하고 춤추듯 돌아다니거나, 그렇지 않으면 빠져나올 수 없는 현재에 붙들려 있다. "폴리에 관한 내 생각들은 하나의 사물처럼 저편에 놓여 있다. 언젠가는 그걸 통과하며 해결해야 할 것이다. 어쩌면 그 일부는 따로 떼어두어야 할지도 모르겠다." 그리고 이 핵심적인 문제와 그것을 견디며 살아가는 머니의 광적인 태도가 이 소설에 바람개비처럼 돌아가는, 혹은 파열하는 형태를 부여한다고 나는 생각한다. 이 조각들은 중심의 블랙홀 주위를 회전하거나 그곳으로부터 흩어져 나온다.

이 소설의 서사 속에는 이렇듯 혼란스럽게 흩어진 형태를 표현하는 구절이나 이미지가 들어가 있기도 하다. 머니가 집에서 제작한 마크 로스코의 위작을 홀리스가 빤히 들여다보며 이렇게 말하는 장면이 그런 순간이다. "여기서 빠져 있는 건 초점이 되는 한 점이야… 결국에는 시선을 고정하고 계속 바라보게 되는 지점 말이야. 우리가 결국에는 쳐다보게 되는 무언가가 없어." 혹은 머니가 병원에서 막 퇴원한 폴리의 손에 붕대가 감긴 걸 보고도 손수건들을 건넸던 자신의 정신없음을 후회하면서 이렇게 몹시 화를 내는 순간도 그렇다. "그것들을 전부 음식물 찌꺼기 분쇄기에 넣어서 갈아버리고 갈기갈기 찢어버려야 했는데." 혹은 "트럭에 실

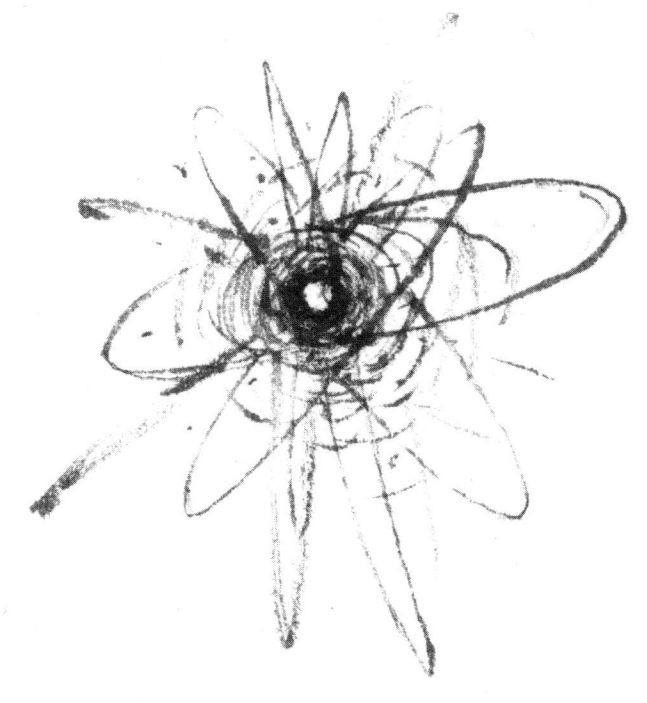

려 있던 유리 조각들과 날카롭게 벼려진 금속 창들이 밖으로 내동댕이쳐질지 모른다"는 생각이 머니의 머릿속에 떠오를 때나, 머니가 선글라스가 "갈려서 가루가 되어버리는" 상상을 할 때도 그렇다. 그리고 머니가 다음과 같이 말할 때도 마찬가지다.

종이와 가위로 할 수 있는 일은 많다. 가위가 있다면…
하지만 종이만 있어도 할 수 있는 일은 많다. 종이를 수

십 가지 방법으로 접는 거다.

그러면서 자신을 속여서, 머릿속 한구석에 있는 것들에 관한 생각을, 어느 쪽이 더 나쁜지는 모르겠으나 그곳에서 지끈거리거나 훌쩍이고 있는 모든 것에 관한 생각을 그만두게 만드는 거다.

메리 로비슨은 수천 장의 작은 카드들을 조립해 이 소설을 썼다. 그 카드들 각각에는 그 자체로 완결된 몇 줄의 텍스트가 적혀 있었다. 로비슨은 잡지 《밤Bomb》과의 인터뷰에서 이렇게 말했다.

이 작은 부분들은 전부 다른 방식으로 사용되고 있어요. 각각 다른 역할을 하도록 의도된 거죠. 내가 이 이야기에 최대한 부여할 수 있었던 관습적인 형태가 그 정도예요. 처음부터 얘기해볼까요. 여러 가지 끔찍한 일들이 있었어요… 저는 어려움을 겪고 있었고요… 그래서 그걸 헤쳐나가기 위해 메모를 하기 시작했어요. 밖으로 나가 노트를 꺼내곤 했죠. 아니면 운전하다가 아무 데나 차를 세우고 메모하기도 했고요. 뭐든 메모를 했어요… 한 4초 동안 웃기거나, 무섭거나, 몰입할 수 있는 것으로 느껴지는 건 뭐든 말이에요… [나중에] 그것들을 훑어보면서 생각했죠. 이게 네가 하고 있는 유일한 글쓰기잖아. 이걸 다른 사람들이 읽어도 재미있게 만들어야 해. 그래서 전 메모들을 재구성하게 됐고, 좀 더 창작에 가깝도록 서사에 다가가게 됐죠. 그리고 상당히 문자 그대로의 의미에서 서사를 조립하기도 했고요. 그렇지만 그 서사에 모자를 씌워주거나 신발을 신겨준 적은 없어요. 이 소설의 페이지들은 역순으로 읽어도 거의 똑같이 작동할 거예요.

선풍기 바람에 흩날리는 색종이 조각들, 바람개비 중심의 구멍을 둘러싸고 돌아가는 날개들, 길바닥에 떨어져 박살나며 날아가는 유리병 파편들.《내가 왜 그랬을까》는 하나의 파열이다. 이것들은 그냥 아무렇게나 흩어진 조각들이 아니다. 의도된 분열, 붕괴되거나 분명치 않은 말들, 그리고 로비슨의 말대로 이 조각들을 역순으로 읽어도 똑같은 효과를 얻을 거라는 사실에도 불구하고, 이 조각들은 모두 하나의 중심에서 날아온 것이다.

극도로 응축된 하나의 초점으로부터
조이스 캐럴 오츠 《블랙 워터》

1969년 채퍼퀴딕 참사에서 영감을 얻은('영감을 얻은'?) 이 경장편소설에는 극도로 응축된 하나의 극적 초점이 있고, 나머지 부분은 그 초점을 둘러싸고 방사형으로 퍼져나간다. 그 초점이란 "상원의원의" 차가 물속으로 추락한 순간부터 그 안에 갇힌 동승자 켈리 켈러허가 숨을 거둘 때까지의 100분이다. 우리는 켈리가 죽을 거라는 사실을 안다. 이 중편소설이 마치 그리스 비극처럼 이미 알려진 이야기의 흐름을 따라가기 때문이다. 그리고 서사가 켈리의 죽음 직전까지 계속 달려가다가 멈춰 서서는, 원을 그리며 밖으로 나오면서 켈리에 대해 더 많은 이야기를 들려주기 때문이기도 하다. 이 소설의 첫 장에서—겨우 여덟 줄밖에 안 된다—상원의원의 차는 도로에서 이탈해 물속으로 추락하고, 켈리는 이렇게 생각한다. "내가 죽는 걸까? 이런 식으로?" 하지만 텍스트는 이 공포의 핵심으로부터 원을 그리며 밖으로 나오면서 발목까지 오는 양말을 신은 조그만 켈리를, 아이가 예뻐서 어쩔 줄 모르는 할아버지의 손에 붙들려 허공에서 흔들리는 켈리를 보여준다. 혹은 대학생이 되어 정치학을 공부하는 켈리, 그날 몇 시간 전에 독립기념일 기념 피크닉 자리에서 상원의원을 만나는 켈리를. 하지만 우리가 켈리가 살아 있는 모습을 보고 느끼자마자, 텍스트는 "내가 죽는 걸까? 이런 식으로?"나 "검은 물이 폐를 가득 채웠고, 켈리는 숨을 거뒀다" 같은 말들과 함께 뚝 끊긴다. 어떤 단락 속에서든 켈리의 삶을 구성하는 모든 시간대와 목소리가 광란에 가까운 다급함으로 한데 휘말려 회전할 수 있다. 중간쯤에 나오는 한 단락을 여기 옮겨본다.

> 켈리가 그 여자였다. 그가 고른 여자였고, 그 일이 벌어지게 될 사람이었고, 대여한 도요타 차량의 동승자였다. 켈리가 자신을 껴안듯 꽉 잡고 있는 무언가를 손톱으로 할퀴며 벗어나려 애쓰고 있는 동안, 검은 물은 소용돌이치고 거품을 내며 주위로 솟아올랐고, 두 눈 속으로 튀어들어왔고, 켈리는 그제야 간신히 비명을 질렀고, 다시 비명을 지르기 위해 숨을 들이켰다가, 기침하고 침을 뱉으며 마침내 비명을 뱉어냈고, 도요타는 조수석 쪽을 아래로 한 채 소용돌이치는 탁한 물속으로 가라앉았다.
> 켈리의 세례명은 '엘리자베스 앤 켈러허'였다. 그리고 《시민의 질문: 시민의 질문 재단에서 펴내는 격주간 간행물》의 판권란에 적힌 이름 역시 '엘리자베스 앤 켈러허'였다.
> 친구들에게는 '켈리'로 알려져 있었다.
> 켈리와 그 남자 사이에는 곧바로 따스한 호감이 생겨났다. 알다시피 그런 일은 그렇게 일어난다. 예고 없이.
> 그 남자가 행복하게 미소 지으며 켈리의 손을 잡았을 때. 그러고는 어떤 남자들이 가끔씩 그러듯 무의식적으로, 느껴질 만큼만 꽉 쥐었을 때. 깜짝 놀란 상대방의 두 눈에 담긴 따끔한 고통을, 동공의 수축을 **보고** 싶고 **느끼고**

싶어서 그렇게 했을 때.

G——가 사랑을 나누면서 가끔씩 아프게 했을 때. 무의식적으로.

켈리는 비명을 질렀었다. 짧고 높은 비명을, 숨을 헐떡이면서. 흐느껴 울기도 했었다. 거칠게 애원하는 자신의 목소리가 멀리, 어두워진 방 구석구석에서 메아리치는 게 들렸다. 오 사랑해요, 사랑해요, 사랑해 사랑해 사랑해요, 그들의 육체는 철썩철썩 부딪치며 서로를 빨아들였고, 땀으로 뜨겁고 끈끈하게 젖어 있었고, 머리칼은 땀에 젖어 두피에 착 들러붙어 있었다. **네가 누군가한테는 꼬마라는 거, 너도 알지, 응? 응?**

《예고된 죽음의 연대기》에서와 마찬가지로, 여기서도 하나의 죽음이―죽음과 그에 맞서는 거친 희망이―이야기 중심부에 있는 블랙홀이 된다. 우리는 서로 다른 시선의 흐름을 따라 빙 돌며 이 죽음으로 향하는 대신, 여기 이 중심부에 갇혀 있다. 그리고 과거와 무력한 희망으로 이루어진 여러 개의 원이 바늘구멍 같은 중심을 둘러싸고 사방으로 뻗어나간다.

점점 더 실타래처럼 얽히고설키는 상태
알랭 로브그리예 《질투》

막대가 원을 그리며 반복적으로 훑고 있는 도플러 레이더 화면을 떠올려보라. 이 누보로망 소설은 바로 그렇게 움직인다. 하나의 초연한 시점—삭제되고 아내에게 배신당한 남편의 시점—이 집 곳곳을 훑으며 아내가 저지른 부정의 증거를 찾는다. 그럼에도 뚜렷한 시간의 흐름이나 인간의 내면은 드러나지 않는다. 대신 사물들이 인간의 감정을 비추는 프리즘이 되고, 가능성 있는 '이야기'를 드러내는 존재가 된다. 처음에 독자는 집의 설계도를 마주하게 된다. 여러 개의 베란다와 창문, 가구와 문이 있고, 바나나 농장으로 둘러싸여 있는 집이다. 이것은 등장인물로서의 설계도. 그 뒤에 이어지는 장들 대부분은 이 설계도를 언어로 풀어낸 문장들로 시작하는데, 이는 주어진 시간 내에 보이고 들리는 것들에 대한 기록이다. 이를테면, "이제 기둥, 그러니까 지붕의 남서쪽 구석을 떠받치고 있는 기둥의 그림자가 베란다의 해당 모서리를 정확히 반으로 나눈다"거나 "이제 헛간 쪽에서 들려오는 두 번째 운전사의 목소리가 베란다의 이 중앙부에 닿는다"는 식이다. 이런 문장들은 딱딱하고 무미건조한 리듬을 지니지만, 그 안에서는 이 후텁지근한 집안을 배회하는 사람들의 동작이 드러나고 집 안의 열정들이 암시된다. 가장 먼저 따라지는 술은 선호를 드러내고, 벽에 짓이겨진 지네는 기만을 뜻하며, 머리 빗는 소리에는 위협이 담겨 있다.

사물들에 대한 이런 기록 뒤에는 하나의 선형적인 이야기가 숨어 있을 수도 있지만, 그렇다 해도 그 이야기는 조각조각 잘리고 주먹 안에 구겨 넣어진 상태다. 이 집에 사는 여자는 이웃집 사람과 호텔에서 하룻밤을 보냈을 수도 있고, 여기 이 집에서 그와 동침했을 수도 있으며, 그 이웃이 다이닝룸 벽에서 지네를 발견하고 짓이겨버렸을 수도 있고, 여자의 방에서 그랬을 수도 있다. 편지들이 쓰였을 수도, 읽혔을 수도 있다. 일어났을 수도 있는 일들은 뭐든 몇 번이고 계속해서 다시 일어나지만, 거기에 논리적인 흐름은 없다. 반복되는 순간들과 구절들이 정신없이 한데 이어붙여져 있을 뿐이다. 그 대신, 이 작품의 중심부에는 끈덕지게 주시하는 분노한 시선이 웅크리고 있다. 질투가 실제의, 혹은 상상 속의, 혹은 서로 모순되는 행동들을 분노에 찬 만화경 같은 풍경으로 바꿔놓는 것이다. 빛은 방 안으로 쏟아져 들어오거나 닫힌 덧문에 가로막혀 들어오지 못하고, 의자는 특정한 각도로 놓여 있고, 술이 따라지고, 차가 도착하고, 한 남자가 혼자서, 혹은 남자와 여자가 함께 차에서 걸어 나온다.

이 경장편소설은 질투라는 만성적인 동요 상태를 구조화하면서 시간성을 내던져버리고, 대신 움직임들과 그것들이 만들어내는 패턴을 끈질기게 추적한다. 《질투》에 드러난, 흔적을 찾아 집요하게 지켜보는 시선은 다음과 같이 수많은 익숙한 패턴의 초상들을 우리에게 보여준다. 내게 그 초상들은 이 경장편소설 자체의 구조를 그려낸 작은 자화상들처럼 보인다.

> 탁자는 수없이 많은 구멍이 뚫린 금속 원반인데, 그중 가장 커다란 구멍들은 복잡한 장미꽃 모양을 하고 있다. S자 모양을 한 일련의 곡선들은 모두 중심에서 시작되어 이중으로 굽어진 바큇살들처럼 퍼져 있고, 그 각각은 원반 가장자리에서 끝부분이 나선 모양으로 말려 올라가 있다.

혹은

> 석유램프들 주위에는 여러 개의 타원이 계속 회전하고, 길어졌다가 짧아지고, 오른쪽이나 왼쪽으로 옮겨가고, 솟아올랐다 내려앉고, 혹은 한쪽으로 흔들렸다가 다시 반대쪽으로 흔들리면서 점점 더 실타래처럼 얽히고설키며 뒤섞이고 있다. 그 안에서는 어떤 독립된 곡선도 더 이상은 구별되지 않는다.

혹은

그 노랫소리는 일반적으로 노래, 불평 혹은 후렴구라 불리는 것과는 너무도 다르게 들리는 일이 가끔 있기에, 서구의 청자라면 전혀 다른 무언가가 개입해 있는 게 아닌지 의심하는 것도 당연할 것이다. 그 소리들은 반복되는 것처럼 들리지만, 그럼에도 어떤 음악적 법칙과도 관련이 없게 느껴진다. 사실상 어떤 음조도 멜로디도 리듬도 없다. 마치 그 남자가 일을 하면서 서로 아무런 관련이 없는 분절된 소리들을 곁들이며 만족해하고 있기라도 한 것처럼.

어떤 음악적 법칙과도 관련이 없는 소리들, 점점 더 실타래처럼 얽히고설키는 상태, 어떤 독립된 곡선도 더 이상 구별할 수 없는 상태. 이 모든 것에는 분명 전혀 다른 무언가가 개입해 있다.

그물망과

NETWORKS

AND

세포

CELLS

벌집을 떠올려보자. 그것을 이루는 작은 방들의 금욕적인 질서정연함을, 여러 줄로 단정하게 맞물린 육각형들을. 혹은 너무나 바싹 말라서 그물망 모양으로 금이 가 지표가 수많은 섬들처럼 갈라진 밭을 상상해보자. 그 섬들은 크기와 모양이 대체로 비슷하고, 금이 가는 방식은 거의 벌들이 벌집 속에서 만들어내는 패턴처럼 규칙적이다. 이번에는 테다소나무 줄기에 난 바둑판 모양의 패턴을, 규칙적으로 조각난 그 나무껍질을 그려보자. 아니면 수영장 바닥에서 흔들리며 춤추는 굴절된 빛의 그물망을, 촘촘히 붙은 거품들을 떠올려보자. 이는 모두 각각 다른 힘들이 만들어내지만,

그럼에도 이 패턴들은 놀랄 만큼 서로 닮아 있다. 반복되는 형태들이 서로 맞물려 있는 건 물질이 기하학적으로 공간을 채우는 방식이 그렇게 많지는 않기 때문이다. 형태 자체(거품이나 조각난 나무껍질처럼)에 초점을 맞춘다면 이를 '세포' 패턴이라고 부를 수 있을 것이다. 혹은 그 형태를 규정하는 선들lines에 초점을 맞춘다면 '망상網狀' 혹은 '그물망' 패턴이라고 부를 수 있을 것이다. 어느 쪽이든 그 모습은 평면을 채우고 있는 다각형들의 형태로 거의 비슷하다. 이 패턴은 구불구불한 선이나 나선처럼 하나의 선으로 만들어진 형태가 아니라 하나의 장場이다. 그렇다면 이게 이야기와 어떤 관련이 있을까? 어떤 텍스트들은 아무리 빙글빙글 돌고 돌돌 감겨도 따라갈 만한 하나의 흐름 같은 건 제시해주지 않는다. 둘러싸고 회전할 뜨거운 중심 같은 것도 없다. 대신에 우리는 수많은 조각들을, 혹은 하나의 거미줄을 응시하게 된다. 우리의 뇌는 이야기의 흐름을 따라가는 대신 선들을 그리면서 연결을 만든다.

깊이를 갖춘 문학적 서사라면 어떤 것이든 전체를 가로질러 연결된 맥락을 끌어내라고 독자의 뇌에 요구한다. 그러니 어떤 의미에서 모든 복잡한 서사는 그물망 구조다. 그 서사들을 읽어나가는 우리의 경험은 절대 순수하게 선형적이지 않다. 생각이 단락에서 단락으로 튀어 다니는 그 경험은 오히려 입체적이거나 공간적인 것이 된다. 하지만 이제부터 살펴볼 텍스트들에서 서사에 앞으로 나아가는 느낌을 가장 강렬하게 부여하는 건 딱 한 가지, 독자의 시냅스 연결이다. 서사 속에 던져진 우리는 허우적대며 길을 찾아야 한다. 붙잡을 밧줄은 없다.

인과관계나 시간의 흐름에는 별로 관심을 두지 않으면서 연결된 생각들, 이미지들, 구절들을 통해 확장되는 이런 텍스트를 "공간적" 텍스트라고 한다. 소설가 조지프 프랭크는 1945년 에세이 〈현대 문학에서의 공간적 형식Spatial Form in Modern Literature〉에서 이 용어를 새로 만들어냈다. 그는 당시 현대시와 그것이 독자들에게 요구하는 바에 대해 고민하고 있었던 것이다. 그런데 산문 작가들 역시 단지 플롯의 흐름을 통해서만이 아니라, 이미지나 생각을 나란히 배열함으로써 이런 식으로 흥미로운 동요를 만들어내지 않았던가? 그로부터 수십 년 뒤, 프랭크의 개념들이 문학장 전체에 얼마나 널리 퍼져나갔는지 보여주는 산문집 《서사에서의 공간적 형식Spatial Form in Narrative》의 편집자들은 다음과 같이 유용한 정의를 제시한다.

> '공간적 형식'이란 가장 단순한 의미로는 소설가들이 서사에 내재된 시간 순서를 전복하는 데 사용하는 여러 기법을 뜻한다. 우리는 서사를 한 단어 한 단어 차례로 읽어나가는데, 이런 의미에서 모든 서사는 시간 순서에 따

른다. 하지만 소설가가 단어들의 이런 선형적 흐름 안에서 사건들을 배열하는 방식은 종종 다양한 차원에서 엄격한 시간 순서를 벗어난다. 또한 하나의 서사를 이루는 여러 부분은 이미지 패턴, 라이트모티프, 유추, 대조와 같은 장치들을 통해 시간 순서와는 무관하게 연결되기도 한다. 여기에 더해, 우리는 그 기법이 독자의 머릿속에서 하나의 효과가 만들어지는 과정을 암시하고 있으며, 따라서 '공간적 형식'에는 서사 구조의 객관적 특성뿐 아니라 미적 인식이라는 주관적 과정 또한 포함되어 있다는 사실을 기억할 필요가 있다.

줄거리가 시간 순서에서 멀어질수록, 또한 줄거리와 무관한 구성 요소들이 등장할수록 그 텍스트는 공간적인 것이 된다. 로버트 숄스와 로버트 켈로그는 이런 종류의 서사들이 20세기 중반을 전후해 폭발적으로 등장하는 것을 목격했다. "시간의 재배열을 토대로 하는 플롯들이 나타나기 시작했다. 이런 플롯에서 '해결'이란 종결된 행위가 만들어내는 균형 상태라기보다는 깨달음이 만들어내는 균형 상태다. 그 균형 상태는 시간이라는 조각 그림 퍼즐에서 빠져 있던 조각들이 마침내 모두 제자리를 찾고, 그 결과 그림이 완성될 때 찾아온다."

하지만 이는 단지 시간이라는 조각 그림 퍼즐에만 적용

되는 이야기는 아니다. 공간성은 또한 독자가 하나의 서사를 가로질러 그어진 연관성의 벡터들을, 마치 계단통에 비치는 빛줄기 같은 그것들을 어떻게 찾아내는지, 혹은 시간 순서와는 아무런 관련이 없는 단락들 사이에서 짜릿한 관계성을 어떻게 발견해내는지 설명해주기도 한다. 그러니 다시 한번 말하자면, 어떤 복잡한 서사든 어느 정도는 공간적인 서사다. 우리가 살펴보았던 나선형이나 방사형 서사는 확실히 그렇다. 내 생각에 공간성이라는 개념은 분리된 부분들로 이루어진 세포 형태의 텍스트에서 가장 뚜렷하게 드러나는 것 같다. 그 분리된 부분들은 연속적인 사건이 아니라 이미지나 생각이 만들어내는 패턴을 통해 힘을 얻는다. 이제부터 살펴볼 서사들은 모두 세포들로 구성되어 있다. 처음 두 편에서는 일련의 크롯들이 등장하고, 세 번째 서사에서는 조금 더 길고 자세한 크롯들이 등장한다. 그리고 이 세 편 모두에서 부분들에 일관성을 부여하는 건 선형적인 시간 순서가 아니다. 시간 대신 당신이 선들을 긋는다.

독자를 앞으로 나아가게 하는 건 무엇일까
수전 마이닛 〈욕망〉

섹스와 한 평범한 십 대 소녀에 관한 이야기인 〈욕망

Lust〉은 각각 고유한 형태와 궤도를 지닌 56개의 크롯으로 구성되어 있다. 그 평범한 소녀는 나라고도 너라고도 불리는데, 우리는 그 소녀 주위에서 희미하게 스케치된 세계—사무적으로 말하는 어머니와 내향적인 아버지, 기숙학교, 파티, 해변—를 보게 된다. 우리는 그 소녀를 주로 서로 다른 소년-남자들과 엮이는 소품문들 속에서 보게 되지만, 어떤 크롯들은 전개되면서 '성별화된 소녀다움'이라는 더 넓은 세계를 보여주기도 한다. 화자는 나와 너 사이에서 흔들리면서 자신에게, 독자에게, 혹은 (수많은) 성적 만남을 경험해온 모든 소녀에게 말을 건다. 그 첫 조각들을 여기 소개한다.

레오는 오래전에 알게 된, 내가 처음으로 알몸을 본 남자애였다. 헬먼스 가족이 아직 수영장에 물을 채우기 전이었던 봄에, 우리는 베이비오일이나 뭐 그런 것들을 가지고 그곳의 수심이 깊은 쪽으로 내려가곤 했다. 나는 그 애를 기숙학교에 간 첫 달에 만났다. 캠퍼스 불빛이 그 애의 머리 뒤에서 후광처럼 비치고 있었다. 나는 확 달아올랐다.

로저는 빨랐다. 우리는 그 애가 불법으로 모는 차를 타고 라디오를 쾅쾅 울리게 틀어놓은 채 저수지로 달려가며 빠르게, 빠르게, 빠르게 말을 주고받았다. 로저는 언제나 내지퍼를 내리려고 들었다. 그 애는 2학년 때 퇴학당했다.

밴드가 〈와일드 호시스〉를 연주하기 시작할 무렵, 나는 브루스의 혀를 맛본 뒤였다…

너는 캠퍼스를 벗어나려고 산책을 나가곤 했다. 죽도록 비가 쏟아지고 있었고, 내 스웨터는 물 먹은 양털처럼 흠뻑 젖어 있었다. 팀은 나를 나무에 밀어붙였다…

이 크롯들은 마치 군도를 이루는 섬들처럼 모두 하나의 주제를, 그리고 불안정할지언정 인식 가능한 하나의 관점을 공유하고 있다. 또 이 조각들은 시간에 대한 단서를 제공해 주기도 한다. (레오는 화자가 처음으로 알몸을 본 남자애였다.) 하지만 시간적 플롯이 전혀 없기 때문에 〈욕망〉은 하나의 극적 흐름이라기보다는 유사한 순간들의 목록에 더 가깝다. 독자는 하나의 순간 속에 머무르다가 하얀 여백을 건너 다음 순간으로 뛰어넘지만, 그 움직임에는 아무런 순서도 없다. 목록에 있는 하나의 항목에서 다음 항목으로 옮겨가는 것 말고, 독자를 앞으로 나아가게 하는 건 또 무엇일까? 그리고 그렇게 앞으로 나아가면서 독자는 어떻게 의미를 찾아낼까? 마지막에는 분명 변화의 느낌이 있다. 그 느낌은 어떻게 얻어지는 걸까?

이것이 〈욕망〉을 읽을 때 내게 일어나는 일들이다. 섬에서 섬으로 옮겨가며, 나는 우리의 평범한 소녀가 지닌 성적인 자아 감각 안에서 무언가가 붕괴되는 걸 느끼기 시작한다. 이 느낌은 주로 붕 떠 있던 이미지들이 서서히 공허한 이미지로 옮겨가는 과정을 통해 찾아온다. 하지만 이런 전환은 선명하지 않다. 심지어 이야기 초반에서도 온화한 이미지들은 불안한 이미지들과 살짝 맞닿아 있다. 예를 들어 첫 번째 크롯에서 레오는 후광을 두르고 있다. 사랑스럽고 희망찬 데다 순수한 이미지 아닌가! 하지만 열여섯 번째 크롯에서는 한 소년의 팔이 우리의 소녀를 감싸고 있는데, 이 이미지는 처음에는 위안을 주는 듯하지만 다음 순간에는 "거름 속으로 가라앉는 것처럼" 느껴진다. 이 크롯은 이중적인 어조가 특징이다. 그리고 스물두 번째 크롯에서는 이런 말들이 나온다. "어떤 밤들에는… 네가 코를 그의 목에 대고 있으면 마치 다람쥐가 된 듯 평온한 꿈속에서 안전하게 쉬고 있는 기분이 들곤 했다. 하지만 그러고 나면 거기서 미끄러지기 시작했고… 자신이 동굴처럼 텅 비어간다고 느끼곤 했다." 쾌락을 비워내는 이런 당혹스러움의 기미는 서서히 더 커지고, 결국에는 훨씬 더 큰 불안이 된다.

이런 변화는 특히 화자가 다음과 같이 소녀들과 소년들의 경험 차이를 알아차릴 때 벌어진다. "네가 어떤 남자아이를 보기 시작하면 무언가가 먹구름처럼 재빠르게 네 머리 위로 몰려들곤 했고, 그러면 너는 다른 누구도 도저히 생각할 수가 없었다. 하지만 남자아이들은 달랐다. 조금만 예쁜 아이가 지나가는 걸 보면 그 애들의 두 눈에는 생기가 돌았다."(스물네 번째 크롯) 이런 생각은 점점 발달한다. 그리고 이렇게 발달하는 건 생각이지, 플롯을 이루는 일련의 사건들이 아니다. 서른네 번째 크롯에는 이런 말들이 나온다. "남자아이는 여자아이들을 많이 사귈수록 좋다. 결실을 거두고 나면, 남자아이는 얼굴이 밝아지며 활짝 핀다… 하지만 여자아이는 남자아이를 한 명 만날 때마다 꽃잎이 하나씩 뜯겨나간다." 그다음은 이렇다. "그런 다음엔 지치기 시작한다. 물 탄 스튜처럼 묽어지는 기분이 들기 시작하는 것이다." 뚜렷한 시간 순서 없이도(마지막에서 세 번째 크롯은 여전히 기숙학교가 배경이다), 우리의 보이지 않는 화자가 패를 배열함에 따라 인식이 변화한다. "속이 훤히 비쳐 보인다는 느낌이 들기 시작한다. 오직 회색빛만 들어오는 욕실 창문처럼 말이다."(마흔일곱 번째 크롯) "두들겨진 한 조각의 송아지 고기가 된 것 같은 기분이 들기 시작한다."(쉰두 번째 크롯) "섹스가 끝나면 너는 몸을 새우처럼 동그랗게 만다. 네 안 깊숙한 곳에 있는 무언가가 망가지고, 밀어붙여지는 일에 넌더리를 내는 바로 그곳이 밀어붙여진 채로."(쉰네 번째 크롯)

마지막 한 쌍의 크롯은 전체를 다음과 같이 요약해 되

풀이한다.

그 일은 이렇게 시작된다.
너는 그들의 눈을 빤히 들여다본다. 그 눈동자들은 별들이 다 나와 있는 것처럼 반짝인다. 그들은 진지하게 너를 바라보고, 그들의 눈은 낮게 타오르며, 그들의 손은 무얼 하든 수줍게 시작한다…

그러다가 그다음이 온다. 그때가 되면 그들은 너를 더는 바라보지 않는다. 그들은 고환을 긁고, 천장을 빤히 쳐다본다. 아니면 너를 향해 돌아눕기는 하는데, 시선이 완전히 달라져 있다. 그들은 놀란다. 아무 생각 없이 몸을 돌렸다가 정신이 딴 데 팔려 있는 너를 보게 되고, 마찬가지로 자기도 정신이 딴 데 팔려 있는 까닭에 그저 살짝만 놀란다. 너는 사라졌다. 그들의 차가운 표정은 자기들이 섹스하고 있던 소녀가 이제는 그 자리에 없다고 너에게 말해준다. 너는 사라져버린 것 같다.

신중하게 선택된 이미지들과 그 이미지들 속에서 점점 어두워지는 분위기가 변화의 느낌을 만들어낸다. 그리고 마이넛은 '나'를 점점 적게 쓰고, 짜증스러울 정도로 모든 게 다 포함되는 대명사 '너'를 점점 더 많이 쓰면서 우리의 평범한 소녀가 지닌 성적 자아의 감각이 좀 더 어두워지게—심지어는 가려지게—놔둔다. 이 마지막 한 쌍의 크롯은 전체의 축소판이며, 텍스트에 내재된 거울 구조(혹은 미장아빔°)다. 그 안에서 우리의 소녀는 나에서 너로 녹아내렸을 뿐 아니라 완전히 해체되었다. 〈욕망〉은 일련의 창문들 혹은 세포들처럼 보이고, 그것들 각각은 꽤 정적인 상태의 무언가를 드러낸다. 하지만 움직임은 내가 그 하나하나의 조각을 곱씹고, 전체를 훑고, 세포에서 세포로 나만의 선들을 그어가다가 마침내 그것들이 훨씬 더 많은 것을 조용히 드러내게 되었을 때 찾아온다.

부분들 사이의 통일성
셔먼 알렉시 〈감금〉

이 작품은 단편소설일까, 에세이일까, 혹은 산문시일까? 그동안 내가 보아온 바로, 이 작품은 이 셋 모두로 불린다. 〈감금Captivity〉은 어쨌거나 기존의 감금 서사에 대한, 그

° mise-en-abyme. 가문마다 있는 문장紋章 속에 그 문장과 똑같은 도안을 조금 더 작게 그려 넣어 같은 형태가 무한히 반복되어 보이게 하는 기법. 비평 이론에서는 자기반영적이고 자기성찰적인 극중극과 같은 형식을 주로 가리킨다.

중에서도 특히 메리 롤런드슨°의 서사에 대한 격렬한 응답이다. 롤런드슨은 1676년 필립 왕 전쟁 중에 매사추세츠에서 왐파노아그족에게 붙잡혔던 백인 여성이다. 〈감금〉의 제사에는 롤런드슨의 말들이 적혀 있다. "그(나를 붙잡은 자)는 내게 비스킷 하나를 주었고, 나는 그것을 주머니에 넣었다가 먹을 엄두가 나지 않아 통나무 밑에 묻어두었다. 그가 자신을 사랑하게 만들려고 무언가를 그 속에 넣어 내게 먹일까 봐 겁이 났다." 알렉시는 이 제사 뒤에 번호가 붙은 열네 개의 크롯을 배치한다. 각각의 크롯은 미국 선주민이 백인을 잡아 가뒀을 때, 혹은 반대로 백인이 선주민을 잡아 가뒀을 때, 이렇게 서로 다른 두 가지 경우에 감금이 지니는 의미를 보여준다. 서두에 해당하는 크롯들을 여기 옮겨본다.

1.

내가 지금 들려주는 이 이야기가 달라질 수도 있다는 걸 기억하라. 보호 구역은 그 백인 소녀를 기억한다. 이름이 없었던, 혹은 기억을 거부하는 이름을 지니고 있던 그 소녀를. 10월, 새로 온 그 백인 소녀는, 인디언 업무국 관리의 딸이었거나 인디언 보건 진료소에서 일하는 의사의

○ Mary Rowlandson(1637–1711). 17세기 미국 식민지 시대의 여성 작가로, 미국 문학사에서 가장 오래되고 중요한 포로 수기인 《신의 주권과 선하심The Sovereignty and Goodness of God》을 썼다.

딸이었던 그 소녀는, 보호 구역의 학교에 나타났다. 소녀는 마치 포로처럼, 어째선지 인디언 아이들의 검은 머리칼과 납작한 코를 두려워하고 있었다. 아이들은 한 명씩 일어나 자기 이름을 큰 소리로 외쳤다. 소녀는 교실에서 달아났고, 지금도 달아나고 있다. 실재하는 적들과 상상 속의 적들을 향해 두 팔을 마구 흔들면서. 그 소녀는 미래를 보고 있었던 걸까? 우리 모두를 사랑하는 일이 두려웠던 걸까?

2.

우리 모두는 들었다. 보호 구역 도로에서 두 대의 자동차가 충돌했을 때 났던 그 폭발음을. 첫 번째 차에 타고 있던 인디언 다섯 명이 죽었다. 두 번째 차에서는 인디언 네 명이 죽었다. 유일한 생존자는 스프링데일 출신의 백인 여성이었는데, 자기 이름을 기억하지 못했다.

3.

나는 당신 이름을 기억한다, 메리 롤런드슨. 지금 나는 당신을 떠올린다. 당신이 얼마나 꼭 필요한 존재가 되었는지를. 불안한 경계 속에서 이 이야기를 하는 내 목소리가 들리는가…? 변하는 건 아무것도 없고, 우리 둘 다 정확히 어디에 서서 우리 삶의 시작을 가늠해야 할지 알지 못한다. 그 인디언이 짙은 색 두 팔로 당신을 꽉 끌어안고 아무런 약속도 없이 그저 자기 목소리만 들려주었던 게 1676년이었나, 1976년이었나, 아니면 1776년이었나?

이 조각들은 서로 맞물린 불안한 관계들의 변형을 통해 순환한다. 인디언 소년들이 백인 소년 한 명을 닭장에 가두고, 그 애에게 침을 뱉고, 오줌을 싸고, 총을 쏜다. 화자의 여동생은 화자의 집 벽에 난 구멍이 되어버린다. 어느 주유소에서는 관광객들이 "병 속에 든 인디언"이라는 기념품을 산다. 보호 구역은 국가에 의해 봉쇄된다. 국가의 언어는 "적의 언어"이고, 그러므로 화자의 입안에도 말을 가두는 우리가 하나 있다. 그런 식으로 계속 나열된다. 적의 언어로 된 구절들 일부는 다음과 같다. "무거운 가벼움, 주택 보험, 진지한 허영, 안전 금고, 납으로 된 깃털, 샌드위치 맨, 밝은 연기, 생각 바꾸기…" 사실 이 페이지 위를 떠다니는 건《로미오와 줄리엣》의 유령이다. 적대적인 두 가문 내에서 불운하게 짝을 이룬 한 쌍이 등장하는 그 원초적인 드라마 말이다. 그 작품의 1막 1장에는 다음과 같은 내용이 나온다.

여기 증오와도 많은 관련이 있지만, 사랑과 더 많은 관련이 있는 무언가가 있네.
그러니 어째서인가, 오 다투는 사랑이여! 오 사랑 같은 증오여!

오, 무無가 처음으로 만들어내는 모든 것이여!

오, 무거운 가벼움이여! 진지한 허영이여!

좋아 보이는 형태들의 일그러진 혼돈이여!

납으로 된 깃털이여, 밝은 연기여, 차가운 불이여, 병든 건강이여!

여전히 깨어나는 잠이여, 그건 그게 아니다!

내가 느끼는 이 사랑, 이 안에는 어떤 사랑의 느낌도 없다. 우습지 않은가?

〈감금〉은 앞으로 나아가면서 최초의 반응식, 즉 백인+인디언+감금이라는 반응식의 다양한 변형을 계속 만들어낸다. 마치 조각가 솔 르윗이 열린 정육면체에 대한 변형들을 만들어냈던 것처럼. 그렇게 해서 우리는 〈욕망〉과 같은 종류의 서사 세계에 들어와 있게 된다. 유사하면서도 서로 분리된 조각들이 나열되는 그런 서사 속에.

무엇이 이 조각들을 하나로 묶고 있는지는 분명하게 드러난다. 이 조각들 사이에는 가족적 유사성이 넘친다. 메리 롤런드슨에게 말을 거는 부분들, 유사한 인물들의 겹침(메리, "새로 온 그 백인 소녀", 자기 이름을 기억하지 못했던 여자), 비슷한 사건들 혹은 각본들. 연도들(1676, 1776, 1976) 역시 이 조각들을 한데 뒤섞는다. 그럼에도 각각의 조각에는 나름의 온전함과 완결성이 있다. 알렉시는 에세이 〈슈퍼맨과 나〉에서 단락에 대한 자신의 감각을 다음과 같이 설명했는데, 내 생각에 여기 나오는 단락은 크롯과 비슷한 것으로 보아도 될 것 같다.

> 내가 단락의 목적을 처음으로 갑자기 명확하게 이해했던 순간을 지금도 정확히 기억한다. 그때 나는 '단락'이라는 말은 몰랐지만, 단락이 단어들을 담고 있는 하나의 울타리라는 걸 깨달았다. 한 단락 속의 단어들은 공통의 목적을 위해 함께 작동했다. 같은 울타리 안쪽에 있는 그 단어들에는 구체적인 존재 이유가 있었다. 나는 그 사실을 알게 되어 기뻤다. 그러고는 모든 것을 단락의 관점에서 생각하기 시작했다. 우리가 살던 보호 구역은 미국 안에 있는 작은 단락이었다. 우리 가족이 사는 집도 하나의 단락이었고, 북쪽으로 르브레 가문의 집들, 남쪽으로 포드 가문의 집들, 그리고 서쪽으로 부족 학교라는 다른 단락들과는 구별되어 있었다. 우리 집 안에서 각각의 가족 구성원은 따로 떨어진 단락으로 존재했지만, 그럼에도 우리를 잇는 유전적 특징과 공통의 경험은 있었다. 이제 이 논리를 바탕으로, 나는 내 달라진 가족을 일곱 개의 단락으로 구성된 하나의 에세이로 바라볼 수 있다. 어머니, 아버지, 형, 세상을 떠난 누나, 쌍둥이 여동생들, 그리고

입양된 막내 남동생.

 그러니 〈감금〉을 구성하는 각각의 크롯이 무언가로 둘러싸인 채 분리된 공간이기는 하지만(크롯=연=방이라는 사실을 기억하라), 이것들 모두는 감금이라는 상태 자체를 다루는 하나의 전체에 속해 있다. 여기서 부분들 사이의 통일성에 관해서는 의문의 여지가 없다. 하지만 세포 패턴을 지닌 서사에 대고 던져볼 수 있는 또 하나의 질문이 있지 않을까? 너는 어떻게 앞으로 나아가니? 플롯도 없이 어떻게 앞으로 움직이는 거니?
 한 가지 분명한 방식이 있다면 각각의 크롯 앞에 붙은 번호를 통해서다. 독자들은 앞으로 나아가는 느낌이 아주 조금만 있어도 쉽게 속는다. (저스틴 토레스는 단편소설 〈야생 상태로의 회귀Reverting to a Wild State〉에서 이 기교를 영리하게 활용한다. 이 작품을 이루는 부분들에는 역순으로 번호가 붙어 있어서, 이야기는 지금은 죽어버린 관계의 가슴 아픈 시작점을 향해 거꾸로 움직여간다.) 그런 표면적인 진행 감각을 강화하는 것은 달month의 존재다. 우리는 10월에서 시작해 6월까지 한 달씩 거꾸로 나아간다. 하지만 서로 끌어당기는 힘이 있는 가장자리들을 통해 크롯에서 크롯으로 옮겨가기도 한다. 하나의 크롯 마지막에 나오는 몇 단어가 (대략적으로) 다음 크롯의 첫 단어들을 이룬다. "우리 모두를 사랑하는 일이 두려웠던 걸까? / 우리 모두는 들었다…" 하지만 〈감금〉의 주된 움직임은 독자의 머릿속에서 일어난다. 독자가 무슨 일이 일어나고 있는지 파악하려고 애를 쓰고, 전체 이야기에 걸쳐 줄을 긋고, 마침내는 다투는 사랑, 혹은 사랑 같은 증오로 인해 팽팽하게 긴장된 감금 상태들을 별자리처럼 연결해보게 될 때 일어난다. 이것은 깨달음을 향한 움직임이다.

각각의 크롯이 하나의 세포이고, 각 크롯의 가장자리가 다음 크롯의 가장자리와 연결되어 있는 〈감금〉에서, 나는 하나의 연쇄를 본다. 자연 속 패턴으로 옮겨보면, 피터 스티븐스가 벌집이나 거품에 관해 했던 다음과 같은 말들이 떠오른다. "공간 덩어리들, 아주 작은 방들, 각각이 이웃들과는 다르지만 그 이웃들과 완벽하게 맞물려 있는 공간들."

플롯 너머에서 움직임과 의미를 만들어내는 방식
W. G. 제발트 《이민자들》 다시 보기

만약 이 소설이 그림이라면 네 폭짜리 제단화가 될 것이다. 그 네 폭의 그림 속에는 목탄이나 암갈색 콩테 자국들이 기름지고 자욱한 미로를 만들어내고 있을 것이고, 각각의 캔버스는 서로 다르면서도 비슷한 질감과 색조를 공유하고 있을 것이다. 칠해진 목탄 속에는 누군가의 이름을 닮은 희미한 흔적들이 긁히듯 새겨져 있을지도 모른다. 아니면 흔들리는 나무들을, 어쩌면 기차 철로를 암시하는 형상들이 새겨져 있을 수도 있다. 하지만 각각의 캔버스 위에는 유리의 반짝임이나 곤충의 날개처럼 무언가 조그맣고 밝은 것도 있을 것이다.

제발트가 쓴 네 편의 이야기—이는 단편소설Erzählungen 혹은 회상recounting이라고 할 수 있으며, 여기서 '헤아린다counting'는 감각은 중요하다—는 화자가 아는 네 명의 남자에 관한 이야기다. 그 남자들은 모두 이민자이거나 망명자이고, 유대인이거나 독일인이거나 둘 다이고, 자신의 과거로 인해 괴로워하며, 그중 세 명은 자살할 지경에 이르도록 괴로워하고 있다. 우리의 화자는 그들의 이야기를 들려주기 위해 기억과 지식, 관찰, 연구 자료, 보고서, 사진, 일기, 회고록 등 다양한 자료에 기대어 작업한다. 각각의 이야기는 시간순이 아니라 우리의 화자가 각 남자의 얽혀 있는 삶의 가닥들을 풀어감에 따라 펼쳐지며, 보통은 그 남자의 삶이 끝에 가까워진 시점에 시작된다. 마치 초슬로모션으로 진행되는 탐정의 작업 같다. 관찰자이자 초상화가인 화자는 인물의 내면을 상상하지 않고, 대신 그의 거주지, 습관, 태도, 말투를 자세히 들여다본다. 우리는 결과를 바라보며 깊이 숨겨져 있는 원인을 알아내려 애쓴다. 대부분의 경우, 그 결과란 자살이다.

《이민자들》이 시작되는 지점은 제발트가 어린 시절 자신의 선생님이었던 파울 베라이터가 자살했다는 사실을 알게 되는 순간이다. 그 이유를 알기 위해 제발트(그리고 그의 화자로서의 자아)는 독일에 있는 자신의 고향으로 돌아가 파울의 삶을 조사하기 시작한다. 이 소설에 두 번째로 등장하는 파울의 이야기에서 우리는 다음과 같은 사실을 점차 알게 된다. 파울은 유대인 혈통이 섞인 사람이었고, 나치 독일과 폭격으로 폐허가 되고 침묵에 빠진 그 이후의 시기에 엄청난 고통을 겪었으며, 자신의 고국을 증오하게 되었고, 그 고통이 더는 감당할 수 없을 만큼 커지자 결국 기차 철로에 누워 죽음을 택했다.

《이민자들》각 부분의 깊숙한 내부에는 주제와 관련된 하나의 작동 원리가 숨어 있다. 그 작동 원리란, 정신적 외상이 이글거리다가 결국 터져 나온다는 것이다. 첫 번째 이야기의 주인공 헨리 셀윈은 젊은 시절에 자신의 유대인 정체성을 지워버린 사람이다. 우리는 한 가지 사실을 천천히 깨닫게 된다. 헨리의 표현을 빌리자면 "영혼을 팔아넘긴" 그 행위가 그의 내면을 태우다가 결국 그 역시 파울과 마찬가지로 자살하게 된다는 사실이다. 세 번째 이야기의 주인공인 암브로스 아델바르트는 화자의 삼촌으로, 유대인은 아니지만 오랫동안 한 미국계 유대인의 연인이자 동반자로 지내

온 사람이다. 그 유대인 남자와 암브로스의 깊은 관계, 그리고 지난 세기의 끔찍한 일들에 뒤엉킨 그들의 고통 속에서, 암브로스는 결국 충격요법을 통해 자신의 기억과 자아를 제거한다. 마지막 등장인물인 막스 페르버는 맨체스터의 화가로, 자기 부모의 기억을 지워버린 사람이다. 유대인이었던 그의 부모는 그를 독일에서 안전하게 탈출시킨 다음 붙잡혀 죽임을 당했다.

각각의 조각은 독립되어 있지만, 많은 가닥들이 그것들을 한데 묶고 있다. 주제, 유럽과 대서양을 헤매 다니며 탐색을 이어가는 화자, 그림에 하는 밑칠이나 캔버스 전체에 하는 엷은 색칠을 연상시키는 무거운 회색의 느낌, (묘지, 폐허, 나무, 실재하는 혹은 꾸며낸 기록과 기념품을 찍은) 흐릿하고 어두운 사진들, 서로 참조가 될 만한 그물망을 짜내는 반복되는 구절들("사라지는 지점" "이른바 현실")과 이름들, 장소들(알프스산맥, 레만호), 그리고 각 부분에 등장하는 수수께끼의 인물 '나비 잡는 남자'. 〈욕망〉과 〈감금〉에서처럼, 이 작품의 이야기들에도 통일된 느낌은 분명히 있다. 하지만 읽는 동안 우리를 앞으로 밀어 하나의 이야기에서 다음 이야기로 넘어가게 하는 건 무엇일까? 부분들은 어떻게 부분들 이상이 되는가? 네 편의 이야기는 읽다 보면 하나의 긴 이야기라는 느낌이 든다. 하지만 플롯이 없다면, 정확히 무엇이 우리를 나아가게 하는 걸까? 공간적 서사가 던지는 질문은 "다음에 무슨 일이 벌어지지?"가 아니라 "왜 이런 일이 일어났지?"이며, 더 복잡하게는 "읽는 동안 내 머릿속에서 점점 자라나는 건 뭐지?"이다.

"왜 이런 일이 일어났지"는 각 이야기의 내부에 숨어 있는 질문이다. 그 이야기들은 모두 시간적 무질서로 가득 차 있어서, 우리는 파울 베라이터가 왜 기차 철로에 누워 있었는지, 헨리 셀윈은 왜 총으로 자살했는지, 암브로스 아델바르트에게는 무슨 일이 일어났는지, 막스 페르버를 괴롭히는 건 무엇인지 알아내려고 애쓰게 된다. 그러므로 각각의 부분은 이미 어느 정도 공간적이지만, 우리가 진정으로 공간적 상황 속에 놓이는 것은 이 소설을 읽으며 하나의 캔버스에서 다음 캔버스로 넘어가는 순간이다. 분리된 덩어리들 위를 말 그대로 헤매며 무엇이 자신을 밀어붙이는지, 자신이 무엇을 좇고 있는지 스스로 묻게 되는 그 순간 말이다. 비평가 밀리센트 딜런Millicent Dillon은 이렇게 말한다. 독자는 "서스펜스가 아니라 이야기의 훨씬 더 본질적인 무언가에 의해 앞으로 나아가게 된다"고. 그리고 이 소설을 처음으로 읽었을 때 내게 떠오른 질문은 그 본질적인 구성 요소가 대체 무엇이냐는 것이었다. 나는 무엇을 좇고 있는 걸까? 그 대답은 나비 잡는 남자의 몸에 꽂혀 있는 것처럼 보였다.

하지만 그 남자에게 다가가기 전에, 제발트가 첫 번째 이야기를 어떻게 들려주는지를 먼저 살펴보자. 플롯 너머에서 움직임과 의미를 만들어내는 제발트의 은밀한 방식들을 그 이야기가 보여주기 때문이다. 그리고 그 방식들이 바로 그 본질적인 "무언가"의 일부이기도 하다. 이 장편소설은 어느 묘지에 서 있는 한 그루의 나무를 찍은 사진을 보여주며 시작하고, 그런 다음 아래와 같은 텍스트가 이어진다.

> 1970년 9월 말… 나는 클라라와 함께 살 집을 찾아 힝엄으로 차를 몰고 나갔다… 조용한 건물 정면들이 늘어선 널찍한 시장은 인적 없이 버려져 있었지만, 중개인들이 설명해준 집을 찾는 데는 그리 오래 걸리지 않았다. 그 집은 마을에서 가장 커다란 집들 중 하나로, 풀이 무성한 묘지가 딸리고 스코틀랜드소나무들과 주목들이 서 있는 교회에서 그리 멀지 않은 곳, 조용한 옆길을 따라 올라간 곳에 있었다. 집은 높이 2미터쯤 되는 담장과, 감탕나무와 포르투갈월계수로 이루어진 빽빽한 관목 숲 뒤에 숨어 있었다… 신고전주의풍으로 지어진 커다란 집의 정면은 아메리카담쟁이덩굴로 뒤덮여 있었다. 현관문은 검은색으로 칠해져 있었고, 물고기 모양의 황동 노커가 달려 있었다. 우리는 몇 번이고 문을 두드렸지만, 집 안에는 인기척이 없었다. 우리는 조금 뒤로 물러났다. 각각이 열두 장의 창유리로 나뉜 새시 창문들은 짙은 색 거울유리로 만들어진 듯했고, 안이 들여다보이지 않는 상태

로 번쩍이고 있었다. 그 집은 아무도 살고 있지 않은 듯한 인상을 풍겼다. 그러자 언젠가 프랑스 샤랑트주에 있는 앙굴렘에 갔을 때 찾아갔던 성 한 채가 떠올랐다. 그 성의 전면은 어떤 정신 나간 형제—한 명은 국회의원이었고 다른 한 명은 건축가였던—가 베르사유 궁전 정면을 복제해놓은 것처럼 꾸며놓았는데, 멀리서 보면 강렬한 인상을 주긴 했지만 완전히 무의미한 위조품이었다. 그 건물의 창문들도 꼭 지금 우리가 마주하고 있는 집의 창문들처럼 번쩍였고, 안이 들여다보이지 않았다. 평소처럼 재빠르게 시선을 주고받으며 적어도 정원만큼은 한번 둘러보자고 용기를 내지 않았더라면, 우리는 분명 아무 성과도 없이 차를 몰고 그대로 지나쳐버렸을 것이다. 우리는 조심스럽게 집을 돌아 걸어갔다… 잔디밭 너머 서쪽으로는 탁 트인 마당이 공원 같은 풍경을 이루고 있었고, 거기에는 외따로 떨어진 참피나무, 느릅나무와 상록참나무가 드문드문 서 있었으며, 그 너머에는 경작지가 완만한 굴곡을 그리며 뻗어 있고, 지평선에는 하얀 산들처럼 생긴 구름이 펼쳐져 있었다. 우리는 말없이 그 경치를 응시했고, 경치는 여러 단계에 걸쳐 솟구쳤다 내려앉으면서 눈을 멀리로 끌어당겼으며, 우리는 그곳에 우리 둘뿐이라 믿으면서 오랫동안 그 풍경을 바라보았다. 그러다가 정원 남서쪽 구석, 우뚝 솟은 삼나무가 잔디밭에 드리운 그늘 속에 형체 하나가 움직임 없이 누워 있다는 걸 알아차렸다. 그 형체는 노인이었고, 그는 한쪽 팔로 머리를 받치고 있었으며, 바로 눈앞에 있는 한 구획의 땅을 바라보는 일에 완전히 빠져 있는 것처럼 보였다… 풀잎들을 세고 있었네요, 그는 딴 데 정신이 팔려 있었던 걸 변명하듯 그렇게 말했다. 일종의 취미라고 할 수 있지요.

제발트가 서사의 세계를 어떻게 층층이 쌓아 올리는지 보라. 우선 풀이 무성한 묘지에 서 있는 나무 사진이 있다. 이는 헤아릴 수 없이 많은 숨겨진 죽음들 속에 뿌리내린 삶의 이미지다. 다음으로 집이 등장한다. 조용한 정면들과 안이 들여다보이지 않는 상태로 번쩍이는 창문들이 있고 안에는 인기척이 없는 이 집은 화자에게 온통 표면과 기만으로 점철된 또 다른 장소를 떠오르게 한다. 여기서 나는 이미 표면 너머에 더 깊은 차원들이 있다는 걸 무의식적으로 느끼게 되는데, 그건 비유를 통해서가 아니다. 여기에는 비유적인 언어라고는 거의 없기 때문이다. 제발트는 마치 점토 조각을 덧붙이거나 붓으로 물감을 칠하듯이 구체적인 명사들을 쌓아 올리며 물리적 세계를 공들여 구축한다. 그 세계는 주도면밀한 세부들로 가득한 세계, 모든 나무에 이름이 붙어 있는 세계다. 나무들의 이름을 읽다 보면(여기서는 내가 몇몇 이름을 생략했다) 그 나무들과 사진 속에서 묘비들에 둘러싸여 있던 한 그루의 위엄 있는 나무 사이에 희미한 연결고리가 느껴진다. 그런 다음 우리는 인물의 형체에, 풀잎들을 세고 있는 노인에게 집중하게 된다. 이 지점에서 나는 무의식적으로 그 풀잎들을 묘지의 풀과, 풀밭에 누워 있는 이 남자를 아마도 그 아래 묻혀 있을(헤아릴 수 있는?) 시신들과 연관짓게 된다. 다시 말해, 나로 하여금 삶 아래 숨겨진 죽음을, 표면 밑에서 맴도는 죽음들을, 안이 들여다보이지 않거나 번쩍이는 표면들을, "인기척이 없는" 내부를 인식하게 만드는 어떤 연금술이 그동안 이미 작동하고 있었다는 뜻이다.

서술은 인식 가능한 것들을 제시하며 이런 식으로 계속되지만, 각각의 표면은 과거를 품고 있다. 이 집의 옆채로 이사 온 화자와 아내는 이상한 특징들을 발견한다. 벽 속에 숨겨진 통로들과 그 안을 움직여 다니는 그림자 같은 형체들의 기척, 머리를 재소자처럼 짧게 깎고 기이한 인형들을 모으며 새된 소리를 질러대는 광기 어린 가정부, 정원에서 홀로 망명하듯 지내는 셀윈. (그들은 낡은 소총을 든 셀윈을 보게 되고, 셀윈은 그 총을 한 번 발사한다.) 그들은 셀윈, 그리고 또 다른 노인인 에드윈과 함께 식사를 하면서 셀윈의 과거 이야기에 귀를 기울인다. 그러면서 그 두 사람이 여행 중에 찍은 슬라이드 사진들을 함께 본다. 몇 장의 슬라이드가 강렬한 인상을 남긴다. 산허리에서 나비채를 들고 찍은, 꼭 나보코프처럼 보이는 셀윈의 사진(첫 번째로 등장하는 나비 잡는 남자). 그리고 방대하면서 마음을 사로잡는 크레타섬의 풍경 사진. 네 명이 이 슬라이드를 너무도 오랫동안 바라보는 바람에 프로젝터 전구가 박살 나버린다. 일 년 뒤 화자와 아내는 다른 곳으로 이사를 가지만, 셀윈은 그들을 찾아와 자신의 이야기를 좀 더 들려준다. 다시 말해, 자신의 친구 네겔리가 반세기 전에 어떻게 알프스산맥에서 실종되었는지 말해준다. 그리고 셀윈은 자신의 가장 고통스러운 기억도 털어놓는다. 젊은 시절, 그는 이름을 바꾸고 과거를 지우면서 자신의 유대인 정체성을 묻어버렸다. 그는 자신이 영혼을 팔아넘겼다고 아무렇지 않게 말하는데, 쉽게 스쳐 지나가는 언급이라 나는 하마터면 놓칠 뻔했다. 이야기의 끝 무렵에 셀윈은 총으로 자살한다. 우리의 화자는 그에 대해 곰곰이 생각하게 되고, 나 역시 마찬가지다. 이야기의 마지막 단락에서, 화자는 수년이 지난 뒤 기차를 타고 알프스산맥을 통과하면서 신문 기사를 읽는다. 그 기사에는 어느 빙하가 녹으면서 네겔리의 유해가 막 모습을 드러냈다고 적혀 있다.

    그러니 사건 자체는 많지 않다. 일 년 남짓 이어지는 친구 관계, 몇 번의 대화, 한 건의 자살, 한 건의 신문 보도가 전부다. 그럼에도 이 짧고 선형적인 서술 속에는 이리저리 뒤틀린 시간의 미로가 험난한 반세기를 관통하고 있으며, 이렇듯 깊은 곳에 숨겨진 시간과 고통이야말로 더 커다란 이야기를 만들어내는 것이다. 독자가 불과 몇 페이지 안에서 그런 복잡성과 밀도를 느끼게 하기 위해, 제발트는 연금술처럼 뒤섞이는 이미지들을 배열하고, 그로부터 더 많은 것을 만들어낸다. 우리는 셀윈의 내면에 숨겨진 무언가가 불타오르며 뚫고 나와 그를 파괴하는 과정을 간신히 볼 수 있을 뿐이다. 마치 너무 오랫동안 들여다본 이미지가 전구를 산산조각 내는 것처럼 말이다. 그런 파괴를 불러오는 건 그가 유대인으로서의 자신을 묻어버렸다는 사실이다. 더 많은 것을 은밀히 전달하는 그 이미지들의 배열이 내 눈에는 어떻게 보이는지 아래에 적어보겠다.

풀이 무성하고 나무가 서 있는 묘지의 이미지
=살아 있는 표면: 그 아래 묻힌 시신들
안이 들여다보이지 않는 창문들이 있는 건물 정면의 이미지
=표면은 거의 아무것도 드러내지 않음
풀잎을 세고 있는 셀윈
=표면 위의 한 남자: 그 밑의 많은 시신들을 가리키고 있는 많은 풀잎들
벽 뒤의 통로들, 그 안의 그림자 같은 형체들

=표면들/벽들: 그 너머의 시신들, 형체들
재소자처럼 보이는 일레인과 그의 인형들
　　　=숨겨진 형체(들)의 유형
사각지대가 있는 거울 속에 비친 상들, 들보 근처에 떠다니며 반짝이는 먼지
　　　=안이 들여다보이지 않는 건물 정면과 비슷한 사각지대, 허공에 떠 있는 재로서의 먼지
타오르다 폭발하며 박살 나는 전구
　　　=묻혀 있던 것들—기억?—이 끝까지 타오르는 모습
빙하가 녹아 드러나는 유해
　　　=풀밭 아래의 시신들=벽 뒤의 형체들=묻혀 있다 드러나는 존재들=불태워지거나 죽임을 당한 많은 사람들이 드러나는 장면=드러나는 기억

　"그러니" 우리는 마지막에 가서 읽는다. "그들은, 죽은 자들은 계속 우리에게 돌아오고 있는 것이다." 과거는 묻혀 있을지 몰라도 우리의 현재에 출몰하며, 과거의 끔찍한 일들은 결국 드러날 것이다. 이미지들의 이런 배열은 내부에 있는 것들을 밝혀 보이지 않던 것들을 인식 가능하게 만든다. 나는 이 텍스트를 읽으며 길을 내는 과정에서 이중의 움직임을 느낀다. 단순한 사건들을 따라가는 동시에 이미지에서 이미지로 비밀스러운 연결선을 긋는 움직임을.

제발트는 이런 기법—네 편의 이야기 전체를 가로지르도록 이미지들을 배열해 더 큰 그림을 그려내는 기법—을 나비 잡는 남자를 통해 펼쳐 보인다. 우리는 이미 그를 만난 적이 있다. 알프스산맥에서 나비채를 들고 찍은 나보코프의 사진에서다. 두 번째 이야기에서 파울 베라이터는 나보코프의 《말하라, 기억이여》를 읽고 있는 한 여자에게 끌린다. 그렇다면 지금까지 우리는 나비 수집가로서의, 그리고 기억의 수호자로서의 나보코프를 만난 셈이다. 우리는 연관성을 지닌 이 두 이미지를 플롯과는 무관한 차원에서 연결하게 된다. 움직임은 우리 머릿속에서 일어나고 있다. 세 번째 이야기에서, 기억을 지우려고 필사적으로 애쓰는 암브로스 아델바르트는 전기충격 치료를 받기 위해 이타카의 병원에 가 있다. 그런데 어느 날, 그는 치료 시간에 늦는다. 그의 집 창밖으로 나비 잡는 남자가 나타나 그의 죽음과 망각을 지연하기 때문이다. 그러니 이제 이 마술적인 형상은 나비 수집가로, 기억의 수호자로, 그리고 (한동안은) 삶의 수호자로 기능한다. 이 모두는 망각을 지연하는 존재다. 마지막 이야기에서 나비 잡는 남자는 몇 번에 걸쳐 등장한다. 우선, 막스 페르버의 어머니가 쓰는 글이 있다. (페르버는 독일계 유대인으로 행복하게 보낸 유년 시절이 담긴 자기 어머니의 회고록을 화자에게 건넨다.) 1910년대 프랑스 남부—나보코프가 젊은 시절 갔을 법한 곳이다—에서 나비채를 든 남자를 본 일에 관한 글이다. 다음으로, 페르버가 산꼭대기에서 막 뛰어내리려는데, 나비채를 든 한 남자가 "그 핏빛 땅속에서 갑자기 튀어나온 듯" 나타나 산을 도로 내려가라고 설득한다. 그 뒤에, 페르버는 〈나비채를 든 남자〉라는 제목의 그림을 그린다. 그러니 우리는 나보코프/나비 잡는 남자를 나비 수집가로, 기억의 수호자로, 잠깐 동안 삶의 구조자로, 그리고 예술 작품으로 변한 형상으로 만나게 된다. 나보코프는 이 남자들이 가는 장소들에도 자주 나타난다. 레만호, 몽트뢰 호텔, 스위스 알프스산맥, 이타카. 이곳들은 모두 나보코프의 거주지였다. (여기서 이타카는 훨씬 더 멀리 있는 오디세우스를, 그리고 그 방랑자의 고향을 찾는 여정을 가리키기도 한다.)

나보코프가 《이민자들》 전체를 관통하며 숨 쉬고 있을 거라는 생각은 이치에 맞는다. 나보코프는 20세기 유럽의 이민자 작가 중에서도 가장 탁월한 작가다. 그의 아내는 유대인이었고, 그의 남동생은 강제수용소에서 세상을 떠났으며, 그가 사랑했던 프랑스령 스위스는 제발트 역시 사랑했던 장소다. 그런데 나비 연구가이자 '나비 잡는 남자'로서의 나보코프가 이 소설에 생명력을 불어넣는다는 생각은 더더욱 말이 된다. 실제로 그는 나비 연구가이기도 했다. 《말하라, 기억이여》에서 그는 이렇게 말한다. "나는 그동안 다양한 지역에서 다양한 모습으로 위장하고 나비들을 수집해왔다. 반바지를 입고 선원 모자를 쓴 예쁘장한 소년으로, 헐렁한 플란넬 바지와 베레모 차림의 호리호리하고 세계 시민다운 국외 거주자로, 그리고 모자를 쓰지 않은 반바지 차림의 뚱뚱한 남자의 모습으로." 하지만 좀 더 밀접하게 관련된 이야기를 해보자면, '나비'는 그리스어로 프시케psyche인데, 이 단어에는 '영혼'이라는 뜻도 있다. 나비를 핀에 꽂는 것은 그것을 표본으로, 혹은 인공물로 보존하는 것이다. 인간의 영혼을 예술로 바꿔놓는 일에도 똑같은 해석이 가능할 것이다. 그리고 사진은—이 소설 곳곳에 배치된 사진들이 그렇듯—곧 영혼을 포착하는 장치다.

《이민자들》을 처음 읽었을 때, 나는 나비 잡는 남자가 이 네 가지 이야기 모두를 읽는 하나의 방법으로 어떻게 기능하는지 막 이해하기 시작한 참이었다. 특히 마지막 이야기에서 막스 페르버가 "조상들의 얼굴이 담긴 초상화들"을 그려내는 부분에 이르렀을 때 그랬다. 이 부분은 우리의 화자를 자신만의 초상화들을 그려내는 예술가로서 처음으로 제시하는 부분이기도 하다. 나는 페르버, 화자 그리고 나비 잡는 남자가 서로 미묘하게 뒤섞이면서 이 소설 전체에 더 큰 의미를 부여한다는 사실을 막 깨달은 참이었다. 나는 페르버의 작업실을 이미 앞에서 보여준 바 있다. 이제 화자가 그 작업실에 있는 페르버를 묘사하는 첫 부분을 여기 옮겨 보겠다.

작업실에 들어서면 특이한 조명에 눈이 익는 데 잠시 시간이 걸린다. 그런 다음 다시금 사방이 보이기 시작하면 그 공간—가로세로가 각각 12미터 정도씩 되지만 시선이 다 파고들 수 없는—내부의 모든 것이 천천히, 그리고 끊임없이 중앙으로 흘러드는 것처럼 보인다. 구석구석에 모여 있는 어둠, 소금기 얼룩이 점점이 박힌 채 부풀어 오른 석회칠, 벗겨지는 벽들. 책들과 신문 무더기가 수북하게 쌓인 선반들. 궤짝들, 작업대들, 탁자들. 윙체어. 난로. 매트리스. 종이와 접시들과 각종 재료가 뒤섞인 무더기들. 어스름 속에서 희미하게 빛나는, 진홍색과 잎녹색과 백연색의 물감이 담긴 물감통들. 등유 난로의 푸른 불꽃들. 이 모든 것이 중앙을 향해 조금씩 움직이는 것이다. 먼지가 한 세기쯤 쌓인 듯한 높은 북쪽 창문에서 흘러드는 회색빛 속에 페르버가 이젤을 설치해놓은 곳을 향해…

페르버의 여러 차례에 걸친 수고와 좌절, 그와 먼지의 친연성을 보여준 다음, 묘사는 다음과 같이 계속된다.

난폭하고 자유분방한 그의 소묘 작업은 종종 대여섯 자루쯤 되는 목탄 연필을 순식간에 다 써버리면서 진행되었는데, 가죽처럼 두꺼운 종이 위에 그리고 또 그리면서 목탄 가루가 흠뻑 묻은 헝겊으로 끊임없이 지워내는 이 작업은, 사실상 유례없이 먼지를 생산해내는 작업, 밤에 수행되며 완전히 지칠 때까지 이어지는 작업이었다.

제발트적인 스타일이 그야말로 풍성하게 드러나 있는 장면 아닌가! 제발트는 이 남자를 외부에서 너무도 주도면밀하게 보여준다. 우리는 남자의 동굴 같은 거주지를 미세하고 구체적인 세부를 통해, 그리고 그 거주지를 만들어낸 습관들을 통해 보게 된다. 화자의 어떤 사유가 아니라 이 남자가 하는 말들을 듣게 된다. 그러면서 자신의 공간에 속속들이 배어 있는 이 남자의 영혼을 보게 된다. 우리가 앞에서 살펴보았듯, 제발트는 (용암에 관한 비유 하나를 빼고는) 비유적인 언어의 주관성조차 허용하지 않는다. 이 장소와 이곳에 있는 남자를 층층이 구축해내는 건 구체적인 단어들이다. 마치 붓질을 하거나 축축한 점토 조각을 덧붙이는 것 같은 단어들.

이렇게 해서, 막스 페르버는 "조상들의 회색 얼굴이 담긴 초상화들"을 그려내고, "막스" 제발트—친구들은 그를 W. G. 막스라고 불렀으니까—역시 거의 비슷한 일을 한다. 페르버의 초상화들만큼이나 그 자신을 고통스럽게 하는 초상화들을 그려내는 것이다.

그 일은 몹시 힘겨웠다. 나는 종종 한번에 며칠씩이나 작업을 진전시킬 수가 없었고, 점점 더 조여오며 나를 서서히 마비시키는 의구심에 시달린 나머지 그동안 해둔 작업을 뒤엎어버리는 일도 잦았다. 이 의구심은 내 이야기의 주인공에 국한된 것이 아니라… 글쓰기라는 미심쩍은 작업 전체에 대해 느껴지는 것이었다. 나는 그동안 연필과 볼펜으로 휘갈겨 쓴 글로 수백 페이지를 채워왔다. 하지만 그 대부분이 줄을 그어 지워지거나, 버려지거나, 무언가를 덧씌우면서 사라져버렸다. 내가 '최종' 원고라며 궁극적으로 건져낸 부분조차도 내게는 완전히 엉망으로 보였다.

사라진 얼굴들을 이렇듯 공들여 그려내는 작업은《이민자들》의 핵심처럼 느껴진다. 그것은 그들의 삶을 재창조하고 그 삶들을 종이 위에 영원히 고정해두려는 안간힘이다. 이 소설의 맨 처음에 나오는 사진을, 묘지에 위엄 있게 서 있던 나무 한 그루를 기억해보라. 이름들, 순간들, 매일의 일상을 채우는 조그맣고 소중한 항목들로 가득한 이 소설은 으스스하게 살아 있는 묘지처럼 느껴진다. 그러다가 순전히 그 밀도로 인해 이야기가 너무도 복잡해지고, 이야기의 각 부분이 너무도 정교하게 서로 연결되면서 그것은 마치 역사처럼 느껴지게 된다. 이 모든 것은 지난 세기의 대량 학살과 독일의 망각—거울에 있던 그 사각지대들을 떠올려보라—에 맞서되, 순전히 파괴된 삶들에서 쏟아져 나온 세부의 축적만으로 맞서려는 것이며, 그 삶들을 다시 존재하게 하려는 것이다. 예술을 통해 이 형상들을, 더 나아가 거의 절멸당한 유럽의 유대인 사회 전체를 되살리고 보존하려는 것이다.

그리고 이렇게 생각하다 보니, 마침내 내가 서문에서 했던 이야기가 다시 떠오른다.《이민자들》영어판 마지막 부분을 읽다가 느꼈던, 이름 하나가 바뀐 데서 오는 불안에 관한 이야기 말이다. 독일어 원문에서 막스 페르버는 막스 페르버가 아니라 막스 아우라흐다. 그는 영국 화가인 프랭크 아우어바흐(그의 이름은 독일어판 224쪽에 나오는 묘비명 목록에 들어가 있다)를 모델로 하고 있다. 하지만 여러 법률적 이유로 그 이름은 영어판에서는 교체되어야 했다. 그럼에도 독일어판에 나오는 그 이름은 나비 잡는 남자에 관한 내 생각들에 생명력을 불어넣어준 이름이었다! '아우라흐Aurach'는 누가 봐도 '아우어바흐Auerbach'에서 음절들을 생략한 이름이다. 하지만 아무래도 이 이름이 '오로크auroch'와 비슷하다는 사실을 언급하지 않을 수는 없을 것 같다.

오로크는 지금은 멸종한 '야생 황소'를 가리키는 단어다. 이 황소는 2만 년 전 스페인과 프랑스의 동굴에 그려져 있었다. 용암처럼 흐르는 분위기가 감돌고 수 세기쯤 쌓인 먼지로 뒤덮인 동굴 같은 작업실에 있는 막스 아우라흐를, 거기서 그림을 그리며 얼굴들을 포착하려 애쓰는 그를 본다고 치자. 그럴 때 사라진 지 오래인 그 오로크들을 그린 고대의 동굴 벽화를 떠올리지 않을 방법이 있을까? 그리고 나보코프를 또 한번 떠올리지 않을 방법이 있을까?《롤리타》의 유명한 마지막 문장들이 다음과 같은데 말이다.

> 나는 오로크들과 천사들을, 오래 가는 안료들의 비밀을, 예언하는 듯한 소네트들을, 그리고 예술이라는 피난처를 떠올리고 있다. 그리고 이것이야말로 너와 내가 함께 나눌 수 있는 유일한 불멸성이란다, 나의 롤리타.

그러니 이 소설 속에는 작업실에서 천천히 사람들의 형상을 만들어내는—다시 말해 영혼들을 포착하는—막스 아우라흐가 있다. 그는 그 자신이 곧 죽을, 멸종 직전의 위기에 처해 있는 사람이다. 그리고 각각 금방이라도 죽을 것 같은 아우라흐, 셀윈, 파울 그리고 암브로스 아저씨를 붙잡아두려 애쓰는 화자도 있다. 그리고 무엇보다도 이 소설 속에는 이 모든 것의 상징으로서 나비 잡는 남자가 있다. 그는 영혼들을 포착하고, 삶과 기억을 보존하며, 거의 절멸당한 유럽의 유대인들을 망각으로부터 구해내려 애쓴다. 그는 곧 예술이라는 임시 피난처다.

이제 나비 잡는 남자를 길잡이 삼아 이 소설 속 풍경을 가로질러 여행해보자. 이 소설은 한 그루의 위엄 있는 나무를 둘러싼 묘비들의 사진으로 시작해서, 폴란드의 어느 게토에 있는 세 젊은 여자의 사진을 언어로 풀어낸 다음과 같은 설명과 함께 끝이 난다.

> 수직으로 서 있는 베틀 뒤쪽으로 한 스무 살쯤 되어 보이는 세 명의 젊은 여자가 앉아 있다. 그들이 매듭을 지어 짜고 있는 카펫의 불규칙한 기하학적 무늬들은, 심지어는 그 색깔들도, 내게는 우리 집 거실 소파를 떠오르게 한다. 이 여자들이 누군지 나는 알지 못한다… 가운데의 젊은 여자는 금발이고 어딘가 신부 같은 분위기가 풍긴다. 왼쪽에 있는 베 짜는 여자는 고개를 한쪽으로 조금 기울이고 있는 반면, 오른쪽 여자는 너무도 흔들림 없고 가차없는 시선으로 나를 보고 있어서 오래 마주 볼 수가 없다. 세 여자의 이름이 무엇이었을지 궁금하다. 로자, 루이사, 레아였을까? 아니면 노나, 데쿠마와 모르타였을까? 물렛가락과 가위, 실을 지닌 그 '밤의 세 딸들' 말이다.

우리는 이 소설을 가로지르며, 삶 아래 숨어 있는 죽음을 담은 사진 한 장으로부터 강제수용소에서 곧 죽을 운명

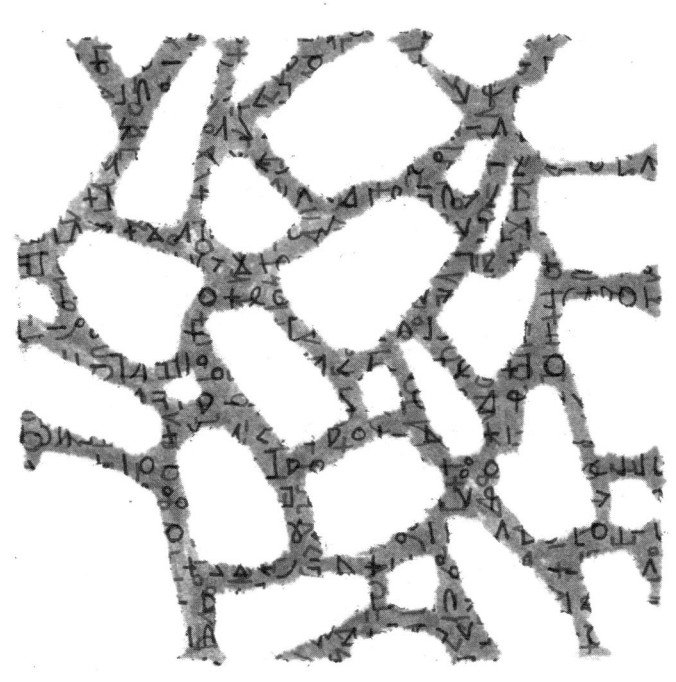

에 처한 세 명의 살아 있는 여자가 있는 가물거리는 이미지로 이동해왔다. 하지만 지금 우리가 그들을 바라보는 동안에는, 책을 손에 들고 있는 동안에는, 그들은 살아 있다.《이민자들》에서 우리는 죽은 이들이 되살아나는 모습을 보아왔다.

그렇다면 따로 떨어져 있는 이 네 편의 이야기는 서로 별개가 아니라 단단히 한데 엮여 있는 것이다. 나비 잡는 남자는 네 이야기의 맥락을 연결하는 데 도움을 주면서 부분들보다 훨씬 더 큰 무언가를 만들어왔고, 내가 그를 따라가며 이해하려 애쓰는 동안 움직임이 생겨나게 했다. 이 소설의 가장 깊은 차원에서 앞으로 나아가는 움직임은 사건의 서술 속에서 일어나지 않는다. 여기에는 호 구조의 흔적 같은 건 없다. 그 움직임은 내 머릿속에서, 내가 부분들 사이를 오가며 선을 긋고 그물을 엮어내는 동안 일어난다. 게다가 이 소설은 베 짜는 여자들로 끝을 맺기까지 한다. 그리고 이들은 그냥 베 짜는 여자들이 아니라 운명의 세 여신이다. 그물, 그물망. 제발트가 글쓰기에 대해 한 말을 다음에 옮겨본다.

> 일반적인 장편소설에는 끔찍할 만큼 작위적인 요소가 끼어 있는 일이 너무도 잦다. 문장을 따라가다 보면 어딘가에서 자꾸만 발이 걸리게 되는 것이다… 대화의 조각들을 통해 플롯을 앞으로 나아가게 하는 방식은 18세기나 19세기 소설에서는 괜찮았겠지만, 오늘날에는 다소 견디기 힘든 것이 되어버린다. 그런 방식을 썼다가는 소설의 바퀴들이 삐걱거리며 나아가는 게 항상 훤히 보일 테니 말이다.

대신에 제발트는 이런 통찰을 선사한다.

> 상점에서 산 장난감이 아니라 농가 마당 여기저기서 찾

아낸 물건들을 가지고 놀며 자라나게 되면 당신은 일종의 브리콜라주°를 하게 된다… 끈 조각들과 나무토막들. 당신은 그것들로 갖가지 것들을 만들어낸다. 의자 다리를 가로지르는 거미줄 같은 것들을. 그런 다음 당신은 거기에 앉는다. 마치 거미처럼.

○ bricolage. 다양한 재료를 즉흥적으로 활용해 새로운 의미를 창조하는 기법. 주로 미술에서 종이, 사진, 패브릭 등 일상 소재를 붙여 독특한 작품을 만드는 콜라주 기법과 유사하지만, 브리콜라주는 더 넓은 범위의 창의적 활동을 포괄한다.

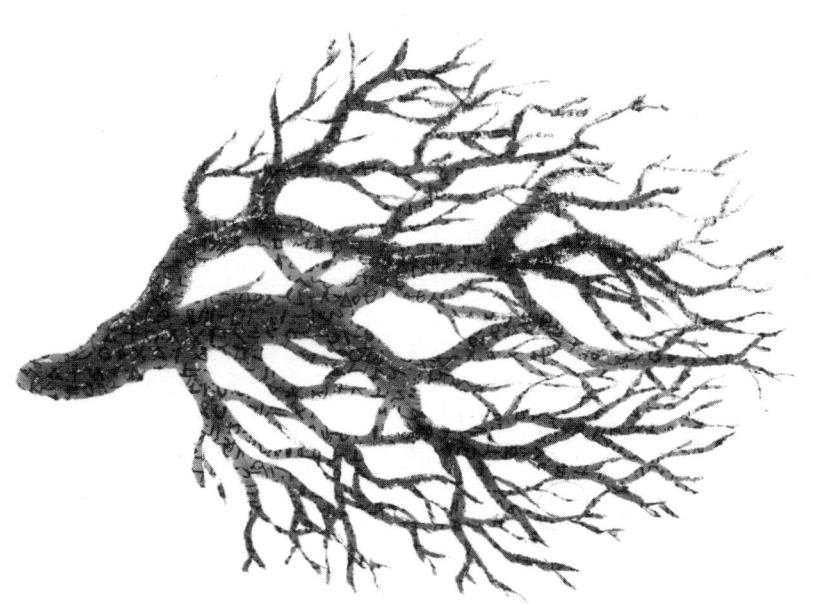

PRACTALS
프랙탈

　프랙탈은 어디에나 있다. 나무를 보라. 줄기에서 가지로, 잔가지로, 다시 가지 끝으로 가는 동안 우리는 거의 똑같은 모양과 비율을 계속해서 보게 된다. 구름이나 섬을 떠올려보면, 그것이 작은지 거대한지 판단하기 어렵다. 부풀어 오른 모양이나 곡선의 비율이 계속 똑같이 유지되기 때문이다. 1975년 수학자 브누아 망델브로는 자연 어디에나 온통 퍼져 있는 이런 불규칙한 패턴들을 가리키는 프랙탈이라는 말을 만들어냈다. 이 패턴들은 다양한 규모에서 스스로를 대략적으로 복제하는 일을 영원히 계속할 수 있었다. 이런 형태들은 기하학으로는 이해하기 어려웠지만, 그럼에도 분할에 분할을 거듭하는 일과 관련된 어떤 수학적 체계를 따르는 것처럼 보였다. 프랙탈은 '여러 조각으로 부서지다, 박살 나다'를 뜻하는 라틴어 '프란게레frangere'에서 온 단어다. 번개, 해안선, 점점 더 작은 물줄기로 갈라지는 강, 콜리플라워, 모세혈관, 폐. 이 모든 것에는 중심이 되는 형태가 있고, 그 형태는 끝없이 확장 가능한 일종의 청사진을 만든다. 나선 역시 실은 프랙탈인데, 가지를 치지는 않지만 안쪽으로 혹은 바깥쪽으로 감기며 다양한 규모에서 자기복제를 하기 때문이다.

최근에 발견된 프랙탈을 하나 소개해보겠다. 플로렌스 윌리엄스가 《자연이 마음을 살린다》에서 언급했듯, 잭슨 폴록의 그림들은 프랙탈 구조로 되어 있다. 그 그림들 속의 꺾이는 각도와 선들은 '다양한 규모에서 똑같은 형태를 되풀이하는' 예의 그 패턴을 따른다. 놀랍게도 우리의 두 눈이 주위를 훑는 패턴 역시 종종 프랙탈 구조로 되어 있다. 그렇다면 우리의 눈이 공간을 가로지르며 움직이는 방식과 그 공간에 있는 여러 큼직한 형태들 사이에는 혹시 위안이 되는 연결고리라도 있는 걸까? 나는 나무나 구름을 무섭도록 오랫동안 바라보면서 그 복잡하게 생긴 가장자리들에, 그리고 조그만 부분들이 거대한 부분을 모방하는 방식에 즐거움을 느끼기도 한다.

또 하나 새롭게 발견된 프랙탈이 있다. 버지니아 울프,

제임스 조이스, 헨리 제임스, 로베르토 볼라뇨 같은 여러 주요 작가들도 문장으로 프랙탈을 만들어냈다. 그들의 텍스트를 단어 수에 따라 분석해보면 길이가 다양한 문장들 사이의 자기복제 비율이 드러난다. 연구자 스타니스와프 드루즈드Stanislaw Drozdz는 이렇게 설명한다. "프랙탈은 자연에서 발견되는 여러 현상과 구조가 계층적으로 조직돼 있다는 사실을 보여줍니다. 그러니 자연 세계에서 주요한 진화적 도약을 보여주는 자연 언어에서도 그런 상관관계가 드러날 거라 기대해도 되겠죠. 하지만 문학 작품에 그런 상관관계가 실제로 존재한다는 사실은 아직 설득력 있게 증명되지 못했습니다." 프랙탈 패턴이 가장 뚜렷하게 드러나는 작품들, 즉 프랙탈 중의 프랙탈은 의식의 흐름 기법으로 쓰인 서사들이었다. 그 작품들의 문체가 드러내는 것이 의식의 심연인지 작가의 상상인지는 분명하지 않지만 말이다. 하지만 내가 흥미를 느끼는 건 전체 서사의 형태를 결정하는 프랙탈들이다. 하나의 '씨앗'이나 청사진으로 시작해 닮은 구조를 몇 번씩 더 탄생시키는 텍스트들 말이다. 분명히 말하자면, 〈욕망〉이나 〈감금〉 같은 세포형 서사에서는 각각의 부분이 동등하지만, 프랙탈 서사에서는 최초의 부분이 하나의 씨앗처럼 응축되어 있어서 나머지 부분들을 발생시킬 가능성이 높다.

차이를 동반한 자기복제
클라리시 리스펙토르 〈다섯 번째 이야기〉

이 네 페이지짜리 단편소설은 하나의 이야기 속에 여러 이야기가 담겨 있고, 다섯 번째 이야기가 시작되면서 끝난다. 도입부를 여기 옮겨본다.

이 이야기를 '조각상들'이라 부를 수도 있겠다. 또 다른 가능한 제목은 '살해'다. 아니면 '바퀴벌레 죽이는 법'도 괜찮겠다. 그러니 나는 적어도 세 편의 이야기를 들려줄 것이다. 세 편 모두 사실인데, 세 편 중 어떤 것도 나머지 이야기들과 모순되지 않기 때문이다. 이 세 편의 이야기는 결국 하나의 커다란 이야기를 이루지만 말이다. 내게 천 일 하고도 하루가 주어진다면 그것들은 천 편하고도 한 편의 이야기가 될 수 있을 것이다.
첫 번째 이야기인 '바퀴벌레 죽이는 법'은 이렇게 시작한다. 나는 바퀴벌레 때문에 불평하고 있었다. 한 여자가 내 불평을 들었다. 그러고는 내게 바퀴벌레를 죽일 수 있는 약 제조법을 알려주었다. 설탕과 밀가루와 석고를 똑같은 양으로 섞으라고 했다. 밀가루와 설탕은 바퀴벌레들을 유인하고, 석고는 그놈들의 속을 말려버릴 거라고 했다. 나는 여자의 조언을 따랐다. 바퀴벌레들은 죽었다.

처음으로 나오는 이야기는 세부도 깊이도 없는 사건들의 스케치다. 그리고 두 번째 이야기가 뒤따른다. 도입부와 플롯은 똑같지만, 이제 돋보기가 확대하는 건 바퀴벌레를 죽이고픈 욕망이다. 화자는 "냉정하게도 딱 한 가지만 바랐다". 여기서는 순수한 사건으로만 구성된 이야기에서보다 좀 더 많은 질감이 욕망과 함께 등장하지만, 이 욕망에 미묘한 뉘앙스는 담겨 있지 않다. 이제 세 번째 이야기인 '조각상들'을 살펴보자. 도입부와 플롯은 이번에도 똑같지만, 돋보기는 줄거리를 따라 더 멀리까지 나아가면서 살해에 따라오는 대가에 초점을 맞춘다. 화자는 폐허가 된 장면을, "폼페이에 찾아오는 새벽"을 내려다본다. 비극적인 바퀴벌레 사체들은 자책과 체념을 나타내는 마지막 표현들 속에 붙들려 있다. 마침내 뉘앙스가 찾아온 것이다. 이것은 비극이다! 네 번째 이야기는 돋보기의 렌즈를 안쪽으로 돌린다. 화자가 살해에서 느끼는 공포는 살해 욕망으로부터 몸을 비틀어 빠져나간다. 화자는 이미 바퀴벌레들을 한 번 살육한 바 있다. "오늘밤에 또다시 바퀴벌레들이 들끓으면, 그놈들이 떼를 지어 천천히 기어 올라온다면" 화자는 다시 살육할 수 있을까? 아, 복잡한 심리여. 그리고 마지막으로, 터무니없게도

다섯 번째 이야기의 제목은 '라이프니츠 그리고 폴리네

시아의 사랑의 초월성'이다. 그 이야기는 이렇게 시작한다. 나는 바퀴벌레 때문에 불평하고 있었다.

이것은 자기복제지만 차이를 동반한 자기복제다. 이야기는 아무것도 없는 사건들에서 멜로드라마로, 다시 아주 작은 비극으로, 그리고 내면의 투쟁을 다루는 심리적인 이야기로 나아간다. 그리고 그다음에는 100킬로미터쯤 떨어진 터무니없는 지점으로, 기이해 보이는 지점으로 도약한다. 하지만 망원경이 있다면 그곳에 이르는 경로가 어렴풋이 보일지도 모른다. 혹시 이건, 자기동일성을 지닌 물체는 자기 자신과 구별할 수 없다는 라이프니츠의 법칙을 암시하는 걸까? 모르겠다. 내가 아는 건 이야기가 끝나지 않을 수도 있다는 것이다. 이야기는 자신의 새로운 변형들을 만드는 일을 영원히 계속할 수도 있다. 그럼 어떻게 끝내야 할까? 여기서는 말도 안 되는 비약으로, 너무도 놀라워서 우리가 쾅 부딪치고 마는 비약으로 끝낸다.

파편화된 말하기
카릴 필립스 《강을 건너며》

내가 이 소설을 처음으로 읽었던 건 제발트의 《이민자

들》을 읽은 직후였는데, 내 머릿속에서 이 두 편의 소설은 여전히 친족처럼 느껴진다. 제발트처럼 필립스 역시 인간 역사의 끔찍함을 다루는데, 여기서는 대서양 노예무역과 그 이후로 이어진 흑인과 백인 사이의 고통스러운 관계가 중심이다. 《강을 건너며》는 《이민자들》처럼 분리된 네 편의 이야기로 구성되어 있지만, 그것들을 하나로 묶어주는 화자는 없다. 대신 이 소설은 네 명의 시점을 택하면서 그들의 시점을 편지, 일기, 삼인칭과 일인칭이 뒤섞인 형식 등 서로 다른 스타일을 통해 전달하는 다성적인 서사다. 그럼에도 이 이야기들은 모두 하나의 씨앗으로부터, 백인과 흑인 사이에 일어난 최초 형태의 '교류intercourse'로부터 자라난다.

소설은 1752년을 배경으로 한 서정적인 프롤로그로 시작한다. 이 부분은 (대체로) 자기 아이들을 영국의 노예 상인에게 팔아넘기는 한 아프리카 남자의 목소리로 되어 있다.

자포자기에서 나온 어리석음이었다. 농작물이 망했다. 나는 내 아이들을 팔아넘겼다. 기억난다. 그 애들을(남자아이 둘과 여자아이 하나였다) 데리고 고단한 길을 간 끝에 우리는 게들과 갈매기들로 뒤덮인 진흙 개펄에 도착했다. **돛단배를 타고 모래톱을 건너 돌아왔고, 공장 예배당에서 잠시 기도를 올렸다.** 나는 그 애들이 서로 바짝 붙어 요새를 빤히 올려다보는 걸 지켜보았다. 요새 위쪽으로는 낯선 깃발이 나부끼고 있었다. **하얗게 칠해진 공장 벽 아래 서서 돛단배가 돌아와 나를 다시 모래톱 건너로 실어다주기를 기다렸다.** 멀리 배가 보였다. 내가 곧 아이들을 몰아넣게 될 감옥 같은 배였다. 남자와 그의 일행은 다시 한번 모래톱을 건너가려고 기다리고 있었다. 우리는 잠시 지켜보았다. 그런 다음 다가갔다. **조용한 사내가 다가왔다.** 그냥 아이 셋이었다. 나는 이 지점에서, 강의 지류가 비틀거리며 사방으로 흘러나가 바다와 합쳐지는 곳에서 그 애들을 버렸다. **튼튼한 남자-아이 둘과 자존심 센 여자아이 하나를 샀다.** 나는 그 애들의 따뜻한 살을 차가운 물건들과 맞바꾸며 손을 더럽혔다. 수치스러운 교류였다… 그리고 이내 우리가 공유하는 기억이 합창하듯 나를 괴롭히기 시작했다.

나는 250년 동안 수많은 언어로 된 그 합창에 귀를 기울여왔다. 그리고 쉬지 않고 들려오는 그 갖가지 목소리들 사이에서는 이따금 내 아이들의 목소리가 발견되기도 했다. 나의 내시. 나의 마사. 나의 트레비스. 그 애들의 꺾여버린 삶. 지금은 힘겨운 토양 속으로 희망 가득한 뿌리를 내리고 있는.

여기서 굵게 표시된 저 기이한 문장들은 나중에 다시 살펴보기로 하고, 우선 소설이 이 씨앗에서부터 어떻게 자라나는지 알아보자. 우리는 프롤로그를 지나 저 아이들의 비유적인 변형에 해당하는 인물들이 등장하는 세 편의 이야기로 옮겨간다. 그들은 그 뒤로 250년에 걸쳐 힘겹게 싸우는 인물들이다. 그들의 이야기와 합쳐지는 건 백인 노예 상인 해밀턴의 이야기다. 우리는 내시를 1840년에 다시 "만나게" 된다. 그는 더 이상 미국에서 노예로 살고 있지 않으며, 아프리카로 돌아가 라이베리아를 세우고자 하지만, 전직 노예주 에드워드에게 성적인 대상으로 쫓기는 신세가 된다. 그다음으로는 1870년대의 마사가 등장한다. 나이 든 여성의 모습을 한 그는 서부에 나가 살고 있는 딸에게 가기 위해 추위 속에서 고군분투한다. 그리고 한 백인 여성이 그를 도우려고 애쓴다. 트레비스는 1940년대의 영국에 등장한다. 미국 군인인 그는 그곳에 배치를 받아 머무르면서 조이스라는 백인 여성과 사랑에 빠진다. 마사와 트레비스의 이야기 사이에는 해밀턴의 이야기가 있다. 1752년에 그 아이들을 노예로 산 남자다. 그의 이야기는 배에서 쓴, 얼음처럼 냉정한 사업 이야기를 담은 항해 일지와 영국에 있는 아내에게 쓴 사랑의 편지들을 이어 붙여놓은 모습으로 등장한다.

그러니 이야기는 원죄와 함께, 백인과 흑인 간의 "수치스러운 교류"인 최초의 거래와 함께 시작되고, 그 중심부에서 자라난 각각의 이야기는 이 "교류"의 측면을 하나씩 탐구한다. 백인 남성이 흑인 남성을 성적인 대상으로 삼아 뒤쫓는다. 백인 여성이 흑인 여성을 얼어붙을 듯한 추위에서 구하려 애쓴다. 백인 여성과 흑인 남성이 다정하지만 위험한 연애를 시작하고, 그 관계에서 아이가 태어난다. 전체적인 이야기는 흑인과 백인 간의 수치스러운 교류에서 수백 년 뒤 애정이 담긴 교류로 이동하고, 이 애정에서 한 아이가 태어난다. 이 아이 역시 처음에는 포기의 대상이 되지만—입양을 가게 되지만—결국에는, 적어도 잠정적으로는, 되돌아온다. 우리는 원죄에서 사랑으로(이 소설의 마지막 단어는 '사랑받으면서loved'이다), 아이들을 포기하는 일에서 다시 데려오는 일로, 끔찍한 무질서에서 품위 있는 인간의 질서에 가까운 것으로 천천히 옮겨간다. 이 소설은 원래의 아버지가 다음과 같이 멀리까지 흩어진 자신의 아이들을, 그리고 새로 얻은 백인 "딸"을 "끌어안으면서" 끝난다.

저편 강둑에서 북소리가 들려온다. 산들바람이 불어와 그 소리를 붙든다. 울려 퍼지는 북소리가 바람을 타고 지붕들 너머 높은 곳으로, 강 건너로, 내륙 위로, 나무들의 꼭대기 위로 높이 날아가다가, 마침내 그 박동이 아래로 곤두박질치며 안쪽 깊숙이로 떨어진다. 나는 기다린다. 그런 다음 우리가 공유하는 기억을 실은, 수많은 언어로 된 그 합창이 다시금 부풀어 오르길 기다린다…
그러면서 이 생존자들의 목소리 속에서 가끔씩 내 아이

들의 목소리가 들려오기를 바란다. 나의 내시. 나의 마사. 나의 트레비스. 내 딸. 조이스. 모두. 상처받았지만 단호한 아이들. 공황에 빠지지만 않는다면 그 애들이 해밀턴 선장의 도구에 손목과 발목이 부러지는 일은 없을 것이다. 죄 많은 아버지. 늘 귀를 기울이고 있는. 물속에는 길이 없다. 이정표도 없다. 돌아갈 방법도 없다. 자포자기에서 나온 어리석음이었다. 농작물이 망했다. 나는 내 소중한 아이들을 팔아넘겼다. **튼튼한 남자-아이 둘과 자존심 센 여자아이 하나를 샀다.** 하지만 그 애들은 저편 강둑에 도착했다. 사랑받으면서.

《굿바이, 콜럼버스》와 《연인》에서처럼 이 소설의 끝부분 역시 서두를 거울처럼 되풀이하지만, 그러면서도 차이가 있어서 그동안 일어난 많은 변화를 드러낸다. 하지만 《강을 건너며》는 저 두 편의 소설보다 더 공간적인 구조를 지닌다. 여기에는 처음부터 끝까지 이야기를 이끌어가는 어떤 줄거리도 없다. 대신 각 부분은 병렬 관계로, 인과관계보다는 개념에 의해 이어져 있다. 프롤로그는 각각의 이야기를 자신의 한 변형으로, 하지만 약간씩 다르게 생성해낸다. 나무줄기에서 가지들이 뻗어나가는 것처럼 말이다. 그리고 프롤로그는 문장 차원에서도 전체를 압축해 보여주는 하나의 설계도가 된다. 프롤로그를 다시 살펴보자. 우리는 보통의 굵기로 쓰인 부분들에서는 아버지의 목소리를, 굵게 표기된 부분들에서는 해밀턴의 목소리를 듣게 된다. 흑인과 백인이 너무도 친밀하게 얽혀 있는 것이다! 그리고 소설의 에필로그에서 아버지는 프랙탈의 언어로 자신의 잃어버린 아이들에게 이렇게 이야기하기까지 한다. "너희들은 저 너머에 있다. 나뭇가지처럼 꺾인 상태로. 하지만 사라진 건 아니다. 너희들은 몸속에 새 나무가 될 씨앗들을 품고 있으니까." 또 다른 프랙탈이 있다면 다음과 같다. 그는 "강의 지류가 비틀거리며 사방으로 흘러나가 바다와 합쳐지는 곳에서" 자기 아이들을 팔아넘겼다고, 그리고 그 아이들이 스스로 "희망 가득한 뿌리를 흙 속에" 내리고 있다고 이야기한다.

사실 프랙탈이라는 단어의 깊은 의미, 즉 '불규칙적인' 혹은 '부서진'이라는 의미를 기억한다면 이 이야기 전체가 프랙탈처럼 느껴질 것이다. 이 소설에는 수많은 나가 등장하지만, 작가적인 나는 없다. 견고함이나 정체성, 혹은 고향이라 부를 만한 어떤 지점도 없다. 이렇게 파편화된 말하기 방식은 시간의 분절과 마찬가지로 인물들의 삶 내부에 자리한 깊은 단절의 경험을 반영하고 있다. 이 소설에서 디자인은 이야기만큼이나 중요하다. 형식이 기능을 따라간다는 말이 맞을까? 디자인은 의미를 전달하는 데 도움이 된다.

공간적인 서사
앤 카슨 《녹스》

《녹스》는 소설은 아니지만 너무도 독창적이어서 일부러 이 박물관의 전시품들 사이에 포함하고 싶다. 카슨이 오빠인 마이클과 사별한 경험을 담은 이 책은 침울한 회색 상자에 담겨 있고, 뚜껑을 조심스레 열면 아코디언처럼 길게 이어진 종이가 나온다. 약 25미터에 달하는 이 긴 종잇조각은 100번 접혀 있다. 맨 앞에는 고대 로마 시인 카툴루스의 시 101번을 복사한 얼룩진 종이가 있다. 카툴루스가 자신의 사별한 형제에게 바치는 애가다. 그런 다음 우리는 접힌 종이를 한 장씩 넘겨보며 그 시를 이루는 라틴어 단어를 하나씩 발견하게 되는데, 그 각각의 단어는 (일부는 창작된) 사전상의 뜻과 함께 실려 있다. 그리고 그 각각의 뜻은 다시 회고록의 단편들, 사진, 봉투, 편지, 스탬프, 소묘, 채색화, 빈 페이지, 시 몇 줄이 운세처럼 적힌 종잇조각들을 불러낸다. 이 모든 파편들은 《녹스》의 중심부에서, 즉 세상을 떠난 마이클에게서 생겨난다. 그는 집에서 도망쳐 해외로 나갔고, 오랫동안 소식이 끊겼고, 최근에 세상을 떠났다. 《녹스》는 그에게 바치는 애가이며, 카슨이 그 삶을 거의 알지 못했던 사랑하는 오빠를 따라가는 배회의 경험이다. 그 배회의 경험은 카툴루스의 애가를 경유해 이루어진다.

어떤 의미에서 이 서사는 제발트의 이야기들 중 한 편처럼 미스터리의 흐름을 따라간다. 한 사람의 삶이 끝나는 지점에서 시작해 그 삶을 이해해보려고 애쓴다는 점에서 그렇다. 하지만 카슨이 알 수 있는 것은 너무도 적다. 대신《녹스》의 힘은 그 탐색의 과정 자체에, 알지 못하는 것들의 장막을 뚫고 나아가려는 몸부림에 있다. 그건 다시 말해 번역하는 일, 미지의 대상을 아는 것이 되도록 운반하는 일이다. 다음 단락은《녹스》의 한가운데에, indigne(부당하게)라는 항목 옆에 실려 있다.

7.1 카툴루스의 시 101번에 관해 설명하고 싶다. 카툴루스는 이 시를 트로아드에서 세상을 떠난 자신의 형제를 위해 썼다. 그 형제에 대해서는 그가 죽었다는 사실 말고는 아무것도 알려져 있지 않다. 카툴루스는 형제의 무덤 앞에 서기 위해 베로나에서 소아시아까지 여행했던 것으로 보인다. 어쩌면 그곳에서 이 애가를 낭송했을지도 모른다. 나는 이 시를 고등학교 라틴어 수업에서 처음 읽었을 때부터 사랑했고, 여러 번 번역하려고 시도했었다… 그 작업을 여러 해에 걸쳐 계속하면서 나는 번역을 하나의 방으로, 정확히 말하면 완전히 낯선 방은 아니지만 스위치를 더듬어 찾아야 하는 방으로 여기게 되었다. 아마 번역이라는 작업은 영원히 끝나지 않을 것이다. 형제가

끝나지 않듯이. 나는 그라는 존재 속을 배회한다. 그는 끝나지 않는다.

다음의 접힌 면에는 '형제'라는 뜻의 라틴어 frater와 함께 그림자 하나를 찍은 사진 조각이 실려 있다. 그 그림자는 어쩌면 마이클의 그림자일지도 모른다. 그리고 그다음에는

한 단어의 의미들 사이를, 한 사람의 역사 속을 배회하면서는 빛이 쏟아져 들어오기를 기대해봤자 소용없다. 인간의 단어에는 한번에 불이 켜지는 스위치란 없으니까. 있는 거라곤 어둠 속에서 벌어지는 그 모든 조그만 낚아챔들뿐이다. 그리고 그런 다음, 번역하려 애쓰고 있던 페이지로 다시 몸을 돌릴 때면, 머릿속에는 그 단어의 의미들이 거미줄처럼 걸려 있다. 빛나는, 커다란, 떨리는, 녹아서 알맹이가 드러난, 후회하지 않는, 짖어대는 거미줄처럼.

《녹스》의 심장부에는 세상을 떠난 오빠가 있고, 그를, 그리고 너무도 많은 알 수 없는 것들을 알기 위해 애쓰는 데서 오는 뇌의 통증이 있다. 이는 고통스러운 희뿌연 상태 속을 뚫고 지나가는 과정이다. 한 명의 독자로서(혹은 보는 사람으로서) 나는 그 탐색 과정을 부서져 있는 그대로 따라간다. 무엇보다 탐색의 감각을 따라간다. 어떤 면에서 이 책은

몹시 공간적이다. 독자는 접힌 면을 가로질러, 다양한 매체를 가로질러 거미줄을 치게 된다. 밤, 빛, 재, 알, 개, 계단통, 흥겨운, 붉어지다 같은 몇몇 단어들은 반복되며 전체를 하나로 묶는다. 그리고 사전의 항목들, 이야기 조각들, 사진과 스탬프들처럼 멀리 떨어져 있는 것처럼 보이는 요소들 사이에 시냅스 연결이 이루어지면서, 그 연결은 별자리 같은 모습이 되기도 한다.

예를 들어 1.3에는 다음과 같은 구절들이 등장한다. (이하 강조 서체는 내가 한 것이다.) "…코펜하겐에서, 넓고 옅고 슬픔 어린 하늘 아래, 백조들이 물 위를 미끄러져 갈 때." 이 구절 다음에는 라틴어 aequora가 등장하는데, 사전에 실린 이 단어의 뜻 중에는 '바다의 표면' '탁 트인 바다 위로 솟구치는'이라는 뜻이 있다. 그로부터 얼마 지나지 않아 등장하는 단어는 vectus다. 이 단어에는 '해로로 여행하다, 항해하다' '날개에 실려 가다, 날다'라는 뜻이 포함되어 있다. 그 맞은편에 나오는 것은 마이클이 프랑스에서 어머니에게 보낸 편지, 어머니가 간직하고 싶다고 카슨에게 (자신의 임종 자리에서) 말했던 단 한 통의 편지다. 그다음 접힌 면에는 advenio가 나오는데, 이 단어의 사전상 의미는 '(배가) 도착하다, 들어오다' '손에 들어오다'이다. 그 맞은편에는 마이클이 어렸을 때 어머니와 함께 부두에서 물로 둘러싸인 채 찍힌 사진이 실려 있다. 다시 접힌 면을 넘겨보면 계속 이어지는 아주 근사한 펼침면들이 나온다. 거기에는 봉투들과 외국 스탬프들(AEROGRAM, LUFTPOST, PAR AVION)이 풀컬러로 인쇄되어 있고, 마지막에는 마이클이 쓴, 어머니가 원하는 그 단 한 통의 편지가 등장한다. 그러니 아홉 개의 펼침면이 쭉 이어지는 이 부분은 물 위를 건너는 여행, 비행, 항공 우편으로 온 편지들, 도착으로 이어지는 흐름을―미묘하게―보여준다. 그러다가 마이클이 어머니에게 보낸 편지가 찬란하게 등장해 이렇게 말해준다. 당신은 이런 걸 상상도 못했을 거라고, 전혀 상상도 못했을 거라고. 그 희미한 빛들은 실은 주위를 밝혀주고 있었던 것이다. 그러다 마침내 우리는 의미로 이루어진 하나의 별자리에, 한 장의 지도에 도달하게 된다.

《녹스》는 공간적인 서사다. 보는 사람을 이끌어가는 어떤 줄거리도 없다는 점에서 그렇다. 제발트의 《이민자들》처럼 이 이야기 역시 거미줄처럼 얽혀 있다. 독자의 머릿속에 걸려 "짖어대는 거미줄"일까? 그럼에도 이 이야기는 카툴루스의 시라는 하나의 씨앗에서 자라난다. 그리고 그 시의 단어들 속에는 너무도 많은 의미와 가능성이 압축되어 있어서, 그것들은 계속 가지를 뻗으며 전체 이야기로 자라날 수 있다. 이는 다시 말해 세상을 떠난 형제에게 바치는―부서진? 단속적인? 끝나지 않는?―프랙탈로서의 애가다.

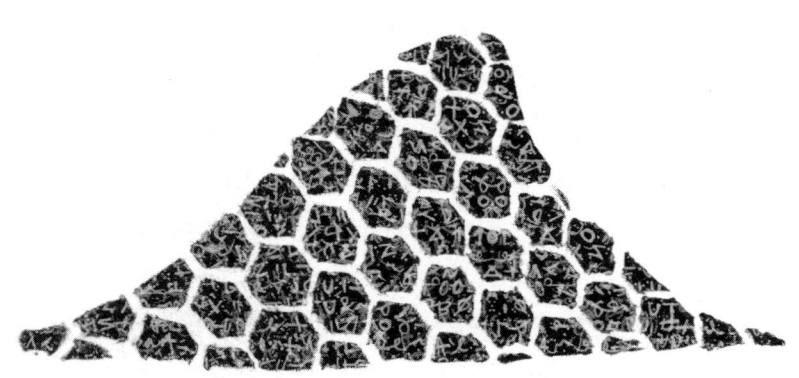

해일?

TSUNAMI?

    이 패턴의 실제 사례는 단 하나, 데이비드 미첼의 《클라우드 아틀라스》뿐이다. 이 소설을 읽는 동안 경험하는 서사의 형태를 그려보면 아마 마트료시카 인형과 비슷한 그림이 나올지도 모른다. 이 소설은 여섯 편의 긴 이야기로,° 한 이야기 속에 다음 이야기가 차곡차곡 담겨 있다. 기하학적인 사고력을 지닌 사람이 그린다면 그 그림은 시에르핀스키 삼각형이 될 수도 있다. 작은 삼각형들이 더 큰 삼각형들 속에

° 《클라우드 아틀라스》의 원서는 한 권 구성이고 여섯 편의 이야기가 실려 있지만, 한국어판은 두 권으로 출간되었다. 원래 한 권에 실려 있던 여섯 편의 이야기는 1권 다섯 편, 2권 여섯 편으로 나뉘어 수록되었다.

담기는 형태가 영원히 계속되면서 이 소설의 구조를 일종의 프랙탈로 만드는 것이다. 하지만 이 소설의 구조는 일련의 세포들로… 혹은 하나의 길고 긴 직선으로 그려낼 수도 있다… 혹은 심지어 호 구조로 그려낼 수도 있다. 다만 그 파도는 너무도 거대해서, 모든 게 무너져 내리고 부서지기 전에 그 정점을 보려고 고개를 뒤로 젖히다가는 목을 다치게 될 것이다.

자,《클라우드 아틀라스》에는 여섯 편의 이야기가 들어 있고, 그 각각은 서로 다른 방식으로—대체로는 일기, 편지, 회고록, 녹음된 인터뷰, 구술사 같은 가짜 논픽션 형식으로—그리고 여기에 스릴러까지 곁들여져 서술된다. 이야기들은 1850년대에 시작해 파괴된 먼 미래까지 이어지며, 각각의 이야기에는 취약한 누군가와 엄청나게 강력한 나머지 사람들이 등장한다. 이를테면 첫 번째 이야기에서는 한 남자가 태평양을 오가는 배 위에서 탐욕스러운 "의사"에 의해 천천히 독살된다. 네 번째 이야기에서는 한 남자가 자신의 사악한 동생에 의해 교묘한 방식으로 요양원에 보내진다. 다섯 번째 이야기에서는 "패브리컨트"들이 노동력을 위해 사육됐다가 식량으로 도살된다. 내가 일부러 수동태를 쓰고 있는 건 이 이야기들 속 인물들이 피해자이기 때문이다. 이 이야기들은 모두 수백 년 동안 이어져온 인간의 최악의 욕망 사이로 난 길을 따라가며, 그럼에도 인간성이라는 희미한 빛을 품고 있다. 여섯 편의 이야기는 한 편만 제외하고는 모두 두 부분으로 나뉘어 있고, 이야기 전체는 다음과 같은 패턴으로 서술된다. 1 2 3 4 5 6 5 4 3 2 1. 다시 말해, 우리는 처음에 나오는 다섯 편의 이야기 각각의 전반부를 읽은 다음, 여섯 번째 이야기 전체를 읽고, 다시 내려가며 처음 다섯 편의 후반부를 읽게 되는 것이다. 우리는 이 구조를 따라 시간 속을 올라가며, 심지어는 공간 속에서도 올라간다. 여섯 번째 이야기의 중심 장면이자 이 소설의 중심 장면이 수백 년 뒤 미래의 하와이에 있는 어느 산꼭대기 위, 폐허가 된 관측소를 배경으로 하고 있기 때문이다. 이야기가 끝날 무렵 우리는 삼각형의 아래 꼭짓점으로, 이야기가 시작된 곳으로 다시 내려온다. 거기에는 19세기의 애덤 어윙이 자신을 독살하려던 자에게서 구출되어 "인류가 적자생존의 단계를 넘어설 수 있기를" 염원하고 있다.

    이 여섯 편의 이야기가 '현실'이라고 잠정적으로 받아들인다면, 그 현실의 순서는 다음과 같다. 우선 애덤 어윙이 배 위에서 일기를 쓴다. 1930년대에 작곡가 로버트 프로비셔가 그 일기를 발견하고, 루퍼스 식스스미스에게 보내는 여러 통의 편지에서 그 일기를 언급한다. 그 편지들은 1970년대에 탐사 기자 루이자 레이, 혹은 그의 또 다른 자아이자 작가인 힐러리 허시의 손에 들어가고, 허시는 이 편지들을 소재로 형편없는 장편소설 한 편을 쓴다. 그 형편없는 장편소설을 읽은 문학 에이전트 티머시 캐번디시는 자신의 회고록에서 그에 대해 언급한다. 손미~451은 그 회고록을 바탕으로 제작한 영화를 본 다음 사형선고 직전 인터뷰에서 그 내용을 묘사한다. 그 인터뷰는 미래의 과학자 메로님 소유의 "오리즌"이라는 장치에 기록된다. 《클라우드 아틀라스》에서 시간적으로 가장 길게 이어지는 줄거리는 19세기 초 마오리족이 모리오리족을 노예로 삼고 잡아먹는 이야기에서 시작된다. 그런 다음, 수백 년 뒤 코나족의 노예가 되는 운명을 피해 도망친 한 밸리즈맨이 자기 아이들에게 그 이야기를 쾌활하게 들려주는 장면까지 쭉 이어진다. 한편 플롯, 즉 이 줄거리가 지면에 어떻게 배열되는지를 살펴보면 다음과 같다. '문명'의 끔찍함을 기록하는 애덤 어윙의 일기에서 시작해, 거의 절멸할 위기에 처해 있는 파괴된 미래 세계의 인류에게로, 그런 다음 다시 처음으로, 인류를 더 나은 방향으로 이끌고자 헌신하고 있는 애덤에게로 돌아간다. 그러니 줄거리와 그 배열 모두 광포함에서 시작해 더 온화한 인간성에 대한 희망으로 나아간다.

    문장 차원의 연결고리와 마찬가지로 주제 차원의 연결고리도 여섯 편의 이야기 전반에 걸쳐 넘쳐난다. 그래서 독자는 이 소설을 읽는 동안 여러 개의 그물망을 엮어낼 수 있다. 가장 분명한 연결고리는 각각의 이야기에 카메오처럼 등장하는, 태어날 때부터 있었던 혜성 모양의 점이라는 (다소 유치한) 업보의 상징이다. 또한 반복되는 구절("외설적일 만큼 진홍색이고 축축한 피")과 이미지(나무껍질에 새겨진 문자), 장소(하와이), 숫자 6(식스스미스, "중첩 구조로 연주하는 독주자들을 위한 6중주", 여섯 개의 혜성 꼬리, 여섯 가지 교리문답서, 주사위 게임에서 동시에 나오는 두 개의 6)도 있다. 이야기들의 담화 차원에는 또 다른 종류의 '앞으로 향하는 움직임'이 존재한다. 바로 영어라는 언어 자체의 변화다. 애덤은 일기를 쓰면서 다음과 같이 1860년대 백인 신사 특유의 어법과 서법 장치를 사용한다.

> 인디언들의 촌락 너머 황량한 해변에서, 나는 최근에 남겨진 발자국들의 자취와 우연히 조우하였다. 그 자취는 부패해가는 갈조류와 바다 코코넛, 대나무 사이로 나를 이끌고 갔고, 마침내 그것을 만들어낸 한 백인 남성에게로 인도하였다. 그는 바짓단과 피재킷 소매를 걷어붙이고 있었으며, 수염을 가지런히 기르고 유난히 큰 비버 모자를 쓰고 있었다… 그의 국적은 전혀 놀라운 것이 아니었다. 만약 영국인의 방해를 받지 않고 찾아갈 수 있는 어떤 적막하고 높은 성채나 외딴섬이 있다 한들, 그런 곳은 내가 본 적 있는 어떤 지도에도 그려져 있지 않았으니 말이다.

하지만 1930년대의 작곡가 로버트 프로비셔는 다음과 같이 뽐내는 듯하고 경박하며 잘난 체하는 문체를 쓴다.

대륙의 쇄석 도로에 발을 올려놓은 뒤 세관원에게 기차역이 어디냐고 물었다. 그는 삐걱거리는 시가 전차를 가리켰다. 전차 안에는 영양 상태가 좋지 않은 노동자들, 구루병에 걸린 자들과 극빈자들이 꽉 차 있었다. 이슬비가 오든 안 오든 내 발로 걸어가는 게 나았다. 시가 전차 궤도를 따라 관짝들이 늘어선 듯한 거리를 걸어 내려갔다. 오스텐드는 온통 타피오카 같은 회색과 갈색으로 가득하다. 인정해야겠다. 도망칠 나라로 벨기에를 택하다니 지독하게 멍청하다고 생각했었다는 걸 말이다.

1980년대가 배경인 네 번째 이야기에 이르면, 영어에는 다시 '제국의 역습'이 가해진 뒤다. "허레 와끈뇨칭 그." 기차 안에서, 모딜리아니의 그림을 닮은 한 남자는 방향감각을 잃은 우리의 화자에게 이렇게 말한다. 당황한 화자는 생각한다. 이거 아랍어인가? 그는 여기가 어딘지 알려주는 "영어로 된 분명한 표지판"이 있었으면 좋겠다고 생각하고, 그런 표지판 하나를 발견한다. "헐에 오신 것을 환영합니다." 헐에 왔군요, 친구. 하지만 이번엔 터번을 두른 운전사가 택시 요금이 "정 와키심 뉵파운드"라고 말하는데, 이건

'정확히 16파운드'라는 뜻이다. 격식을 차리는 백인이자 영국인의 악몽, 자신의 언어가 방언으로 변해버렸다는 악몽은 이런 식으로 계속된다. 다음 이야기 속 손미가 사는 디스토피아적인 세계에서 영어는 터무니없게도 기능 위주의 단어와 상호명만 남은 상태로 전락해 있지만, 그럼에도 독창적이다. 옐로업yellow-up은 일출, 소니sony는 화면이라는 뜻이고, 자동차들은 포드퓸fordfumes을 내뿜는다. 기업 독재가 지배하는 지옥 같은 본국 영토를 벗어난 인물들이 남아 있는 자연을 헤매 다니는 단락에는 다음과 같은 문장들이 나온다. "유전자 조작된 나방들이 [그들의] 머리 주위를 마치 전자들처럼 맴돌았다. 그 나방들의 날개에 새겨진 로고는 여러 세대를 거치며 돌연변이를 일으켜, 임의로 배열된 음절들 같은 형태로 변해 있었다. 자연이 기업 독재에 대해 거둔 작은 승리였다." 임의로 배열된 음절들 같은 날개 무늬라니, 너무나도 마음에 든다. 이런 게 곤충학과 어원학의 결합 아닐까요, 나보코프. 마치 그 날개들이 인류가 자신들에게 행한 언어로 된 야만에 맞서는 시위를 조용히 이끌어오기라도 한 것처럼, 그다음에 나오는 여섯 번째 이야기에서 영어는 날것의(그리고 매우 앵글로색슨적인) 상태로 다시 시작한다.

　　둘째 날 보글보글한 구름들이 서쪽으로 토꼈고, 바람 불어가는 쪽에 있는 저 뱀 같은 태양은 요란뜨겁게 쉭쉭거리고 있었다. 우리는 찬그을린 시냇물에서 고래들처럼 물을 마셨다. 우리는 더 높고 서늘한 곳으로 올라갔다. 어떤 모기도 물지 않을 때까지. 덜큰마른 숲은 마우나 케아가 뱉토해낸 흑날카로운 용암들의 기다란 띠로 가로막혀 있었다. 그 바위들판은 달팽이처럼 느리게 올라갈 수밖에 없었다. 휴.

《클라우드 아틀라스》를 이루는 각각의 세포는—혹은 각각의 작은 시에르핀스키 삼각형은—저마다 풍부한 질감과 색감을 지니고 있으며, 모두 같은 종류의 움직임(갇히기와 벗어나기)을 만들어낸다. 그럼에도 우리는 이 이야기 전체를 선형적으로, 하나의 그물망처럼, 아니 심지어는 파도처럼, 해일처럼 읽어낼 수도 있다. 《클라우드 아틀라스》는 그 포스트모던하고 메타픽션적인 영리함 덕분에 많은 주목을 받았다. 각각의 이야기 속에 다음 이야기가 담겨 있는 구조는 그 이야기 각각의 '현실성'을 어지럽힌다. 하지만 나는 이런 장치는 이 소설에서 가장 덜 흥미로운 부분이라고 생각한다. 이 소설은 내게 수줍지만 진심이 담겨 있고 도덕적인 이야기로, "비뚤어지고 자기만 아는 인간들"이 되지 말자고 우리를 설득하는 이야기로 느껴진다. 폭력과 이기심에서 벗어나 반쯤 불교 신자 같은 무아의 상태로 향해 가자고 말이다. 소설 초반부에 등장하는 모리오리족과 후반부에 등장하는 밸리즈맨은 "평화와 관계된 독특한 교리"를 공유하고 있다. 모리오리족에게 "누군가의 피를 흘리게 한 자는 그 자신의 마나mana를, 즉 자신의 명예와 가치, 입지와 영혼을 죽여버린 것"으로 여겨졌으며, 따라서 그 사람은 추방되었다. 밸리즈맨들은 "비뚤어지고 자기만 아는 인간들을 '돌이 된' 자들이라 불렀고, 그보다 끔찍한 운명은 없었다." 밸리즈맨 이야기의 마지막에 나오는 극적인 장면에서, 인물들은 하와이의 메인섬과 그곳의 폭력으로부터 도망친다. 그들은 그 섬을 "커다란 I"라고 부른다. "커다란 I"가 커다란 에고, 즉 비대한 자아 말고 달리 무엇이겠는가? 그 전에 나오는 손미의 이야기에서, 처음으로 바다를 본 손미는 이렇게 생각한다. "거기서는 '나는 무엇무엇이다'라는 말들이 품고 있던 모든 고뇌가 녹아내리는 것 같았다. 고통 없이, 평화롭게." 그 바다는 물론 평화로운 바다, 태평양이다. 이 소설의 마지막 부분에서 애덤은 묻는다. "수없이 많은 물방울들을 모아놓은 것 말고 바다가 달리 무엇이겠는가?" 자기밖에 모르는 마음을 버리고, 모든 사람과 생물들, 그리고 그들이 살아가는 세계의 선함에 자신을 내어줄 것. 이런 메시지를 짓궂은 포스트모던적 비웃음으로 보기는 어렵다.

《클라우드 아틀라스》의 심장부에 다정하고 진심 어린 메시지가 정말로 소용돌이치고 있다면, 이 소설의 형식적 특징들은 그저 관심을 끌기 위한 장치 이상이 될 수도 있다.

앞에서 이 소설의 구조를 설명하면서, 나는 내 두 손이 눈앞에 보이지 않는 책 한 권을 펼쳐 들고 있다고 상상했다. 말하자면 이런 형태다. 내 왼손가락들(1 2 3 4 5), 보이지 않는 책, 그리고 오른손가락들(5 4 3 2 1). 그리고 이건 《클라우드 아틀라스》의 구조를 거울처럼 닮아 있다. 여기서 '보이지 않는 책'이란 바로 유일하게 전체가 서술되는 여섯 번째 이야기다. 너무 멀리까지 나갔나? 그럴지도 모른다. 하지만 그 여섯 번째 이야기 속에서, 소설의 맨 꼭대기에서, 우리는 그것이 실은 녹화된 서사이며, "은빛 알" 혹은 오리즌을 들고 들여다보면 보고 들을 수 있다는 사실을 알게 된다. 오리즌이란 곧 기도다. "잠시 앉으라." 우리는 지시를 받는다. "두 손을 내밀고, 보라."

우리의 두 손에 들린 이 책은 좀 더 온화한 인간성을 위한 기도일까? 그 구조는 마치 탄원하듯 내민 두 손과도 닮았다. 이 텍스트를 조직하기도 하고 그 안을 흐르기도 하는 여러 개의 숫자 6들은 불교가 말하는 존재의 여섯 가지 영역인 '육도윤회', 혹은 여섯 가지 숙련 과정인 '육바라밀'과 연관이 있지 않을까? 혹은 이 소설을 더 멀리까지 뻗어나가는 방식으로 해석해보면 이렇다. 초반부에 나오는 중요한 장면에서, 탐욕스러운 의사에게 독살되고 있는 애덤 어윙은 '주인'의 폭력으로부터 도망쳐 자신의 객실에 몰래 타고 있던 '아우투아'라는 모리오리족을 보호하고 구해준다. 그리고

500페이지 뒤, 가엾은 애덤의 일기로 돌아간 독자는 그 아우투아가 이제 애덤을 독살될 위기에서 구해주었다는 사실을 알게 된다. 인간의 친절이 보답받는 이런 장면은 그 사이의 500페이지 속에서는 끔찍할 만큼 드물게만 등장한다. 그래서 아우투아가 보답으로 선사한 친절과 함께 우리는 서사적 균형과 완결감을 얻게 된다. 아우투아는 일종의 천사, 혹은 이 소설을 앞에서 이끌어가는 뱃머리의 장대와도 같은 존재가 된다. 그리고 그의 그런 행동에 감명받은 애덤은 결국 인류를 위해 자신의 삶을 바치게 된다. 그리고 나의 가장 과도한 해석은 다음과 같다. 'AUTUA'라는 이름을 보라. 이 장편소설의 부분들과 마찬가지로, 이 이름의 철자 역시 회문 혹은 삼각형 구조(1 2 3 2 1)를 이룬다. 구조 중간쯤에 그 이름의 의미는 자신을 뜻하는 'aut'에서 너를 뜻하는 'tu'로 바뀐다. 이기심에서 공감으로의 변화일까?

어떤 의미에서 이 소설은 정점을 포함한 고전적인 호 구조를, 대칭과 균형을 갖춘 구조를 따라간다. 하지만 물론 이 소설에 존재하는 건 단 하나의 극적인 호 구조가 아니라 서로 얽혀 있는 수많은 잔물결이다. 또 한편으로 이 구조는 형태 안에 또 형태가 들어 있는 프랙탈이자 시에르핀스키 삼각형이기도 하다. 이 모든 것일 수도, 이 중 어떤 것도 아닐 수도 있다. 어느 쪽이든 이 소설은 면밀하게 디자인되고 패턴이 부여되어 있다. 반복되는 형태, 연결고리로 이루어진 그물망, 그리고 캔버스 위에 뿌려진 색색의 점들처럼 반복되는 시각적 이미지들과 구절들이 이를 보여준다.

　당신은 내가 이 소설의 형식에 부여한 여러 과도한 해석에 설득이 될 수도 안 될 수도 있을 것이다. 하지만 나는 《클라우드 아틀라스》가 영리하고 정교하게 디자인되었을 뿐 아니라 감동적이고 진심 어린 이야기라고 주장하고 싶다. 이 소설의 재미있는 구성 요소들은 소설에 깊이를 더해준다.

　그리고 이 점이야말로 작가로서, 독자로서, 그리고 한 인간으로서 내게 가장 중요한 점이다.

에필로그　　　　　　　　**진실한 서사를 짓는 새로운 방법**

　　형식적으로 실험을 하는 소설들은 너무도 자주 감정을 희생해가면서 그렇게 한다. 그런 소설들은 표면에서 치는 장난이나 순전한 두뇌 싸움에 머무를 뿐, 인간의 복잡성을 탐구하지는 않는다. 하지만 이 책에서 내가 지금까지 다룬 가장 덜 관습적인 이야기들은 인간의 핵심 문제를 강렬하게 다루고 있다. 그중 어떤 이야기들은 역사라는 거대한 규모에서 그 일을 수행해왔다. 이를테면 대서양을 건너 이루어진 노예무역의 끔찍함과 그것이 남긴 유산, 유럽의 유대인들이 거의 절멸 직전까지 갔던 일, 백인과 아메리카 선주민 사이에 존재했던 유독한 역사가 그런 예다. 또 다른 이야기들은 성 정체성, 사랑, 절망, 죄책감 같은 친밀한 문제를 다뤄왔다. 그리고 그 이야기들은 그것을 표현하기 위해 호 구조 이외의 다른 패턴들을 찾아내거나, 하나의 패턴 위에 또 하나가 겹치며 호 구조와 이중적인 간섭 관계를 이루면서 작동해왔다. 나는 그 이야기들이 그 작업을 유기적으로 해낸 거라고 믿는다. 구불구불한 선이나 그물망, 혹은 파열 구조는 그저 그 이야기의 재료가 필요로 했던 패턴이었다고 말이다. 이는 형상이 생명에 질서를 부여한다는 아리스토텔레스의 질료형상론과도 통하는 데가 있다.

다음에 급류가 흐르는 강 위로 놓인 다리를 건널 일이 있다면, 강물이 다리의 기둥 중 하나를 지나 흘러가는 모습을 내려다보라. 흐름이 액체로 된 계곡처럼 쪼개지고, 강물이 양쪽으로 흐르며 이쪽저쪽으로 소용돌이쳐 나가는 걸 보게 될 것이다. 이런 패턴에는 '와류vortex street'라는 이름이 있다. 연기도 그런 흐름을 만들고, 구름도 마찬가지다. 그리고 카누에 탄 채 노를 강물에 가만히 담그고 있으면, 강물이 노 주위를 꼭 그렇게 흘러가는 것도 보게 될 것이다. 와류 속에서는 직선의 흐름, 나선, 심지어는 거품까지도 볼 수 있다. 너무도 많은 패턴들이 보는 이의 넋을 쏙 빼놓는다.

요즘 나는 삶 속에서 이런 패턴을 본다. 내가 마음이 딴 데 가 있는 순간에조차 시간의 흐름에 따라 자연스레 앞으로 나아가는 동안, 생각은 내게서 이쪽저쪽으로 회전하며 원을 그린다. 때로는 한쪽으로, 때로는 반대쪽으로 회전하지만 그것들은 모두 원이다. 흥분이나 분노로 작은 폭발이 일어날 때면 나는 거의 멈춰 설 뻔하고, 그런 다음 마음이 변하고, 또다시 변하는 걸 느낀다. 마음은 빙글빙글 돌면서도 흐름을 놓치지 않고, 빠르게 앞으로 흘러가다가 또다시 회전한다. 마치 언어화된 생각, 환상, 기억, 감각, 그 모두가 어떤 보이지 않는, 하지만 견고한 나를 통과해 흘러가면서도 그 주위를 돌고 있는 것처럼 말이다.

어쩌면 이야기 속에서의 와류는 정말로 의식의 형태를 포착할 수 있을지도 모른다. 하지만 그걸 실제로 글로 쓴다면 어떤 모습일까? 아니면, 나는 이미 그걸 읽은 적이 있는 걸까?

이제 이 책이 독자들에게 남겨주었으면 하는 게 있다면 이런 것이다. 나선이나 파열, 혹은 와류 같은 새로운 패턴들은 이야기 속에 숨어 있는 또 다른 자연적인 형태들이 보이도록 우리의 눈을 열어줄지도 모른다. 호 구조가 아무리 멋지다 한들, 그 새로운 패턴들은 우리를 가끔 그것으로부터 한 걸음 물러서게 해주고, 그 강렬한 파도 아래로, 혹은 그것을 통과해 빠져나오게 해줄지도 모른다. 이런 다른 패턴들이 우리가 생동감 있고 진실한 서사를 짓는 새로운 방법을 상상할 수 있게 하고, 우리의 소설을 계속 새로울novel 수 있게 해주었으면 한다.

옮긴이의 말　　　　**생각의 방향과 속도를 바꾸는 서사들**

"소설의 5단계는 발단-전개-위기-절정-결말." 중학교 때였을 것이다. 선생님이 이런 설명과 함께 칠판에 곡선 하나를 그렸다. 후룸라이드를 타고 올라갔다가 떨어질 때까지의 움직임과 비슷해 보이는 그 곡선은 참고서에도 문제집에도 있었다. 그 유명한 '극적 호 구조'였다. 나는 그때부터 모든 서사는 그런 모양으로 되어 있다고 생각하며 성장했던 것 같다. 책을 읽을 때도, 영화나 드라마를 볼 때도 그 구조를 바탕으로 텍스트를 바라보고, 거기에 맞지 않으면 낯설어했다. 언제나 '그래서 다음에는 어떻게 되는지'가, 즉 줄거리가 가장 중요했다. 줄거리가 뚜렷하지 않거나 전개 방식이 조금 다른 이야기들은 혼자서 어리둥절해하다가 곧 잊었다.

성인이 된 나는 소설 쓰기에 관해 이야기하거나 가르치

는 작가들을 만났다. 그들은 대놓고 저런 5단계나 호 구조에 대해 이야기하지는 않았지만(그랬다가는 예술이 너무 도식적인 것으로 변해버린다고 여겼기 때문일 것이다) 비슷한 말을 조금 다른 방식으로 했다. 엉뚱한 데서 헤매면 안 된다, 군더더기가 많으면 독자가 흥미를 잃는다… 아무튼 끝까지 읽게 하는 힘, '밀어붙이는' 힘이 있어야 한다고 했다. 천천히, 촘촘하게 '빌드업'을 하며 긴장을 쌓아 올렸다가 한순간에 폭발시키고, 마지막에 우아하게 착지해 여운을 남긴다. 극적 호 구조는 그들의 말 속에도 대부분 전제처럼 깔려 있었다. 소설 수업에서 펑퍼짐한 호떡 여러 개가 철판에 나란히 놓여 익고 있는 것 같은, 혹은 털실이 마구 얽혀 있는 것 같은 형태의 서사를 만들라는 가르침은 받아본 기억이 없다. 그리고 나는 그 작가들의 가르침이 틀렸다고 생각하지 않는다. 극적 호 구조는 가장 대중적으로 사랑받는 구조이고, 사람들이 읽으면서 가장 편안해하는 구조다. 그리고 다음 세대를 키워내려는 작가들은 아무튼 그들의 이야기가 많이 읽히고 사랑받기를 바라는 게 당연할 것이다.

그러나 희미한 의문은 남아 있었다. 내 삶은, 그리고 내 주위 사람들의 삶은, 아무리 봐도 그런 후룸라이드 궤도처럼 생겨먹지가 않았으니까. 내 하루하루는 대체로 특별한 사건 없이 지루하게 흘러갔고, 어떤 한 곳에 집중해 추진력을 갖고 솟구쳐 올라가는 일은 드물었다. 때로는 삶 자체가 앞으로 시원스레 나아가지 못하고 과거의 어떤 사건이나 상처로 자꾸만 되돌아갔고, 그 주위를 지겨울 정도로 빙글빙글 돌기도 했다. 그럼에도 나는 소설이나 영화 속에서는 여전히 선형적인 서사를 기대했다. 그래서 궁금했다. 삶이 선형적이지 않은데 왜 서사는 선형적이기를 원하는 걸까? 혹시 삶이 선형적이지 않기 때문에 서사가 선형적이기를 원하는 걸까? 이런 생각을 하면 삶과 서사의, 현실과 허구의 거리가 어쩐지 점점 더 벌어지는 것만 같다. 삶은 의미 없는 잡동사니들로 가득하지만, 서사는 거기서 의미 있는 것들을 추출해 경제적이고 낭비 없는 모양으로 만들어내는 게 옳다는 생각이 든다. 하지만 누가 그런 법칙을, 의미와 무의미라는 위계를 정해놓은 걸까?

나는 비교적 최근이 되어서야 비선형적인 서사의 매력을 느끼게 되었다. 멀지 않은 곳에서 사회적으로 중대한 사건이 벌어지고 있지만, 그러거나 말거나 느긋하게 산책을 하며 무엇을 보고 무엇을 먹었는지, 맛은 어떤지 하염없이 늘어놓는 인물들이 나오는 소설. 다른 이야기를 하다가도 어머니에 대한 죄책감을 이야기하고 또 이야기하며 몇 번이고 같은 지점으로 돌아가고야 마는 회고록. 줄거리라는 게 아예 없어 보이고, 좀 어리둥절할 정도로 별개처럼 보이는 여러 시공간에 대한 묘사가 나열되지만, 열심히 들여다보면 공통의 연결고리 하나가 발견되는 이야기. 일상에 특별하고 재미있는 일이라고는 없고 어떤 목표도 없음을 난폭할 만큼 있는 그대로 보여줌으로써 일종의 항변을 드러내는 이야기. 나는 그런 이야기들을 직접 접하고 나서야 놀라움을 느꼈다. 그 이야기들은 줄거리를, 의미를, 결론을 향해 이야기를 밀어붙여야 한다는 강박이나 조바심에서 벗어나 있는 것처럼 보였다. 거기에는 그런 방식으로만 담을 수 있는 감각이, 풍경이, 현실의 질감이 있었다. 그런 이야기들은 시원한 완결감보다 '왜?'라는 질문을 더 크게 남겼다. '다음에는 어떻게 될까'가 아니라 '이 현실은 왜 이런 모양을, 빛깔을, 질감을 지니고 있을까'를 묻게 되었다.

그러다 이 책을 만났다. 제인 앨리슨은 소설에는 "발기와 이완, 긴장과 해소, 절정의 순간까지 격해지는 과정과 그 완결로 이루어진 기본적인 오르가슴의 리듬"이 있다며 그것을 섹스와 연결하는 한 남성 비평가의 말에 이렇게 질문을 던진다. "글쎄. 이게 내가 섹스를 경험하는 방식일까? 그렇지 않다. 당신이 어떤 방식으로 섹스를 경험하든, 왜 그것이 소설의 원형이 되어야 할까?" 솔직히, 나는 이 구절까지만 읽고 이 책을 번역하기로 결심했다. 정말이지 너무 맞는 말 아닌가? 모든 사람이 섹스를 저런 방식으로 경험하는 건 아니다. 그리고 우리는 사실 다른 많은 것도 저런 방식으로 경험하지 않는다. 그렇지 않은가?

《구불구불 빙빙 팡 터지며 전진하는 서사》의 가장 큰 장점은 세상에는 저렇게 '남성적'이고 '성적'인 구조가 아닌 다른 구조를 지닌 서사들도 많이 존재한다는 사실을 알려준다는 점이다. 전통적인 호 구조가 틀렸다는 게 아니라, 그것 말고 다른 구조도 '가능하다'는 것이다. 이런 면에서, 이 책은 어쩌면 엘렌 식수 같은 작가들이 말하는 '여성적 글쓰기'와 연결될 수 있을지도 모른다.

하지만 이 책의 일차적인 목적은 어떤 정치적 문학적 선언이라기보다는 '감각의 전환'이다. 다시 말해 서사를 '디자인'으로 바라보는 감각을 독자에게 열어주고, 그 풍성한 세계를 함께 맛보자고 초대하는 것이다. 작가는 점, 선, 질감 같은 가장 기본적인 서사의 구성 요소에서 시작해, 이야기에 등장하는 색깔, 서사의 속도, 그것의 움직임과 흐름의 다양한 양상들, 나아가 자신이 흥미롭게 읽은 서사들 속에서 찾아낸, 많은 경우 자연물을 닮은 여러 가지 패턴들을 보여준다.

작가에게 이런 여정의 시작이 되어준 텍스트는 W. G. 제발트의 《이민자들》이었다. 어느 날 그 소설을 읽던 작가는 서로 분리되어 있는 것처럼 보이는 네 편의 이야기 사이에 '나비 잡는 남자'라는 공통의 연결고리가 있는 것을 발견하고, 그것을 시작으로 자신의 머릿속에서 네 편의 이야기를 잇는 선들이 맹렬하게 그어지는 경험을 한다. 시간 순서에 따라 이야기가 혼자서 흘러가고 독자는 수동적으로 그것을 따라 읽는 것이 아니라, 가만히 있는 것처럼 보이는 별개의 이야기들 사이에 독자의 추론과 상상이라는 동력으로 다리가 놓이고 그물망을 짜는 듯한 움직임이 만들어진 것이다.

그때부터 작가는 새롭게 생겨난 감각의 문을 열고 들어가 다양한 패턴을 지닌 이야기들의 세계를 탐험하기 시작한다. 그러면서 그곳의 풍경을 독자들에게도 나눠준다. 마르그리트 뒤라스의 《연인》에는 두 인물의 열정적인 관계라는 중심 사건이 존재하지만, 화자는 엉뚱해 보이는 곳에서 어슬렁거리고 있다. 저메이카 킨케이드의 《미스터 포터》에서는 작가가 자신을 버림으로써 주변화했던 아버지의 서사를 새롭게 쓰면서 자신을 중심에 놓고 이야기를 회전시키는 역동적인 나선 구조가 모습을 드러낸다. 전체가 마트료시카 인형처럼, 혹은 책 한 권을 들고 있는 두 개의 손처럼 보이는 서사도 있다. 데이비드 미첼의 《클라우드 아틀라스》다. 번역하는 동안 이 책에 등장하는 많은 텍스트 가운데 이미 읽었던 것들은 새로운 놀라움으로 다가왔고, 아직 읽지 못한 것들에는 강렬한 호기심이 일었다. 무엇보다 한번 '디자인'이 보이기 시작하자 느껴지는 재미가 있었다.

한 가지 알아둘 점은, 이 책은 이렇듯 다양한 패턴으로 글을 '쓰는' 방법을 알려주는 책은 아니라는 것이다. 하나의 서사가 최종적으로 어떤 형태를 취하기까지의 과정에 정해진 답은 없으며, 작가마다 작품마다 다르기도 할 테니 '작법'

을 일반화할 수는 없다. 누군가는 처음부터 치밀하게 계산해두고 거기에 맞춰 글을 쓰겠지만, 누군가는 의도 없이 자연스럽게 쓰다 보니 그런 형태가 되기도 할 것이다. 대신, 이 책은 새롭고도 다양한 '독법'이 가능하다는 사실을 알려주면서 독자 스스로 전에는 해보지 않았을 질문들을 찾아내게 해준다. 이를테면 내게는 최종적으로 이런 질문들이 남았다. '독자가 집중력을 잃지 않게 해야 한다는 건 지나치게 독자 위주의 생각이 아니었을까? 이야기는 독자만의 것이 아니지 않나? 나는 왜 그렇게 이해하기 쉬운 형태로 된 이야기만 좋아했던 걸까?' 이 책은 이렇듯 생각의 방향을, 속도를 달라지게 해준다. 우리가 경험하는 세계의 폭을 넓혀주고, 선형적이기만 했던 움직임 속에서는 보이지 않았던 작지만 반짝이는 풍경들이 눈에 들어오게 해준다.

《구불구불 빙빙 팡 터지며 전진하는 서사》는 마치 강의처럼 느껴지는 책이다. 하지만 이 강의는 문학을 좋아하는 사람들과 디자인을 좋아하는 사람들이 함께 듣고 와글와글 수다를 떨 수 있는 다소 특이한 강의일 것이다. 그리고 아마, 흥미롭다고 소문이 나서 매번 수강 신청이 번개같이 마감되는 강의이기도 할 것이다. 부디 마음껏 즐기시길.

서제인

다루는 작품

Alexie, Sherman. "Captivity."
———. "Superman and Me."
Bail, Murray. *Eucalyptus*.
Baker, Nicholson. *The Mezzanine*. 니컬슨 베이커, 《구두끈은, 왜?》, 문영혜 옮김, 강, 2007.
Carson, Anne. *Nox*. 앤 카슨, 《녹스》, 윤경희 옮김, 봄날의책, 2022.
Carver, Raymond. "Why Don't You Dance?"
———. "Where I'm Calling From." 레이먼드 카버, 《대성당》 수록, 김연수 옮김, 문학동네, 2014.
Chandra, Vikram. "Shakti."
Cisneros, Sandra. *The House on Mango Street*. 샌드라 시스네로스, 《망고 스트리트》, 권혁 옮김, 돋을새김, 2008.
Duras, Marguerite. *The Lover*. 마르그리트 뒤라스, 《연인》, 김인환 옮김, 민음사, 2007.
Dybek, Stuart. "Pet Milk."
García Márquez, Gabriel. *Chronicle of a Death Foretold*. 가브리엘 가르시아 마르케스, 《예고된 죽음의 연대기》, 조구호 옮김, 민음사, 2008.
Johnson, B. S. *The Unfortunates*.
Kincaid, Jamaica. *Mr. Potter*. 저메이카 킨케이드, 《미스터 포터》, 김희진 옮김, 은행나무, 2024.
Lin, Tao. *Shoplifting from American Apparel*.
Lispector, Clarice. "The Fifth Story." Translated by Katrina Dodson.

Markson, David. *Wittgenstein's Mistress*.
Minot, Susan. "Lust."
Mitchell, David. *Cloud Atlas*. 데이비드 미첼, 《클라우드 아틀라스》, 송은주 옮김, 문학동네, 2010.
Nabokov, Vladimir. *Lolita*. 블라디미르 나보코프, 《롤리타》, 김진준 옮김, 문학동네, 2013.
─── . *Speak, Memory*. 블라디미르 나보코프, 《말하라, 기억이여》, 오정미 옮김, 플래닛, 2007.
Nors, Dorthe. "Days." Translated by Misha Hoekstra.
Oates, Joyce Carol. *Black Water*. 조이스 캐럴 오츠, 《블랙워터》, 문학세계사, 1994.
Phillips, Caryl. *Crossing the River*. 카릴 필립스, 《강을 건너며》, 안지현 옮김, 시공사, 2016.
Redonnet, Marie. *Hôtel Splendid*. 마리 르도네, 《장엄호텔》, 이재룡 옮김, 열림원, 2021.
Robbe-Grillet, Alain. *Jealousy*. 알랭 로브그리예, 《질투》, 박이문 박희원 옮김, 민음사, 2003.
Robison, Mary. *Why Did I Ever*.
Roth, Philip. *Goodbye, Columbus*. 필립 로스, 《굿바이, 콜럼버스》, 정영목 옮김, 문학동네, 2014.
Salarrué (Luis Salvador Efraín Salazar Arrué). "We Bad." Translated by Thomas Christensen.
Sebald, W. G. *The Emigrants*. W. G. 제발트, 《이민자들》, 이재영 옮김, 창비, 2019.
Torres, Justin. "Reverting to a Wild State."
Wallace, David Foster. "Forever Overhead."
Wolff, Tobias. "Bullet in the Brain."
─── . *The Barracks Thief*.

참고 문헌

Aristotle, *Poetics*. 아리스토텔레스, 《시학》, 이상인 옮김, 길(도서출판), 2023.
Ball, Philip. *Shapes*. 필립 볼, 《모양》, 조민웅 옮김, 사이언스북스, 2014.
Barton, Simon. *Visual Devices in Contemporary Prose Fiction*.
Berger, John. *Ways of Seeing*. 존 버거, 《다른 방식으로 보기》, 최민 옮김, 열화당, 2012.
Brooks, Peter. *Reading for the Plot*. 피터 브룩스, 《플롯 찾아 읽기》, 박혜란 옮김, 강, 2011.
Calvino, Italo. *Six Memos for the Next Millennium*. 이탈로 칼비노, 《이탈로 칼비노의 문학 강의》, 이현경 옮김, 에디토리얼, 2022.
Dillon, Millicent. "Symposium on W. G. Sebald," *The Threepenny Review*.
Eagleton, Terry. *The English Novel: An Introduction*.
Frank, Joseph. "Spatial Form in Modern Literature."
Freytag, Gustav. *The Technique of the Drama*. 구스타프 프라이타크, 《드라마의 기법》, 임수택 옮김, 청록출판사, 2002.
Gardner, John. *The Art of Fiction*. 존 가드너, 《소설의 기술》, 황유원 옮김, 교유서가, 2025.
Gu, Ming Dong. *Chinese Theories of Fiction: A Non-Western Narrative System*.
Harris, James. *Fractal Architecture*.
Jirousek, Charlotte. *Art, Design, and Visual Thinking*.
Krauth, Nigel. *The Concept of the Radical in Writing*.

Kuzmičová, Anežka. "Literary Narrative and Mental Imagery: A View from Embodied Cognition."

Marcus, Ben. *Introduction to The Anchor Book of New American Short Stories*.

Moore, Dinty. "Positively Negative."

Richardson, Brian, ed. *Narrative Dynamics*.

———. "Beyond Story and Discourse: Narrative Time in Postmodern and Nonmimetic Fiction."

Scholes, Robert. *Fabulation and Metafiction*.

Scholes, Robert, and Robert Kellogg. *The Nature of Narrative*. 로버트 숄스·로버트 켈로그, 《서사의 본질》, 임병권 옮김, 예림기획, 2001.

Smitten, Jeffrey R., and Ann Daghistany, eds. *Spatial Form in Narrative*.

Solares, Martin. "How to Draw a Novel."

Stevens, Peter. *Patterns in Nature*.

Sukenick, Ronald. "The New Tradition in Fiction."

Voigt, Ellen Bryant. *The Art of Syntax*.

White, Glyn. *Reading the Graphic Surface: The Presence of the Book in Prose Fiction*.

Williams, Florence. *The Nature Fix*. 플로렌스 윌리엄스, 《자연이 마음을 살린다》, 문희경 옮김, 더퀘스트, 2018.

Winnett, Susan. "Coming Unstrung: Women, Men, Narrative, and Principles of Pleasure."

구불구불 빙빙 팡 터지며 전진하는 서사
비선형 이야기의 디자인과 패턴

초판 1쇄 발행 2025년 9월 26일
초판 2쇄 발행 2025년 11월 21일

지은이 제인 앨리슨
옮긴이 서제인
편집 나희영
디자인 원과사각형

펴낸곳 에트르
등록 제2021-000131호
이메일 etrebooks@gmail.com
인스타그램 @etrebooks

ISBN 979-11-978261-8-4 03800

이 책 내용의 일부 또는 전부를 재사용하려면
반드시 저작권자와 에트르 양측의 동의를 받아야 합니다.
잘못된 책은 구입하신 서점에서 바꿔드립니다.